1. 湖北省教育科学规划 2019 年度专项资助重点课题“基于成果导向的大学英语“金课”教学模式的构建与实践研究”(2019ZA10)。

2. 2021 年湖北省一流本科课程线上线下混合式一流课程《大学英语(2)》。

3. 湖北省优势特色学科群(数字商务与管理学科群)。

4. 湖北省教育科学规划课题“应用型本科高校 ESP 跨学科教师学习共同体研究”(2022GB155)。

5. 武汉工商学院 2018 年度科学研究项目“大学英语选课制下学生选课的考虑因素对其自我效能感形成的影响研究”(A2018001)。

6. 武汉工商学院 2021 年“成果导向”课程教学改革实践课程《大学英语(4)》。

7. 武汉工商学院 2022 年度教学改革研究重点项目“基于 POA 的大学英语思辨能力培养对写作反哺性的实证研究项目”(2022Z01)。

8. 武汉工商学院 2022 年度教学改革研究一般项目“基于学习体验视角的大学英语混合式教学设计及应用研究”,(2022Y01)。

大学英语教学模式的构建与实践研究

黄　萍　　常　悦　　汪杨曲　著

全国百佳图书出版单位
吉林出版集团股份有限公司

图书在版编目(CIP)数据

大学英语教学模式的构建与实践研究 / 黄萍，常悦，汪杨曲著. --长春 ：吉林出版集团股份有限公司，2023.6

ISBN 978-7-5731-3760-9

Ⅰ. ①大… Ⅱ. ①黄… ②常… ③汪… Ⅲ. ①英语－教学模式－研究－高等学校 Ⅳ. ①H319.3

中国国家版本馆 CIP 数据核字(2023)第 131749 号

大学英语教学模式的构建与实践研究

DAXUE YINGYU JIAOXUE MOSHI DE GOUJIAN YU SHIJIAN YANJIU

作　　者:黄　萍　　常　悦　　汪杨曲
责任编辑:欧阳鹏
技术编辑:王会莲
开　　本:787mm×1092mm　1/16
字　　数:235 千字
印　　张:10.75
版　　次:2023 年 6 月第 1 版
印　　次:2023 年 6 月第 1 次印刷

出　　版:吉林出版集团股份有限公司
发　　行:吉林出版集团外语教育有限公司
印　　刷:长春第二新华印刷有限责任公司

ISBN 978-7-5731-3760-9　　**定价**:63.00 元

前言

随着经济全球化的持续发展以及中国对外开放的不断深入，国家之间交流与合作日益频繁，社会急需一批高水平、高能力、高素质的英语人才。英语教学是培养英语人才的重要领域，对提高学生的英语水平与交流技能发挥着重要的推动作用，甚至对社会的发展也起着一定的促进作用。由于高校英语教学承担着培养语言基本功扎实、跨文化技能娴熟、国际视野宽广、专业基础宽厚、国际规范熟悉的国际化人才的使命，建设科学、完善的高校英语课程体系就成为实现这一目标的保障。结合目前高校英语教学现状和已有资源，积极探索建设科学、综合、立体、有机的新型高校英语课程体系，以更好地满足社会的需求，符合学校的办学目标，对接院系的专业需要，助推学生的发展。高校英语教学模式课程以建构主义理论、人本主义学习理论和后现代主义教学观为理论指导，以培养学生听、说、读、写、译综合应用能力和研究能力为主要目标，强调以学生为学习的主体，在教师引导下，借助计算机网络技术进行个性化、自主式的研究；在实践中锻炼和提高学生的英语综合运用能力、自主学习能力、研究能力以及综合文化素养。

本书是大学英语教学模式的构建与实践研究方向的著作，本书首先阐述了大学英语教学基础理论，然后介绍了大学英语教学模式，之后对基于语言学理论的英语教学策略、多元互动模式下的大学英语教学、翻转课堂模式下的大学英语教学、OBE 理念下的大学英语教学和基于任务型教学的大学英语教学创新进行研究与分析。本书旨在摸索出一条适合大学英语教学模式的构建的科学道路，帮助相关工作者在应用中少走弯路，运用科学方法，提高效率。本书对大学英语教学模式的构建与实践研究有一定的借鉴意义。

在本书的编写过程中，参阅、借鉴和引用了国内外许多同行的观点和成果，各位同仁的研究奠定了本书的学术基础，在此一并感谢。由于时间匆忙，加之水平有限，书中难免有不足之处，恳请广大读者批评指正。

前言

目录

第一章 大学英语教学基础理论

第一节 大学英语教学的理论概述

一、语言学理论

(一)语言功能理论

语言是在完成其功能中不断演变的,语言的社会功能会影响到语言本身的特性。具体来说,语言功能可以分为以下三种。

1. 微观功能

微观功能是儿童在学习母语的初级阶段出现的,它包括以下七种功能。

(1)个人功能

个人功能指儿童可以运用语言来表达自己的感情、身份或观点看法。

例如:I like the toy car.

(2)规章功能

规章功能指儿童可以通过语言来控制他人的行为。

例如:Finish the task as I have told you.

(3)想象功能

想象功能指儿童可以运用语言来创造一个幻想的环境或世界。

例如:Suppose I am the king and you are the queen...

(4)启发功能

启发功能指儿童可以通过语言来认识和探索周围的世界,学习和发现问题。

例如:Tell me why...

(5)工具功能

工具功能指儿童可以通过语言来获取物,满足其对物质的需求。

例如:I want...

(6)相互关系功能

相互关系功能指儿童可以通过语言与他人进行交往。

例如:Me and you.

(7)信息功能

信息功能指18个月大的儿童可以通过语言向别人传递信息。信息功能是在儿童成长后期掌握的。

需要指出的是，在儿童语言中，一句话只有一种功能而不会出现多种功能，随着儿童语言逐渐向成人语言靠拢，功能范围逐渐缩减，这些微观功能就让位于宏观功能。

2. 宏观功能

相对于微观功能，宏观功能更为复杂、丰富和抽象。它是儿童由原型语言向成人语言过渡阶段出现的语言功能。宏观功能包括以下两类。

(1)实用功能

实用功能源于儿童早期微观功能中的工具功能、相互关系功能和控制功能。它是指儿童将语言视为做事的工具或手段。

(2)理性功能

理性功能是由儿童早期微观功能中的个人功能、启发功能等演变而来的。它是指儿童将语言视为学习知识和观察事物的途径和方法。

宏观功能是早期儿童语言功能的过渡期，它和微观功能、纯理功能存在功能上的延续性，这反映了人类语言为数不多的几种功能却可被运用于多种社会场合，同时也反映了人类在运用语言的过程中创造语言的必要性。

3. 纯理功能

纯理功能在功能语言学派中影响巨大。纯理功能包括以下三种。

(1)人际功能

人际功能是指语言具有表明、建立和维持社会中人的关系的作用。通过此功能，讲话者能通过某一情境来表达自己的推断、态度，并对别人的态度、行为造成影响。

(2)篇章功能

篇章功能是指语言具有创造连贯的话语或文章的功能，这些话语和文章对语境来说是切题和恰当的。语篇是具有功能的语言。

(3)概念功能

概念功能是指人们通过语言将自己的内心世界和现实世界的经历进行表述的功能。语言的概念功能是指人们以概念的形式对其经验加以解码，并对主、客观世界发生的人、事、物等因素进行表达和阐述。

几乎每个句子都能体现语言的人际功能、篇章功能和概念功能，并且这三种功能经常同时存在。

(二)二语习得理论

20世纪70年代，美国语言教育家克拉申(S. Krashen)针对第二外语的习得提出并发展了二语习得理论。该理论是最具争议的二语学习理论之一，共包括以下五个部分。

1. 习得—学习假设

“学习”和“习得”不同，它们是培养外语能力的两种途径。“学习”是学习者通过课堂学习等方式有意识地掌握语言语法规则的过程；而“习得”是学习者在无意识的状态下形成并掌握语言能力的过程，是一种类似于小孩子学习母语的过程。

语言学习只能监控和修正语言，却不能发展交际能力，外语应该通过习得来获取。另外,习得能够发展交际能力。

2.自然顺序假设

一种语言的语法规则或结构是按一定的、可以预知的顺序习得的,这种情况也适用于第二语言(外语)的学习。

3.输入假设

理想的输入应具备以下四个特点:

首先,应具有足够的输入(i+1)。i+1是克拉申提出的著名公式。其中,i代表习得者现有的水平,+1表示语言材料应略高于习得者目前的语言水平。这意味着,只要习得者能理解输入的材料,且达到了一定的量,就意味着已经自动有了这种输入。

其次,应具有可理解性。输入的语言必须可以理解,不可理解的输入对学习者不仅无用,而且还会损害学生学习的积极性。可理解性的语言输入是语言习得的必要条件。

再次,应既有趣,又有关联。趣味性与关联性可以增强语言习得的效果。

最后,应按照非语法程序安排。在语言习得的过程中不必按语法程序安排教学活动,重要的是要有足够的可理解的输入。

按照克拉申的外语教学理论,外语教学时应尽量向学生提供可理解的语言输入,教师应使用一切手段来增加语言输入的可理解性

4.监察假设

有意识的学得(知识或规则)只能起到监察的作用。这种监察作用可以发生在写或说之前或之后。需要指出的是,学得的监察作用必须具备以下三个条件才能发挥作用:有足够的时间;知道规则;注意语言形式。此外,这种监控作用在不同的语言交际活动(如口头表达与书面表达)中会导致不同的交际效果。

5.情感过滤假设

"情感"指学习者的动机、需求、信心、忧虑程度以及情感状态。这些情感因素会对语言的输入起到促进或阻碍的作用,因而又被视为可调节的过滤器。

根据情感过滤假设,外语学习者的积极情感态度有助于更多地输入目的语,而消极情感态度则会过滤掉很多的目的语。因此,教师还应避免施加压力给学生,要努力营造一个轻松愉快、自由自在的学习氛围。

(三)输出假设

语言输入是实现语言习得的必要条件,但是除了这一必要条件还需要其他的条件,也就是说,若使学习者的英语学习达到较高的水平,除了对其进行可理解的输入外,还需要考虑学习者可理解的输出。

学习者需要充分地理解并有效地运用既有的学习资源,将其准确、合理地输出在这一过程中,学生的语言水平才能得到较高程度的提升,也才能在不断输出的过程中意识到自己在语言表达方面所存在的问题。在英语教学实践中,教师应该尽可能地给学生提供充足的语言表达与运用的机会,不断地培养和提高学生语言表达的准确性和流利性。语言输出的作用主要体现在以下几个方面:

第一，检验自己所提出的假设是否正确，是否具有一定的可行性。

第二，使学习者侧重把握语言形式。

第三，让学习者能够有意识地进行自我反思。

输出假设对英语教学有一定启示。当英语教师意识到语言输出活动对语言学习的重要性之后，就会对此设计一些交际性的口头或笔头的语言实践活动来进行教学，如让学生复述、小组讨论、组织辩论等。在编写教材的过程中也会侧重添加一些实际性的语言输出活动，如角色扮演、针对某一话题发表不同意见和见解等。

（四）言语行为理论

言语行为理论作为语言语用研究中的一个重要理论，最初是由英国哲学家约翰·奥斯汀(John Austin)在20世纪50年代提出的。之后，美国的哲学语言学家塞尔(Searle)对言语行为进行了深入的探讨。因此，这里主要介绍二人的观点。

1.奥斯汀的言语行为理论

奥斯汀将话语分为表述句和施为句两大类别，在此基础上，他又提出了言语行为三分说。

(1)表述句与施为句

表述句是用来描写、报道或陈述某一客观存在的事态或事实的句子。表述句可以验证，并且具有真假值。

例如：Jim is lying in bed.

如果Jim确实在床上躺着，这句话就为真；反之则为假。

施为句是用来创造一个新的事态以改变世界状况的句子。施为句不可以验证，也不具有真假值。

例如：I call the toy horse Spirit.

这个句子既无法验证，也无法判断真假。这个句子的意义在于给玩具马命名，即给客观环境带来了改变。

可见，表述句与施为句的最大区别在于表述句以言指事、以言叙事，而施为句以言行事、以言施事。

(2)言语行为三分说

奥斯汀发现了表述句与施为句两分法的不足之处并修正了自己的观点，提出了更为成熟的言语行为三分说。言语行为三分说将言语行为分为以下三个层次：

第一，以言指事行为是指移动发音器官，发出话语，并按规则将它们排列成词、句子。它是通常意义上的行为。

第二，以言行事行为是通过说话来实施一种行为或做事。它是表明说话人意图的行为，可将以言行事行为简称为“语力”。以言行事行为分为评价行为类、施权行为类、承诺行为类、论理行为类、表态行为类五个类别。

第三，以言成事行为就是以言取效行为，它是指说话带来的后果。需要说明的是，以言成事行为或以言取效行为只是用来指一句话导致的结果，不论结果如何都跟说话人的意图无关。

2. 塞尔的言语行为理论

塞尔的主要贡献是改进了奥斯汀对以言行事行为的分类，并提出了间接言语行为理论。

(1)对以言行事行为的重新分类

塞尔将以言行事行为分为以下五类。

①承诺类

它表示说话人对未来的行为做出不同程度的承诺。此类行为的动词包括 threaten、pledge、vow、offer、undertake、guarantees、refuse、promise、commit 等。

②表达类

它表达说话人的某种心理状态。此类行为的动词包括 congratulate、apologize、deplore、regret、welcome、condole、boast 等。

③断言类

它表示说话人对某事作出真假判断或一定程度的表态。此类行为的动词包括 deny、state、assert、affirm、remind、inform、notify、claim 等。

④宣告类

它表示说话人所表达的命题内容与客观现实之间的一致。此类行为的动词包括 nominate、name、announce、declare、appoint、bless、christen、resign 等。

⑤指令类

它表示说话人不同程度地指使或命令听话人去做某事。此类行为的动词包括 request、demand、invite、order、urge、advise、propose、suggest 等。

塞尔的重新分类具有很强的科学性，直到今天仍在使用。

(2)间接言语行为理论

所谓间接言语行为，就是通过实施另一行为而间接得以实施的言语行为。

例如：Can you pass the bottle for me?

这种言语行为虽然表面上在进行"询问"，但实际上表达的是一种"请求"行为，即"请求"是通过"询问"间接实施的。

塞尔进一步将间接言语行为分为规约性间接言语行为和非规约性间接言语行为两个类别。规约性间接言语行为通常出于对听话人的礼貌，且根据话语的句法形式可立即推断出其语用用意。而非规约性间接言语行为往往比较复杂，需要更多地依靠交际双方共知的语言信息与所处的语境来进行推断。

二、心理学理论

(一)行为主义心理学

行为主义学习理论最初来源于俄罗斯生理学家巴甫洛夫(Ivan Pavlov)的"条件反射"概念。20 世纪初，美国心理学家华生(John B. Watson)创立了行为主义学习理论。美国学者斯金纳(B. F. Skinner)对华生的行为主义进行了继承和发展。这里主要介绍此二人的观点理论。

1. 华生经典行为主义理论

华生把有机体应付环境的一切活动称为“行为”，行为的基本成分是反应，反应分为习得的反应和非习得的反应。前者包括一切复杂习惯和一切条件反射，后者则指在条件反射和习惯方式形成之前的婴儿期所做的一切反应。华生将引发有机体反应的外部和内部的变化称为“刺激”，而刺激必然属于物理的或化学的变化。任何复杂的环境变化，最终总是通过物理变化或化学变化转化为刺激作用于人的身上。换句话说，刺激和反应都属于物理变化或化学变化，由此便形成刺激—反应(S—R)公式，通过刺激可以预测反应，通过反应可以推测刺激。

学习就是以一种刺激替代另一种刺激建立条件反射的过程。人类出生时只有几个反射和情绪反应，所有其他行为都是通过条件反射建立新的刺激—反应(S—R)连接而形成的。华生认为，人类的行为都是后天习得的，环境决定了一个人的行为模式，无论是正常的行为还是病态的行为都是经过学习获得的，也可以通过学习而更改、增加或消除。查明了环境刺激与行为反应之间的规律性关系，就能根据刺激预知反应，或根据反应推断刺激，达到预测并控制动物和人的行为的目的。他认为，行为就是有机体用以适应环境刺激的各种躯体反应的组合，有的表现在外表，有的隐藏在内部，在他眼里人和动物没什么差异，都遵循同样的规律。

2. 斯金纳新行为主义理论

斯金纳于20世纪60年代发表了《言语行为》(*Verbal Behavior*)一书，从行为主义角度对言语行为系统进行了分析。人们的言语以及言语中的各个部分都是在受到内部或外部的刺激的情况下产生的。具体来说，斯金纳提出了“操作性条件反射”的观点，这一观点强调语言学习的过程是一个不间断的操作过程，即发出动作然后得到一个结果或一个目的，这一动作就被称为“操作”。如果这一动作的结果是满意的，操作者就会重复“操作”，这时“操作”便得到“强化”，也称为“正向强化”。儿童的语言学习过程正是这样一个不间断的“操作”过程，使语言行为逐步形成。

在某一语言环境中，他人的声音、手势、表情和动作等都可以成为强化的手段。例如，教师可以通过表扬、肯定、满意的表示，使学生的某种言语行为得到强化。只有言语行为不断得到强化，学生才能逐渐养成语言习惯，学会使用与其语言社区相适应的语言形式。如果没有得到强化，语言习惯就不能形成，语言也就不能学习到。在学习时，只有反应“重复”出现，学习才能发生。因此，“重复”在学习中的作用是不容忽视的。

通过上述介绍可以看出，行为主义学习理论的形成主要基于以下六个观点：

第一，语言是一种习惯，是人类所有行为的基本部分，是在外界条件的作用下逐步形成的。

第二，在语言习得和语言学习过程中，外部影响是内在行为变化的主要因素。因此，语言行为和习惯受外部刺激的影响而发生变化，而不受内在行为的影响。

第三，儿童习得和学习语言的过程是按照操作制约的过程进行的，即发出动作—获得结果一得到强化。这也是儿童习得语言的最基本的客观规律。

第四,学习是刺激与反应的连接,其基本公式为 S—R。也就是说,有怎样的刺激,就有怎样的反应。

第五,学习过程是一种渐进的尝试错误的过程。学习进程的步子要小,认识事物要由部分到整体。

第六,强化是学习成功的关键。语言行为需要正向强化才能形成并得到巩固。正向强化主要指学习上的成就感及他人的赞许和鼓励,它是帮助学习者形成语言习惯重要的外部影响因素。

当然,行为主义学习理论有很多不足之处,例如,它完全否认人类学习的内在心理机制,忽视了人类的主观能动性,难免会走向机械主义和环境决定论,受到认知主义等学习流派的批评。尽管如此,行为主义心理学的研究对英语教学仍有着重大影响,这些影响明显体现在实际的英语教学实践中。例如,在语言学习的初级阶段,学生的不断观察、模仿和实践就是遵循了行为主义的学习理论。在外语教学的初级阶段,反复操练被看作语言学习的一个重要且有效的手段,并得到了广泛的应用。

(二)人本主义心理学

人本主义的学习理论起源于二十世纪五六十年代在美国兴起的一种心理学思潮,被称为“心理学的第三势力”。人本主义心理学起初并不形成于对学习和学习过程的研究,而是从临床心理学家、社会工作者和心理咨询工作者等一些对人类行为的基本原理和基本假设持有相似观点的心理学家的应用研究中产生的。人本主义心理学的主要发起者是美国心理学家马斯洛(A. H. Maslow),近年来影响较大的代表人物是美国心理学家罗杰斯(C. R. Rogers)。他们认为,教育能够为学习者提供一个心理环境,这个环境充满人情味,学习者在这个环境中得到辅导并将其固有潜能充分地发挥出来。

1. 学习动机论

人本主义心理学的动机论是以马斯洛的“需求层次论”为基础的。马斯洛从人的自我实现需要出发,将人的需要从低级到高级分为五个等级:生理需求、安全需求、社交需求、尊重需求、自我实现需要。其中,自我实现需求指的是人类能把自身中的潜在东西变成现实的东西的基本倾向,是最高层次的需求。自我实现是对天赋、能力、潜力等的充分的开拓和利用。这样的人能够实现自己的愿望,对力所能及的事总是尽力去完成。人具有“自我实现”的动机,有“自我实现”需要的人总是致力于他们认为重要的学习和工作。

以马斯洛的需求层次理论为基础,罗杰斯提出了“自我实现”的三个阶段。

(1)“映射”阶段

在这一阶段,人的自我发展是由外界要求的“映射”产生的。例如,学生说:“我要努力学习,因为老师这样要求我们。”

(2)混乱阶段

当学生有一定的自我意识时,教师对学生的要求往往与学生自己的观点产生矛盾,结果造成学生无所适从,处于混乱阶段。

(3)自我实现阶段

当学生的自我意识占据主导地位并认识到了自己的价值和能力时,学生便能独立地、创造性地作出判断和决定,从而实现自己的愿望。

针对如何使学生具备"自我实现"的学习动机问题的建议,主要有以下几点。

①避开过去

学生在学习时,应将全部身心投入到学习中,排除先前事件的影响。特别是对于成绩比较落后的学生来说,如果他们总是持有"我以前学得不好"的观念,那么他们将会停滞不前,不能取得进步。

②保持积极接受的态度

所谓积极接受的态度,是指学生学习时,既要全神贯注、独立思考,又要虚心接受别人的意见。当人们以非干扰和安全接纳的方式与别人相处时,就能感受到更多东西。因此,同学之间的互帮互学十分重要。

③防止两种心理障碍

其一是"低俗化",即自以为看透所有世俗,不相信神圣的、美好的东西。其二是"约拿情结",这是指那种畏惧美好和神圣事物的心理障碍。

2.学习类型论

(1)无意义学习

无意义学习只涉及心智,它不涉及人的感情或个人意义,与完整的人无关。无意义学习类似于无意义音节的学习。学生要记住这些无意义音节是一项困难的任务,因为它们是枯燥乏味、无关紧要、很快就会忘记的东西。学生在课堂里学习的内容,有许多对学生来说都具有这种无意义的性质。几乎每个学生都会发现,他们课程中有很大一部分内容对自己是无个人意义的。

(2)有意义学习

有意义学习不仅是一种增长知识的学习,而且是一种与每个人各部分经验都融合在一起的学习,是一种使个体的行为、态度、个性以及在未来选择行动方针时发生重大变化的学习。例如,一个5岁小孩迁居到另一个国家,在不进行任何语言教学的情况下,让他每天与新的小伙伴一起自由地玩耍,他在几个月内就会掌握一种新的语言,而且还会习得当地的口音。原因就在于他是以一种对自己有意义的方式去学习新语言的,所以学习速度极快。倘若请一个专门的语言教师去教他,在教学过程中使用对教师有意义的材料,那么他的学习速度将会极其缓慢,甚至停滞不前。意义学习能将逻辑与直觉、理智与情感、概念与经验、观念与意义等结合在一起。当我们以这种方式学习时,我们就成了一个完整的人,即成了能够充分利用自己所有阳刚和阴柔方面的能力来学习的人。

有意义学习包括如下四个要素:

其一,学习具有个人参与的性质,即整个人的认知和情感都投入到学习活动之中。

其二,学习是自我发起的,学生由于内在的愿望主动去探索、发现和了解事件的意义。

其三,学习是渗透性的,它会使学生的行为、态度乃至个性发生变化。

其四，学习是由学生自我评价的，学生自己评估自己的学习需求、学习目标是否完成等，因为只有学生最清楚某种学习是否满足自己的需要、是否有助于获取他想要知道的东西、是否明了自己原来不甚清楚的某些方面。

3. 学习实质论

人本主义心理学指出学习的实质是形成与获得经验，学习的过程就是经验的形成与获得的过程。在人本主义心理学的基础上，人本主义学习理论从以下四个方面来解释学习的实质。

(1)学习即"形成"

人本主义学习理论重视学习方法的学习和掌握，强调在学习过程中获得知识和经验。在实际学习过程中，很多有意义的知识或经验不是从现成的知识中学到的，而是在做的过程中获得的。学生通过参加学习活动，进行自我发现、自我评价和自我创造，从而获得有价值的、有意义的经验、获得如何进行学习的方法或经验。所以，最有用的学习是学会如何进行学习。

(2)学习即理解

个人的学习不是机械的刺激和反应之间的连接的总和，而是一个心理过程，是个人对知觉的解释。具有不同经验的两个人在知觉同一事物时，往往会出现不一致的反应，这是因为两个人对知觉的解释不同，所以他们所认识的世界以及对这个世界的反应也不同，而并非所谓的连接的不同所致。因此，要了解一个学生的学习过程，关键是要了解学生对外界情境或刺激的解释，而不是只了解外界情境或外界刺激。

(3)学习即潜能的发挥

人本主义心理学家认为，人类具有学习的自然倾向或学习的内在潜能，人类的学习是一种自发的、有目的、有选择的学习过程。人本主义的学习观将学生看作一个有目的、能够选择和塑造自己行为并从中得到满足的人。因此，教学的任务就是创设一种能够有效激发学生学习潜能的情境，以使学生的潜能得以充分发挥。教学要以学生为中心，教师的任务是帮助学生增强对自我和变化的环境的理解。此外，人本主义学习理论还强调学习过程应该是一个愉快的过程，在教学中不应将强迫、惩罚以及种种要求或约束作为促进学生学习的方法。

(4)学习是对学生有价值的学习

学习的内容应该是对学生有价值、有意义的知识或经验。只有当学生真正地了解所学内容的用处时，学习才能成为最好的、最有效的学习。通常来说，学生感兴趣并认为是有用处、有价值的经验或技能比较容易学习和保持；而那些学生认为是价值小且效用不大的经验或技能通常学习起来很困难，也容易遗忘。人本主义学习观提示教师要尊重学生的兴趣和爱好，尊重学生自我实现的需要，在课程内容的设置上给学生充分的自由，允许学生根据自己的兴趣和爱好以及自我需要来选择有关的学习内容。

(三)认知心理学

认知学习理论是通过研究人的认知过程来探索学习规律的学习理论。认知学习理论倡导者认为，学习就是面对当前的问题情境，在内心经过积极的组织，从而形成和发展认知结构的过程，强调刺激—反应之间的联系是以意识为中介的，强调认知过程的重要性。认知学习理论的代表人物有很多，其中瑞士心理学家皮亚杰(J. Piaget)是杰出的一个。

皮亚杰认为，无论一个人的知识多么高深、复杂，都可以追溯到他的童年，甚至是胚胎时期。皮亚杰的理论试图以认知的社会、历史根源以及认知所依据的概念和"运算"的心理起源为依据来解释认知，尤其是科学认知。在皮亚杰看来，人出生以后如何形成认知、发展思维，受哪些因素制约，各种不同水平的智力及思维结构是如何先后出现的等问题都值得研究。因此，他的研究主要集中在两个方面：认知发展的阶段性问题和认知发展的机制。其中，认知发展的阶段理论具有广泛的影响意义。

第二节　大学英语教学的构成因素

一、教师

教师是教学活动的组织者，也是影响教学效果的最重要变量之一。教师的主导作用是在与学生的交往中得以实现的。教师在教学过程中，除了要充分发挥自身的主导作用，更要注重自身素质的提高。一名合格的英语教师应该具备以下三个方面的基本素质。

(一)专业素养

教师专业方面的素养包括如下几个方面。

1. 综合教学能力

综合教学技能是指在英语教学中所需要的语言本身之外的教学能力，主要包括书写、唱歌、绘画、制作、表演等。较强的综合教学技能要求如下：能写，即书写字迹工整规范；能唱，即能够结合学生学习的进程编写、教唱学生喜爱的英文歌曲；会画，即会画简笔画，并能运用于教学中；会制作，即能够设计制作适用于教学的各种教具，包括幻灯片、录像、电脑软件等；善表演，即能够充分利用体态语，以丰富的表情、协调的动作表达意义或情感，做到有声有色。

2. 系统的教学理论知识

系统的教学理论知识也是英语教师必须掌握的。所谓系统的教学理论知识，是指教师除了要具备教育学、心理学理论以外，还要掌握英语教学理论知识，这主要包括现代语言知识、英语习得理论知识和英语教学法知识等。

3. 较高的语言水平

较高的语言水平是一名英语教师的基础，主要包括扎实的语言专业知识和较强的语言技能。教师不仅要具备系统的英语语音、语法知识，还要具备较大的词汇量，同时要具有良好的听、说、读、写能力。较高的语言水平是开展教学活动的基本保障，教师只有具备较高的语言水平，才能全面地掌握教材，才能向学生传授英语语言知识，培养学生的英语语言技能。

4. 英语教学的组织能力

英语教学的组织能力主要指教师动员和组织学生集体进行学习的能力。这一能力主要表现在教师有效地掌握课堂、有效地动员学生积极参加学习等方面。在有效掌握课堂方面，教师要做到以下几点：注意教材内容、自己的言语和言语表达；注意学生理解和表达的正确性，包括语音、语法、词汇及思想表达等方面的内容；注意课堂情绪和纪律；注意掌握学生的注意力。做到以上几点，教师才可以使课堂教学井然有序。要想有效动员学生积极参与学习，教师需要具有一定的创造性。教师一进课堂就会进入一种创造性的境界，思维活跃，能够很容易地自由运用知识技能，从而使学生得到有力的感染，愿意全身心地投入教师引导的学习活动中。教师流利的英语本身就是动员学生的一种力量，教师发音要清晰、准确、流利，内容易懂、明确，还要能根据学生的语言水平来组织自己的语言，使用学生学习过的词汇和语法结构。

5. 传授和培养英语知识技能的能力

(1)教师要善于讲解

讲解是所有教师所必须具备的最主要、最基本的工作能力。一名合格的教师要善于将复杂的教学内容变得通俗易懂，能够深入浅出地进行讲解。为此，教师不仅要充分了解学生的心理、生理特点以及学生的英语水平，还要认真细致地做好备课，并且要根据不同的内容选择适当的讲授方法，在讲解的过程中还要做到重点突出。

(2)教师要善于示范

英语教学既要传授知识，又要培养技能。学生语言技能的训练包括发音、书写、朗读、说话，这些都需要教师进行示范，然后学生对教师的示范进行模仿。教师要将示范和讲解相结合，用示范配合讲解，或者用讲解来突出示范中的重点，做到示范正确、标准。由于示范是为了让学生进行模仿，因此还要与学生的实践相结合。

(3)教师要善于提问启发

向学生提问是英语教学的重要手段，教师要善于使用这一手段。例如，在讲授新知识之前通过提问来复习旧知识；用提问检查与复习讲授的内容。使用提问教学手段时教师要注意两点：提出的问题要适合学生的实际水平；提问要注意调动全班学生的积极性。

(4)教师要善于引导学生进行练习

语言技能的培养需要大量的语言实践，如语音练习、语法练习、口语表达练习、听力培养练习、阅读练习、写作练习等。教师要熟悉各种练习形式的作用，并在英语课堂教学中引导学生进行各种练习活动，有效培养学生的语言技能。

(5)教师要善于纠正学生言语中的错误

学生学习英语是一个逐步进步的学习过程，在这个过程中难免会出现错误。有些错误是学生可以自行改正的，教师对此类错误不必纠正；而对于有些必须纠正的错误，教师也应该有策略、有技巧地进行纠正。哪些错误需要纠正，哪些错误不需纠正，在何时纠正，如何纠正，都反映着教师的教学实践素质。

6.较强的科研能力

以往的英语教学只要求教师具备一定的语言水平和教学水平。但是随着时代的发展，教育对教师提出了新的要求，教师除了语言水平和教学水平外，还要具备较强的教育科研意识和科研能力。

一名优秀的英语教师不仅是教学的实践者，还应该是科研的参与者，是英语教学与学习规律的研究者。教师应该结合自己的教学经验和教学实践，通过不断调查研究教学实践过程，分析总结经验，改进教学，并将其中成功的经验上升为新的理论，丰富我国的英语教学实践，促进我国英语教学的发展。

（二）师德素养

师德是教师最重要的素养，也是教师从事教育教学活动的动力源泉。师德决定着教师对学生的热爱、对事业的忠诚、对教学执着的追求和对人格的塑造。同时，师德还直接影响着学生的成长。因此，英语教师必须具有坚定的理想信念，具有科学的世界观、人生观、价值观，具有忠于人民的教育事业的敬业精神，具有热爱学生、关心学生、全心全意为学生的服务精神。教师只有自身真正懂得奉献、体现公正、具有责任感，才能言传身教。

（三）人格素养

人格素养是教师素养的综合体现。“学高为师，身正为范”概括了教师的职业特征和专业特征，同时也概括了对现代英语教师人格塑造的要求。一名优秀的英语教师应具有高尚的道德品行，令人愉快的个人性格，宽容、谦逊、好学的品质，正确的自我意识，良好的心理素质，幽默的语言表达，和谐的人际交往，端庄的仪表风度，崇高的审美素质，积极耐心的工作态度以及丰富的知识经验等。这些方面并不是孤立的，而是相互联系、相互影响的。

二、学生

学生是英语课堂教学的主体和中心。每个学生都是独特的个体，他们之间存在着各种差异，这些差异尤其体现在语言潜能、认知风格、学习动机、学习态度以及自身性格等方面，而且这些差异使他们理解和掌握新知识的速度和程度不尽相同。这里重点分析一下学生在各方面存在的差异。

（一）语言潜能差异

语言潜能是学习英语所需要的认知素质，或是学习英语的能力倾向，它是一种固定的天资。努力提高学生英语素质就是要培养学生的综合语言运用能力，而语言潜能正是就学生的认知素质来预测其学习英语的潜在能力。外语学习能力应包括以下几种：

第一，语音编码、解码能力，即关于输入处理的能力。

第二，归纳性语言学习能力，它是有关语言材料的组织和操作能力。

第三，语法敏感性，它是从语言材料中推断语言规则的能力。

第四，联想记忆能力，它是关于新材料的吸收和同化能力。

不同学生的语言潜能存在着差异。在教学过程中，教师应了解学生的语言潜能进而因材施教，使之针对不同的学习任务在不同场合发挥各自的长处，以收到事半功倍的效果。

(二)认知风格差异

认知风格是指人在信息加工(包括接收、储存、转化、提取和使用)的过程中,表现出来的认知组织和认知功能方面的持久一贯的风格,它既包括个体知觉、记忆、思维等认知过程方面的差异,也包括个体态度、动机等人格形成和认知功能与认知能力方面的差异。不同的学习个体有不同的认知风格。应该说,不同的认知风格各有其优势和劣势,但这并不代表学生的学习成绩有差别。学生之间可以有各自偏爱的信息加工方式,在学习不同材料时也会各有所长。当学生的认知风格与教师的教学风格、学习环境中的其他因素相吻合时,其学习成绩会更好。因此,教师应了解并尊重学生不同的认知风格类型,针对不同的学习任务和学习环境因材施教,妥善引导,使自己的教学特点与学生的需要有机联系,进而取得良好的教学效果。

(三)情感因素差异

情感因素方面的差异主要涉及以下几个方面。

1. 学习动机

学习动机是指激发个体进行学习活动,维持已引起的学习活动,并使行为朝向一定的学习目标的一种内在过程或内部心理状态。学习动机是直接推动学生进行英语学习的内部动力,是影响英语学习成绩的一个关键因素。学习动机来源于学习活动,也是学习活动得以发动、维持、完成的重要条件,并由此影响学习效果。

2. 性格

性格是指一个人对现实的态度和行为方式表现得比较稳定但又可变的心理特征,是学生的重要情感因素,也是决定其英语学习成功与否的关键因素之一。人的性格大体可以分为外向型和内向型两种。外向型的学生有利于交际方面的学习,因其喜欢交际,不怕出错,能积极参与英语学习活动,并在活动中寻求更多的学习机会;而内向型的学生在发展认知型学术语言能力上更占优势,因其善于利用沉静的性格从事阅读和写作。对教师来说,研究学生性格差异的最终目的是充分了解学生的个体差异和不同的心理状态,发挥不同性格学生的优势,因材施教,以获得更理想的教学效果。

3. 态度

态度是指个体对待他人或事物的稳定的心理倾向或为达到某种目的而做出的一定努力,是影响英语学习的重要因素之一。态度包括三个方面:情感成分,即对某一个目标的好恶程度;认知成分,即对某一个目标的信念;意动成分,即对某一个目标的行动意向以及实际行动。一般来说,对其他文化抱有好感,向往其生活方式,渴望了解其历史、文化和社会习俗的学生,对其文化与语言会持积极的态度,这样就可以获得良好的学习效果。反之,如果对某文化抱有轻蔑、厌恶甚至仇视的态度,则很难认真了解该文化并学好语言。此外,学生对学习材料、教学活动的组织形式及对教师的态度,都会影响到他们英语学习的效果。

对学生个体差异的分析是为了使教师能够根据学生的个体差异制订教学计划,选择适合的教学材料和方法,具有重要的实践意义。

三、教学内容

教学内容是连接学生和教师之间的桥梁，也是教学实践中不可或缺的一个重要构成因素。所谓教学内容，就是指在教学活动中为实现教学目标，师生共同作用的知识、技巧、技能、思想、观点、概念、事实、问题、行为习惯等的总和。教学内容是一种特殊的知识系统，既不同于语言知识本身，也不同于日常经历；既要考虑学科本身的知识体系，又要考虑学生的年龄特点和实际需求等。一般来说，教学内容包括以下几个方面。

（一）语言知识

基础英语语言知识是综合英语运用能力的有机组成部分，是语言学习和语言运用的重要内容之一。没有扎实的语言知识，就不可能具有较强的语言能力。

（二）语言技能

听、说、读、写是学习和运用语言必备的四项语言基本技能，是他们形成综合语言运用能力的重要基础和手段。听是分辨和理解话语的能力；说是运用口语表达思想、输出信息的能力；读是辨认和理解书面语言的能力；写是运用书面语表达思想、输出信息的能力。学生通过大量听、说、读、写的专项和综合性语言实践活动，形成这四种技能的综合运用能力，为真实语言交际奠定基础。

（三）情感态度

所谓情感态度，是指兴趣、动机、自信、意志和合作精神等影响学生学习过程和学习效果的相关因素，还有在学习过程中逐渐形成的祖国意识和国际视野。在教学中，教师应不断激发并强化学生的学习兴趣，引导他们逐渐将兴趣转化为稳定的学习动机，树立自信心，磨炼克服困难的意志，认识学习的优势与不足，乐于与他人合作，养成和谐和健康向上的品格。

（四）文化意识

在英语教学中，文化指所学语言国家的历史地理、风土人情、传统习俗、生活方式、文学艺术、行为规范、价值观念等。对学生来说，接触和了解英语国家文化有利于学生对英语的理解和使用；有利于加深对本国文化的理解与认识；有利于提高人文素养，培养世界意识。因此，教师在教学中要主动向学生渗透文化意识，根据学生的年龄特点和认知能力，传授文化知识，培养文化意识和世界意识。

（五）学习策略

学习策略是指学生为有效地学习和发展而采取的各种行动和步骤。英语学习的策略包括认知策略、调控策略、交际策略和资源策略等。培养学习策略有助于学生有效学习英语，为终身学习奠定基础。使用有效的英语学习策略，可以改进英语学习方式，提升学习效果，还可以让学生学会如何学习，从而培养学生的终身学习能力。因此，教师要有意识地帮助学生形成适合自己的学习策略，对自己的学习过程和效果进行监控和反思，培养学生根据学习风格不断调整学习策略的能力，引导学生观察他人的学习策略，与他人交流学习体会，尝试不同的学习策略。

教材是教学内容的重要载体。在新课程改革中，教材是重要的教育教学因素。教材是教师用来教学的材料，也是学生用来学习的材料。简单地说，教材是为教师的教和学生的学服务的，是课堂的必需要素。然而，教材是死的，学生是不断变化的，而且任何教材的编写都受编者水平和资料的限制，不可避免地会存在某些缺点和不足。如果教师一味地以完成教学任务为目的，忽略学生的反应，按部就班地使用教材，恐怕很难起到促进学习的作用。因此，在教学过程中，教师应灵活处理不同的教材，在课上或课下询问学生的感受，及时调整教学的方法和进度。

四、教学环境

任何教学活动都是在一定的教学环境中进行的，教学环境是教学活动的基本要素之一，是开展教学活动的依托。同样，英语教学也必须在现实的英语教育环境中进行，所以英语教育受制于环境这一因素。

(一)教学环境的构成要素

英语教学环境是指英语教学赖以进行的实际条件，即能稳定教学结构、制约教学运作、促进个体发展的教育条件和环境因素。环境因素是制约和影响英语教学活动和效果的外部条件。教学环境主要由以下几个要素构成。

1. 学校环境

学校是为学生提供学习场所和学习手段的最佳环境，它对英语教学的影响更为重要和直接，决定着绝大多数学生英语学习的成败。学校环境主要包括课堂教学、接触英语时间的频率、班级的大小、教学设施、教学资料、英语课外活动、英语教师及其他教职工对英语的态度、校风班风和师生人际关系等。

2. 社会环境

社会环境是影响和制约英语教学过程的重要因素，它主要指社会制度、国家的教育方针、英语教育政策、经济发展状况、科学技术水平、人文精神、社会群体对英语学习的态度以及社会对英语的需求程度等。社会环境因素是英语教学向前发展的动力，对英语教学具有重要的导向作用。

3. 个人环境

个人环境主要包括学生的家庭成员、同学、朋友的社会地位，物质生活条件，文化水平，职业特点和对英语学习的态度、经验、水平及学习方式，成员之间的关系及感情，学生的经济状况，拥有的英语学习设备和用具等。个人环境也会对学生的英语学习产生一定程度的影响。

(二)教学环境对英语教学的意义

成功的英语语言学习活动离不开其得以存在、发展、交流、应用的各种环境因素。教学环境潜在地影响着教学活动的效果，是学生学习活动赖以进行的主要环境。教学环境对英语教学的意义主要表现在以下几个方面：

第一，促进教师在教学中更加努力地创设良好的英语课堂教学环境，充分利用现代化教学手段与教学资源，优化教学环境，提高学生对英语的运用能力。

第二，帮助教师正确认识环境对学生英语学习的客观影响，结合中国的英语教学实际，理性地分析、判断和选择外国的英语教学理论和教学方法。

第三，帮助教师有效地加工语言输入材料，科学地设计语言练习，创设良好的课堂英语使用环境。

第四，有利于教师在不断学习和实践优化课堂教学环境的策略、创设良好的英语教学环境的过程中，提高其自身的教学素质。

五、教学方法

语言教学教无定法，贵在有法。在英语教学历史上有多种教学方法都曾经发挥过重要作用，有效地促进了英语教学的发展。例如，翻译法、直接法、自觉对比法、听说法、视听法、认知法、功能法，以及由此派生出来的口语法、全身反应法、自然法、沉默法、暗示法、交际法等。但是，实践证明，没有哪一种教学方法是最好的、最有效的，也没有哪一种方法适用于所有时期、所有地区、所有教学内容。如果一个教师在英语教学中，采用一成不变的教学方法，必然会使学生感到厌烦。而且，不同的教学方法对不同的语言知识、语言技能各有侧重，只有综合、灵活地运用各种教学方法，才能有效促进学生英语能力的提高，才有利于学生英语水平的全面发展。

在英语教学中，教师应该注意无论使用什么样的教学方法，都必须以学生的语言交际作为教学的出发点，尽量将教学与日常实际生活结合起来，鼓励学生有创造性地、有目的地运用已学语言材料，在新的生活场景中重新组织语句，表达自己的感情。同时，教师应力求使教学过程交际化，教材内容选自真实生活中的自然交际，适合学生的年龄，对处于不同阶段的学生采取不同的教学方法。

第三节　大学英语教学遵循的原则

一、循序渐进原则

英语教学的循序渐进原则主要包括以下三层含义：

第一，语言的学习应从口语开始，然后逐渐过渡到书面语。英语包括两种形式：口语和书面语，且口语早于书面语出现。与书面语相比，口语词汇通常较为常用，句子结构简单，学习起来比较容易。学生通过口语的学习可以尽快地获得交际技能，满足日常交际的需要，这样就达到了学用结合的目的。

第二，就听、说、读、写等语言技能的培养而言，教师应该首先侧重培养学生的听说能力，逐渐过渡到读写技能的培养上。听、说、读、写是英语的四项基本技能，应该全面发展，但是在不同的阶段，侧重点应有所不同。听说教学能使学生掌握基础的语言知识，包括语音、词汇、句子结构等，这为读写能力的培养奠定了基础。因此，在英语学习的初级阶段，教师应加强“听、说”的教学，然后再逐步向“读、写”教学过渡。

第三，英语语言知识、语言技能以及使用语言的能力的完成与提高是一个循序渐进的过程。学习英语是一个螺旋式发展的过程，需要反复地循环，但这种循环并非单一的重复，每一次重复在难度和深度上都有所提高。此外，循环往复要求教学中要做到以旧带新，从已知到未知。因此，教师应以学生已有的语言知识和已熟悉的语言技能为出发点，传授新知识，培养新的技能。

二、输入优先原则

英语教学要坚持输入优先原则。所谓输入和输出，是指学生通过听和读接触英语语言材料以及通过说和写来进行表达。语言输入的量越大、质量越好，语言输出的能力就越强。可见，输入是输出的基础。

外语学习中对待语言输入的三个方面特点的总结和归纳：第一，可理解性，指对所输入语言材料的理解；第二，趣味性和恰当性，指学习者对所输入的语言材料要感兴趣；第三，足够的输入量。

在英语教学中坚持输入优先原则要注意以下几个方面：

第一，注重输入内容和输入形式的多样化。输入形式可以包括声音、图像、文字等，语言题材和体裁要内容广泛、来源多样。例如，利用在日常生活中每天都会接触的文具、衣服、道路标志、电器等就可以帮助学生潜意识中学到许多英语。

第二，教师可以通过视听、听和读等多种手段，尽可能多地让学生接触英语，多给学生可理解的语言输入。教师应该打破课内外的界限，利用声像材料的示范和贴近学生日常生活和学习、适合学生的英语水平、具有时代特色的读物等，扩大学生的语言接触面，增加学生的语言输入，以利于学生更好地学好英语。

第三，着重强调学生的理解能力，为学生提供的语言材料要切合学生的实际情况，具有可理解性与趣味性。向学生输入的材料要符合学生的现有水平，只要求学生理解，不必刻意要求学生即刻输出。从教学方法而言，这也坚持了先输入、后输出的原则。然而仅依靠语言的输入不可能掌握英语并形成综合运用英语的能力，还需要适当的口头和笔头的表达来检验和促进语言的输入。

第四，鼓励学生进行模仿。有效的模仿是模拟生活中的真实情境，注意语言结构所表达的内容。换句话说，模仿最好是让学生身临其境地去使用所要模仿的语言。例如，在结对练习、小组练习的时候，让学生根据实际情况使用所学习的语言，如此才能把声音和语言的意义结合起来，学生才会在课外运用所学语言。模仿是在优先输入语言的基础上，对语言进行的有效练习和输出实践。

三、兴趣性原则

在英语教学中，教师应意识到兴趣的巨大作用，尽可能调动学生的内在动机，激发学生对英语学习的主观愿望，以获得更好的教学效果和学习效果。在英语教学中，教师可从以下几个方面入手来调动学生的学习兴趣：

第一，尊重学生的主体性，充分了解学生的特点。教师必须清楚地认识到学生是英语课堂的主体，学生只有通过积极主动的尝试与创造，才能获得认知和语言能力的发展，教学活动也才能达到预期的效果。教师要根据学生的心理和生理特点，遵循语言学习规律，采用多种教学方式，让学生通过体验和实践进行学习，从而形成语感，提高交流能力。

第二，改变强调死记硬背、机械操练的教学方式以及传统的英语测试方式。英语学习需要一定的死记硬背和机械操练的活动，但是如果机械性操练太多，则很容易使学生降低甚至失去学习英语的兴趣。为此，教师应该以学生感兴趣的方式帮助学生获取知识，使他们在获得交际能力的同时，综合素质也得到相应提高。

第三，对教材进行深度挖掘。教师在备课过程中，应认真地研究教材，挖掘教材中学生感兴趣的内容与话题，使每节课都有让学生感兴趣的内容和活动，以最大限度地调动学生的积极性。

四、系统性原则

在英语教学过程中要遵循系统性原则，目的是使学生对所学内容能有比较系统、完整的概念，在各部分知识之间和新旧知识之间建立有机的联系，在消化所学内容时思路清晰而有层次。具体来说，系统性原则主要涉及以下几点。

（一）系统安排教学工作

英语教学工作的安排要有计划性，要求做到以下几点：

第一，教师要有计划地备课。例如，一篇课文要上八课时，在备课时要一下子备完，不能今天上两节课就备两节课的内容，要一次备好。

第二，教师的讲解要逐步深入、条理分明、前后连贯、新旧联系、突出重点，一环套一环，一课套一课，形成一个有机而系统的体系。

第三，教学的步骤和培养技能的方法应该符合掌握语言的过程。要根据课程的最终教学目的，由易到难，逐步提高要求。

第四，练习布置要具有计划性。要先进行训练性练习，然后再进行检查性练习。此外，练习的形式要具有体系性，相同的练习形式也要有不同的要求。

第五，布置家庭作业和讲课的重点应当密切结合。每次作业要有明确的目的，课内课外要通盘考虑。

第六，要经常检查学生掌握知识和技能的情况，每堂课要有一定的提问并进行记录，这可以对学生起到督促的作用。对于学生的平时成绩不能仅凭教师的印象来评定，因此平时对学生所做的口、笔头作业要有记录。

（二）系统安排教学内容

英语教学内容的安排要有严密的计划和顺序。例如，低年级英语教材教学内容的安排基本上应是圆周式的，对系统不要机械地去理解，切忌搬用科学的系统。教师应该按教科书的安排特点和班级的情况合理组织讲课的内容，确定讲课的重点。当出现一个生词时，不要急于一次把这个生词的所有意义、用法全部教给学生，当教授一条新的语法规则时，不要一次向学生交代有关这条规则的全部知识，而要将知识分步教给学生，这样才能由浅入深、由易到难、由分散到系统。

（三）系统安排学生学习

教师要指导学生进行连贯的学习。学习要循序渐进，要经常、持久、连贯地学习。因此，教师在教育学生时要有恒心，经常并及时地带领学生进行复习和做好功课。此外，教师还要指导学生正确处理好日常学习和期末复习的关系，要明确指出，将学习重点放在平时，坚决反对那种平时学习不努力，期末考试临时抱佛脚的做法。此外，教师还要经常关心和指导学生的学习方法，并针对学生的个人特点因材施教。

五、真实性原则

在英语教学中，坚持真实性原则就是要在教学各个环节上做到真实，以培养学生综合语言运用能力为总目标，以交际法和任务型教学为策略，在真实环境中获得真实语言能力。语用真实是真实性原则的重要内涵。

在英语教学中，教师要实现语用真实，应做到以下几个方面：把握真实语言运用的目的、采用语用真实的教学内容、设计组织语用真实的教学活动、设计语用真实的教学检测评估方案。

（一）把握真实语言运用的目的

英语教学的最终目的是培养学生的综合语言运用能力，这种能力实际上就是一种语用能力。这里的语用并不是语用概念，而是指教学内容体现在语用能力方面的教学目的，主要表现在以下三个方面：语句的语用功能目的、对话语篇的语用功能目的和短文语篇的语用功能目的。

（二）采用语用真实的教学内容

在教学开始之前，教师应从语用的角度对课文进行详细全面的分析，研究语句使用的真实语境，准确把握课文中所有语句的真实语用内涵，选用语用真实的例句与练习，这样就可以在教学前就指向语用教学，从而保证学生能够获得语用真实的英语运用能力。

（三）设计组织语用真实的教学活动

对学生语用能力的培养应贯穿于整个英语教学过程，因此教师应基于语用真实的指导思想来设计教学活动，将语用能力的培养与呈现、讲解、例释、训练、巩固等课堂教学活动紧密结合起来。

（四）设计语用真实的教学检测评估方案

教学检测评估对教与学都具有重要的反拨作用。设计语用真实的教学检测评估方案，可以找出学生的语用能力存在的不足之处，从而对教学进行有针对性的调整与改进。此外，语用真实会引导学生在学习中更加自觉地把握学习内容的真实语用内涵，强化学生运用英语的自我意识。

六、课内外活动相结合原则

在教学实践中，要遵循课内与课外活动相结合原则，主要是因为二者之间存在互补，具体体现在以下两个方面:第一,课外活动具有自愿性和选择性。学生可以根据自己的兴趣爱好自愿选择参加感兴趣的活动。课内活动一般是非自愿的,也是无法自由选择的,必须按照规定的教学大纲有序进行,一般具有统一的课程和课时,这样可以保证全班同学在相同的教育过程中保持相同的步调,既有利于培养学生个性的共同点,又有利于学生系统地习得语言知识。而课外活动则基本上是以学生的兴趣为主,遵循学生的自愿性进行。第二,课外活动是真正以学生为中心。由学生独立进行和完成的教学活动,教师只是在有需要的情况下提供适当的帮助,因此课外活动更能发挥学生的主动性和独立性,更能培养学生自主学习的能力。相对而言,课堂教学活动则具有一定的局限性。尽管一直提倡课堂教学要以学生为中心,但实践起来并非易事,往往会遇到各种各样的实际困难。

根据我国高校目前的英语教学现状,为了更好地将课堂教学与课外活动相结合,发挥它们的互补作用,就要在优化课堂教学的同时,加强课外活动,具体可从以下两个方面着手。

(一)激发学生在课堂活动中的主体积极性

课堂教学实际上是教师与学生以教学影响为中介的交互作用过程,这个过程能否发挥交互作用效果,很大程度上取决于学生的主体积极性。因此,如何激发学生的主体积极性就成为贯穿于英语课堂教学始终的问题。

(二)减少课堂教学时间,提高课堂教学效益

就目前我国的高校教学来看,课堂时间总量太大、课外活动时间过少是普遍现象。学生的潜能和优势得不到发挥,学生的创造性得不到锻炼,学生的综合素质无法有效提高。因此,提倡高校减少课堂教学时间,增加课外活动时间总量。与此同时,要提高课堂教学的效益,即师生以最少的时间和体脑耗费取得最大的教学效果,只有在减少教学时间的同时提高教学效益,才能保证整体的教学质量。

七、合理使用母语原则

在英语教学中,教师应当提倡学生多说英语、多用英语,但这并不意味着不能使用母语。在英语课堂上可以合理使用母语,利用母语优势帮助学生理解学习过程中的难点,这对提高教学效果有利无害。合理使用母语原则包括在英语教学中利用母语的优势和避免母语的干扰两个方面。

(一)利用母语的优势

教师在英语教学中要学会利用母语的优势,借助汉语对一些词义抽象的单词和复杂的句子加以解释。英语学习是在学生已经熟练掌握母语之后进行的学习实践,学生在英语学习之前对时间、地点以及空间等概念已经形成,已学会了表达这些概念的语言手段,况且英汉两种语言在结构和使用方面也存在许多差异,这些语言文化差异往往会造成学习英语的障碍。因此,利用母语的解释可以帮助学生更快、更好地学习和掌握英语的某些概念。适当地使用母语进行教学,有助于学生理解母语和英语之间的差异,了解英语结构和规则的特点,有助于师生之间的顺利沟通和深化对语言差异的理解和消化,从而提高学习效果。

（二）避免母语的干扰

母语交际先于英语第二语言的学习且已基本上被学生熟练掌握。英语的学习是个相当复杂的过程，母语的使用习惯可能会给英语学习带来障碍。在学习英语的过程中适当使用母语，用母语简单讲授英、汉两种语言在某一结构、某一用法上的差异和特点是可以的。但对母语优势的利用一定要掌握一个"度"，避免将母语的使用规则迁移到英语的使用上。如果过多地或一味地使用母语，会在很大程度上给英语的学习带来不利。在英语教学里利用和控制使用母语，要注意以下几个方面：

第一，随着科学的发展、教学方法的改进和现代教学手段的运用，多用母语作为教学手段的效果日益减弱且劣势日益明显。英语教师结合现代化教学设备，运用更加直观的教学手段有更大的创造空间。

第二，在英语教学中，学生对所学英语词句的理解是相对的。理解包括知道这些语言现象及其隐藏在现象后的本质。在初始阶段，没有必要引导学生过分追求本质，这主要是由于英语的很多用法是习惯问题，很多情况用逻辑推理不通。例如，"看电影"用 to see a film 而"看电视"则说 to watch television。

第三，在英语教学中，教师应控制使用母语，尽量用英语上课。要充分考虑教师运用英语的能力、学生的理解能力和接受效果，教师尽量用教过的英语讲话，也可借助图画、实物、表情、手势等直观手段，还可以将关键词写在黑板上，从而使师生的交际能力在课堂教学中得到有效的提高。

总之，英语教学的过程要成为有意识地控制使用母语和有目的地以英语作为语言交际工具和媒介的过程，坚持合理使用母语原则才能更有效地优化教学效果。

八、最优化原则

在英语教学中，最优化原则体现在某一方面知识内容的教学中，在几种教学媒体都可用的情况下，选用教学效果最好的媒体；教法选择最优化；结构安排最优化；角色搭配最优化；具体运用最优化。针对在非母语环境下进行英语教学的现状，努力营造轻松自然的语言氛围，促进语言习得。因此，多媒体软件和课件要便于学习者操作和控制。具体来说，课件的内容、布局、导航图标性能、菜单功能设计以及学习者的自由度，是影响学习者操作和控制课件的主要因素。为了提高学习效率，减少学习者的焦虑感，增强他们的学习兴趣和信心，课件应该从学习者的需要出发，尽可能地使课件方便使用。

九、精讲多练原则

精讲多练原则既肯定了讲和练的作用，又明确了讲和练的地位。讲涉及的是语言知识，练涉及的是语言技能。下面进行具体分析。

（一）语言知识促进语言技能的培养

既然英语教学将交际能力作为培养目标，那么实践性就是英语教学的特点之一。在英语课上必须以语言实践为主，课堂上绝大部分时间要用于实践。但是适当地传授语言知识，可以帮助学生更好地进行实践，提高学习的效果。语言知识讲授的范围、深度、方法和时机，要由语言实践和教学的需要来决定。例如，大家都知道游泳的本领是在水里练出来的，不下水是学不会游泳的，但是在下水之前，教师讲一讲游泳的要领，分解一下游泳的动作，学生在水里练习时就可以进步更快。

在初级阶段的英语教学中，教材简单并且每课只包含有限的句型和单词，通过反复直接练习就能熟练地掌握。本阶段的教学重点是引导学生养成运用英语的习惯和正确的学习方法。语言材料的有限性，使语言知识的讲授对学生的学习没有多大帮助。当英语教学向高级阶段推进，学生需要学习更多的句型和单词时，教师就需要引导学生利用单词或句子间的关联来学习，并且从一些语言材料里总结出语法规则。在这一阶段，语言知识的讲授发挥出极大的作用，但还是要注意精讲多练，不能喧宾夺主。

在英语教学的后期，语言知识的讲授有助于培养学生的自学能力。不是所有一切都在规则的统领之下，有时候最常用、最简单的单词，往往具有不合常规的词形变化和发音规则。这就要求学生多模仿教师，教师不要急于引导学生过多地追问为什么。精讲多练是学习英语稳妥而有效的方法，但随着学习进程的推进和学习内容的复杂化，就很有必要通过适当地讲授一些语言知识来发挥思维理解的作用。

（二）语言操练交际化

语言操练并不等于语言交际，前者关注的是语言形式，使学生在语言操练中掌握语言形式；后者关注的是语言内容，使双方达到相互了解的目的。例如，教师在课堂上举着书问"What's this?"学生回答"It's a book."这不是语言交际而是语言操练；当教师介绍了Abraham Lincoln的故事后，问学生"What do you think about Abraham. Lincoln? Why do you think so?"这不只是语言操练，还是语言交际。

1.语言操练是交际能力培养的手段

英语教学中的语言操练包括以下三种练习形式：机械练习，如句型操练等；有意义的操练，如围绕课文或情境所进行的模仿、问答、复述等；交际性操练，如联系自己的生活实际，利用课文里的词句叙述自己的思想、表达课文学习后的体会等。这三种练习形式在难度、与语言交际的接近程度都在递进，体现出由操练到交际的进程。英语教学的目的是培养学生的英语交际能力，而不是使学生掌握语言形式。但是培养学生的交际能力，必须借助语言操练这个手段，二者对于英语教学目的的实现都非常重要，缺一不可。语言操练和语言交际相互联系、相互区别，有时没有明显的分界线。教师每次讲授新材料时，都要先进行机械练习，然后进行有意义的练习，再进行交际性练习，使学生最后能运用所学的新材料进行交际。不能把语言操练和语言交际对立起来，而是要看到它们之间的联系，一步一步地将语言操练推向语言交际。

2.将交际场合迁入课堂练习

教师应尽量将交际场合迁入课堂练习，使课堂练习接近语言交际。教师应该创造一定的情境，多给学生一些用英语进行交际的机会，鼓励学生带着表情和肢体动作进行英语交际，要像演戏一样将生活中的交际场合搬进课堂练习。在这个过程的开始阶段，性格严肃的教师和学生可能觉得不好意思，但是随着练习的增多，他们会逐渐习惯这种情况并觉得很自然。教师借助适当的表情、肢体动作进行英语交际，不仅能增加说话的力量，还能够激发学生的兴趣，帮助学生记忆，从而提高教学效果。

3.将交际形式迁入课堂练习

教师应尽量将交际形式迁入课堂练习，使英语课堂教学模拟日常生活中的交际形式，为学生在日常生活中使用课堂上所学的英语创造条件。日常交际形式包括下面一些：问候、打招呼；会话；自言自语；讲故事；对人、物、画面的介绍；请求、命令；解释或说明事物或问题；演说、做报告；作文、写信。英语教学可以采用这些形式的课堂练习，课堂上将生活里常见的交际形式训练到自然的程度，学生的交际能力就会逐渐提高。

英语课堂的活动包括教师组织教学，讲解单词、课文和语法，布置作业，对学生进行奖评和考核，学生请教师解答疑难问题等，所以教师和学生不缺乏用英语进行交际的机会。教师要努力将所学英语用到师生间的交际中去，积极扩大使用英语的阵地，这样学生运用英语的能力和习惯才能养成。在注意课堂上用英语进行操练的同时，教师还要注意引导学生在课外活动和生活中使用英语。操练服务于使用，使用是对操练的检查和扩展。只有将操练和使用相结合，英语教学的目的才有可能实现。

第二章 大学英语教学模式

第一节 情感教学模式

一、情感教学的内涵及其源点

(一)情感教学的内涵

英语情感教学,是指充分发挥情感在英语教学中的功能,优化学生的态度、体验、情感等,合理对待教学过程中认知与情感的关系,从而提高英语学习效果,实现教学目标。简言之,它既是通过情感进行英语教学,也是为了发展情感进行英语教学。英语情感教学是一种教学模式,也是一种教学手段,还是一种教学目标。

(二)情感教学的源点

英语教学中存在的情感源点有教师、学生和教材,并使情感教学成为可能。

1. 教师的情感因素

教师是教学的组织者,其具有稳定的高级情感,是英语教学中最重要的情感源点。教师的情感因素有以下三个来源:

第一,主导的情绪状态。它是教师在教学活动中的情绪基调,受人格特质和自我修养的影响。

第二,对教育和教学工作的情感。教书育人的事业,关系到社会的进步,需要教师投入足够的情感。

第三,对学生的情感。教学是师生之间的交往,这就要求教师对自己的教学对象满怀爱心和情感。

2. 教材中蕴含的情感因素

教材是呈现人类认识世界和改造世界的成果的文本,满足社会的需求,是教育者的意志的体现。教材中的情感因素有显性和隐性两个方面。显性情感因素指的是教材中通过语言、图片等直接表现的情感,如艺术类教材中的歌曲、舞蹈、绘画、雕塑、摄影等作品。隐性情感因素指的是在反映客观事实的过程中附带的情感。例如,作者在记叙历史时,难免带有个人的主观情感。

3. 学生的情感因素

学生作为一个情感源点,在教学活动中更多的是接受外界的情感刺激,并形成内部情感。学生的情感包括以下三个方面:

第一,主导的情绪状态。它是学生在教学中的情绪基调。

第二,对学习活动的情感。它是学生对学习表现出的态度。

第三，对教师的情感。其主要包括尊重、敬爱、畏惧、对抗、憎恨。

二、情感教学的理论基础

情感教学的理论基础包括情知矛盾观、情感系统观、情感功能观和导乐观。

(一)情知矛盾观

情知矛盾观认为，教学中的认知因素和情感因素是一对矛盾。认知上的矛盾是教学的要求与学生的实际认知水平之间的差距；情感上的矛盾是教学的要求与学生当时的态度体验之间的差距。前者涉及的是学生能不能学、会不会学的问题，即可接受性问题；后者涉及的是学生要不要学、愿不愿学的问题，即乐接受性问题。教师要努力使两方面达到和谐统一。

(二)情感系统观

情感教学包括三大情感源点，即教师、学生和教材。这些情感因素在教学活动过程中被激发，并产生动态的三大回路，即师生间伴随认知信息传递而形成的情感交流回路、师生间人际关系中的情感交流回路和师生情感的自控回路。这些回路形成了教学中情感交流的动态网络。教师在英语教学中应充分发挥情感功能，使情感回路变成一个有目标、有序的情感交流系统。

(三)情感功能观

在情感教学领域，情感具有以下三种功能：

第一，动力功能。它是指情感对个体的行为具有增力或减力的效果。积极的情感有利于学生主动性的激发；消极的情感则起到相反的效果。动力功能和学习效果呈正相关关系。情感还能通过调节情绪，来提高学习效率。

第二，感染功能。它是指一个人的情感对其他人的情感产生影响。这就要求教师在教学中保持愉悦积极的情感，以此去感染学生。

第三，迁移功能。它是指一个人对某个对象的情感会影响他对与之有关的其他对象的情感。例如，学生会因为喜欢教师而喜欢该教师所教的学科，所以教师应该充分发挥人格魅力来赢得学生的好感。

(四)导乐观

教学的苦学观和乐学观之间的争论由来已久。情感教学心理学认为，学生的学习没有所谓的苦乐属性，苦可以发展成乐，而乐也可以发展成苦，苦乐是动态发展的。当学习满足学生的需要时，学生就获得乐的体验；而当学习不满足学生的需要时，学生则有苦的体验。学生乐学有利于学习效果的提高和教学目标的实现，因此应该大大提倡。然而学生的乐学是由教师的引导导致的，情感教学就是导乐的有效手段。

三、情感教学模式的要素

英语情感教学模式是揭示英语教学过程中与情感因素有关的结构和程序，它只是单独从情感维度来理解英语教学过程，具体包含以下四个基本要素。

(一)诱发

诱发是指激发学生对学习内容的兴趣，以此来使学生积极地参与当前的认知活动。英语教师是在规定的时间、地点，依照规定的教学程序、进度，传递规定的英语知识。这一系列的“规定”让英语教学活动变成一种固定的操作程序，无法迎合学生当时的实际需要，而且求知需要往往不是学生最为迫切的需要，这一现象背离了英语教学目标。况且，即使学生当时拥有求知需要，其求知需要的具体内容也会与特定的教学内容有分歧。英语教学中普遍存在英语教学活动与学生当时的具体需要不符合的现象，因此英语教师应懂得如何使自己的教学成为学生学习的诱因，激发学习动机，使学生走在主动学习的路上。

（二）陶冶

陶冶是指培养学生高尚的情感以及良好的人格。教材蕴含丰富的情感现象，具体可分为以下四种类型：

第一，显性情感因素。它是指通过语言、文字等直观形象材料使人能直接感受到的情感因素，艺术、语文、英语等教材中较为多见。

第二，隐性情感因素。它是指在反映客观事实的过程中使人感受到的情感因素，史地类教材中较为多见。

第三，悟性情感因素。它是指本身不含显性或隐性情感因素，但却具有引起情感的某种因素，主要存在于理科类教材中。

第四，中性情感因素。它是指目前的认识水平无法体会到的情感因素，仅限于理科教材中，但教师可以通过情感教学策略使学生感受到情感。

（三）激励

激励是指在学习过程中，不断增强学生的自信心，激发学生的学习动力。随着学习任务的加重、学习难度的加大、学习挫折的积累，学生需要补充学习动力。教学评价就是一种情感激励手段，并且它还是学生获得学习反馈的主要形式。教师对学生多进行肯定、鼓励，同伴们对彼此多给予支持、赞赏，会对学生产生良好的激励效果。情绪对人的学习行为具有强化作用，积极愉悦的情绪有助于学生调动积极性，提高创造力，养成良好的情感品质和能力。教师要创设条件让学生体验成功，并利用好强化这一手段。

（四）调控

调控是使学生的情绪始终处于有利于学习活动的状态。情绪在很大程度上决定着身体的成长、智力的发展和情感的培养。但是，持续的、愉快轻松的情绪状态不一定最有利于学习。例如，焦虑对学习成绩中等以上的学生来说，能提高认知活动的效率；强度过大的焦虑会削弱学习成绩中等以下的学生的创造力。一般地，强度适中的情绪状态总能为认知活动提供最好的动力。

第二节　分级教学模式

一、分级教学模式的理论依据

（一）迁移理论

迁移在心理学上是指旧知识、技能影响新知识学习的一种过程。语言迁移是指一种语言对另一种语言的学习所产生的影响。语言迁移是一个认知心理过程，受诸多因素影响。

语言迁移包括母语对第二语言习得的影响和母语向第二语言的借用,前者为"基础迁移",称后者为"借用迁移"。成人浸泡在母语中的时间太长以至于形成了根深蒂固的母语习惯,这必定会影响第二语言的学习。语言迁移在多数时候研究的都是母语对外语学习或第二语言习得的影响,这时候的语言迁移一般指的是母语迁移。

在第二语言习得过程中,与母语接近的地方较容易学习,与母语有区别的地方较难学习。当外语和母语的相似度比较大时,就容易引起正迁移。通过对比分析跨语言的差异,人们就可以确定第二语言习得的困难。实证研究发现,第二语言习得的困难不总是源于跨语言差异,而且母语在第二语言习得中的作用重新受到重视。

(二)监察理论

人的大脑有两个独立的语言系统,分别是有意识的监察系统和潜意识的系统。它的这个理论具有以下五个假说:习得一学习假说、监察假说、自然顺序假说、输入假说和情感过滤假说。

1. 习得一学习假说

习得一学习假说是这五种假说里面最基本的一种假说,该假说的核心在于对"习得"和"学得"的区分,以及对它们第二语言能力形成过程中所起的作用的认识。根据"习得一学得"假说,成人习得第二语言能力主要通过两条不同的途径实现的。

第一条途径是"语言习得",也就是通过无意识地构建语言体系来获得语言能力。习得者主要关注语言所传递的信息,而不是将注意力放在语言形式上,进而通过目的语交流自然、无意识地提高语言能力。

第二条途径是"语言学得",也就是在理解教师所讲解的语言现象和语法规则基础上,进行有意识的练习、记忆等活动,进而掌握其语法概念、了解所学语言。

习得是潜意识地形成语言能力,而学得是有意识地掌握语言结构。二语能力的发展只能是通过语言习得,而"学得"只能在语言运用中起监督检查作用,不能视为语言能力本身的一部分。"习得"是第一位的,"学得"是第二位的,但也并不排斥"学得"的作用。

但是就当前的大学英语教学而言,学生的语言综合能力既有"习得"的结果,也有"学得"的结果。在二语学习的过程中,二者是相互伴随的。

2. 监控假说

监控假说认为,人的大脑中有两个独立的语言系统,即有意识的监控系统和潜意识的监控系统。监控系统是一种"意识到的语法"。在语言学习过程中,监控系统一旦发生作用,就会具有编辑控制的功能,它使语言使用者更加关注语言形式的运用而不是语言内容的表达。这一理论体现在语言习得与语言学得的内在关系上。根据此假说,正在学得或已经学得的规则在于对那些按习得的规则说出的话语进行监控和修正,学得的知识通过言语的监控起作用。监控作用的实现需要具备以下三个条件:

第一,要想有效地选择和运用语法规则,语言使用者必须要有足够的时间。

第二,语言使用者的注意力必须集中在所用语言的形式上,也就是说,语言使用者必须考虑语言的正确性。

第三，语言使用者必须已经具有所学语言的语法概念及语言规则的知识。

在日常生活交际中，如果语法规则不是通过习得获得的，人们往往倾向于关注交际的内容而不是形式，也就是说他们很有可能没有时间去细细推敲语法，因此这些语法规则可能在短时间内无法付诸实践。所以，在口语交际中，如果一方过多地使用语法监控，时刻注意自己口语中语法的准确性并对其中的错误加以纠正，就会使得自己的语言不流畅，进而使对方有结束这次交际的想法，因而达不到交流思想的目的。但在需要事先做好准备的正式发言和写作中，语法的使用能提高语言的准确性，进而为演讲或文章增添色彩。

3. 输入假说

输入假说是二语习得理论的核心内容。“可理解的语言输入”是语言习得的必要条件，输入材料本身和输入的方式会影响情感过滤的结果和输出的质量。在第二语言学习的过程中，需要让学习者理解的输入语言超过其现有的语言水平，语言习得才可能发生。学习者通过情境提示的帮助去理解这些语言，产生语言的能力就自然而然地形成了，并不需要教师的传授。理想的输入应该有四个特征：可理解性、既有趣又关联、非语法程序安排和足够的输入量。其中，需要特别加以说明的是，“既有趣又关联”是指输入的语言应当与学习者相关并且能让学习者感兴趣。这样，学习者就可以在不知不觉中很轻松地习得语言。“非语法程序安排”是说按语法程序安排的教学行为并不可取也没效果，足够的可理解的输入对于语言习得才是重要的。“足够的输入量”即给学习者提供足够多的语言材料。创造性构建程序是学习者依据已习得的规则构建新的语言形式的程序。例如，学习者在习得一般过去时的动词规则时，理解了动词原形＋ed 的语言形式，如 worked、walked 等，这样动词原形＋ed 的形式便可能成为下一步要习得的规则。如果学习者在输入中继续听到动词原形＋ed 的形式，便可最终习得这种形式。此外，学习者还可以利用创造性构建程序，根据动词原形＋ed 的形式创造出 knowed、maked、weeped 等语言形式。由于此种语言形式不会被后来的输入证实为正确的，因此是过渡形式。这样，学习者后来会放弃它，不把它作为下一步要习得的规则。直至学习者在后来的输入中听到了 knew、made、swept 等形式，并注意到 knew、made、swept 与 knowed、maked、sweeped 之间的差异，这些不规则动词的形式才会被确定为下一步要习得的规则。

4. 情感过滤假说

情感过滤假说认为，大量适合输入的环境并不能保证学习者可以学好目的语，情感因素也会对第二语言习得的进程产生诸多影响。通过情感过滤，语言输入才有可能变成语言“吸入”。在语言进入到大脑的语言习得器官的过程中，输入的语言信息必须经过过滤这一道关卡。这意味着，情感因素在第二语言习得的过程中可以有着积极或消极的影响，也可以说是促进或阻碍。习得者不是将他所听到的一切都全部吸收，有三个心理上的因素制约着习得者的语言学习速度和质量，具体包括：

第一，动力。学习者是否拥有明确的学习目的，这关系着他们的学习效果。学习者只有具备了明确的目的，他们才会获得较大的动力，进步也会比较快。

第二，性格。通常情况下，如果学习者拥有自信、外向的性格特征，并且愿意接受陌生的学习环境，他们就会较快地取得学习上的进步。

第三，情感状态。学习者是处于焦虑还是放松的精神状态，直接影响着外界的语言输入。拥有放松的心情和舒适的感觉能使学习者在较短的时间内学得更好。由此可见，学习者的情感因素很大程度上决定着第二语言习得的成功与否。

5. 自然顺序假说

根据自然顺序假说的基本观点，学习者遵循一定顺序去习得语言结构知识，并且该顺序可以被预测。有些学习者对于某些语法结构掌握得较早，而对其他的语法结构则会掌握得较晚。不是每一个学习者都有完全相同的习得顺序，但这种顺序可能具有某些类似的地方。当学生和成人同时学习第二语言时，他们都是先了解现在时再学习过去时，先掌握名词复数然后再掌握名词所有格。如果将习得某种语言能力作为学习目标，教学大纲不一定要受这种顺序的制约。"自然顺序假说"重新明确了第一语言和第二语言学习的关系。有时候，第一语言通常被认为是学习第二语言的一大障碍，事实上并非如此。第二语言和第一语言可能有许多相同的规律，其语法顺序并不总是受第一语言干扰。中文和英文在语言功能上是相同的，在某些语言表达方式上也有共同之处。在课堂上教师有时需要借助汉语以便使学生更快、更准确地理解英语，但不是把语法结构进行简单排序。

二、分级教学模式的流程

(一)科学分级

级别设置的科学性是分级教学能否实现教学效果的前提和关键。在实施分级时，要遵循个人意愿与统一考核分级相结合、实际水平与考试结果相结合的原则。此外，需要有科学的分级试题和分级标准。就学生的基础能力和发展潜力来看，可以将学生分为三个级别，即初级、中级、高级。

第一，初级班学生的语音和语法等基础知识都不太扎实，教学时应放慢进度，强化学生对基础知识的掌握。

第二，中级班学生的英语水平一般，但往往对英语听说感到畏惧，处于这个级别的学生数量最多，可以按照正常进度教学，并帮助他们在英语四级考试中取得好的成绩。

第三，高级班学生的英语水平普遍较高，具备一定的听说和读写技能，但是听说能力还需要加强，教师应帮助使他们通过英语六级考试，并取得较好的成绩。

(二)保持区分度

在分级考试中，有些学生可能因为一分之差没有进入高级班，多一分少一分不能证明英语能力的高低。这时候，分级考试的界限就显得不客观、不灵活。为了提高区分度，可以让学生自己参与分级，实行双向选择。学生最清楚自己的英语水平和学习兴趣，由被动选班变为自主择级，必然能增强他们学习英语的积极性和自觉性。具体方法依然是参考高考和摸底测试的成绩，同时公布各个级别的不同起点、听说读写各方面的学习要求和最终目标，学生可以根据自己的学习兴趣申请对应级别，由学校最终审定。

（三）落实升降机制

分级教学要采用灵活的升降调整机制，即通过考核和征求意见的手段在一定范围内定期调整学生的级别，使学生所受的教育和当前的状态相匹配。这是因为高级班和初级班的教学进度和教学形式有很大差别。对于进步的学生安排升级，这样不仅可以提高学生的积极性，还能为其他学生树立榜样；对于退步的学生要安排降档，这样可以刺激退步的学生重新调整学习策略，以便取得更大的进步。当然，也可以只在初级班和中级班之间实施升降机制，初级班和中级班统一教材，统一进度，定好升降级的比例或者名额，一定周期进行一次微调，这样不仅做到了不同级别之间的良好衔接，而且科学合理。

（四）完善评价机制

在分级考试中，各级别的学生一般采用不同难度的试卷，这就可能会出现一个问题：高级班学生的英语成绩低于部分中级班或初级班学生。为了有效解决这一问题，需要完善分级教学的评价机制。可以尝试增加平时表现在总评成绩中的比重，注重过程性评价，利用形成性评价与总结性评价相结合的方式来确定最终成绩。此外，还可以根据各级别试卷的难度引入加权算法，设定一个科学的系数，整体调整高级班或者初级班学生的分数。

第三节 个性化教学模式

一、掌握教学

所谓掌握学习，就是要求任何教师既能帮助“慢生”又能帮助“快生”很好地学习，使他们获得各方面的发展。掌握学习是一套有效的个别化教学实践，采用个别的、小组与集体相结合的形式进行，由教师与学生共同掌握教学的进度。

（一）基本原理

学生要认识世界和认识自己，就必须借助前人积累的知识。个人对于诸多有助于实现其目标的力量往往处于必然的无知状态，这种状况就要求教育必须借助人类文明中所积累的知识，实现学生“从无知向有知”的转化。在知识同化的过程中，学生利用其自身原有的观念吸收、消化新的知识，使新知识成为自身原有知识的一部分，使原有的知识观念得到发展。尽管学生不断获得和掌握知识，并为此感到自豪，但是学生知识的增长并不意味着学生无知的范围在逐渐缩小，因为伴随知识的增长，学生的认识范围也在不断扩大。由于我们关于世界和自己的知识的增长会恒久地向我们展现新的无知领域，所以我们依据这种知识而建构起来的文明也会日益复杂，这就对我们在知识上理解和领悟周围世界造成新的障碍。

知识的分工特性会扩大个人的必然无知范围，也使个人对这种知识中的大部分知识必然处于无知的状态。因此，无须使学生尽可能多地掌握知识，也不可能实现这个目标。这种状况正是学习化社会的必然。尽管掌握教学旨在使学生获得和掌握知识，但掌握知识不是教育的最终目标，掌握知识的目的是提高自我的自觉性。

(二)影响学习的因素

1.先决认知行为

先决认知行为是指学习者掌握了多少基础知识,以及学习者的能力倾向等,它是学习的前提。先决认知行为在学生的学习中起50%的作用,缺乏这种前提特征,教学就没有支撑点。对于每个学习者来说,其先决认知行为总是在不断积累。这样,教师在进行教学活动时,第一步就是在进行知识的教学之前,先诊断学生原有的知识水平,然后才能“对症下药”,提供适应学生学习的学习任务。教师在诊断学生的先决认知行为时,有三种情况,具体包括:

第一,在连续的学习任务中,对学生的先决认知行为的诊断相对容易。因为在按顺序排列的连续的学习任务中,每个学习任务中都包含了以后的学习任务所需的先决认知行为。

第二,在一门课程的学习开始时,对先决认知行为的诊断有些困难。因为往往教材的编写更多的是考虑知识的逻辑顺序,而很少考虑学习者的心理逻辑。

第三,学习者的已有知识并不可能都成为其后继学习的先决认知行为。除了极少数智力迟钝者,绝大多数学习者在有准备的情况下都能够完成学习任务。一项学习任务一般又可以分解为几个小的学习单位,从知识的逻辑关系与学习者的学习心理出发,小的学习单位是按照先后次序安排的,前一个学习单位是后一个学习单位的基础。

2.先决情感特点

所谓先决情感特点,指的是学习者对所学课程所持的情意、态度、兴趣、信心等非智力因素的总和。不同的学生对同一学习科目有不同的态度与偏好,同一个学生对不同的学习科目也有不同的态度与兴趣。这种先决情感特点对于学生的学习成绩有着决定性的影响。那些带着兴趣与热情去学习的学生,其学习效果自然比那些对学习毫无兴趣的学生的学习效果更好。而这种情感组合的影响力既与学生以前的经历相关,又与他对某一学科的先前学习有关。只要在教学过程中使学生始终感到自己有学习的能力,能够体验到学习的成就感,那么他就具有后继学习的情感基础。

3.教学质量

教学质量是指对学习任务各要素的表达、解释和顺序安排是否适合学习者的学习程度。教学质量对学习者的影响力主要取决于教师的素质。一个高素质的教师往往在学科知识、教学技能和教学态度方面具有自己的独特性。一个有经验的教师对学生所学的知识只给一些提示,保证学生积极地专心于学习过程,并给予适当的强化。提高教学质量,可以克服学生先决认知行为上的不足。此外,运用反馈与矫正的方法,可以克服学生在学习过程中的消极情绪。对于那些学习能力较弱的学生来说,教师的教学态度尤为重要。

(三)基本步骤

掌握教学模式是围绕单元教学展开的。在教学之初,先对学生的先决认知行为、先决情感特点进行诊断,然后施以与学生特点相一致的学习单元。当学生掌握了学习单元的任务后,教师可以根据学生的学习情况设计新的学习单元。当学生未达到教学要求时,教师需通过补救或矫正的方式，使学生达到掌握学习的目的。这样，掌握教学形成一个依次递进的单元教学系列。

根据掌握教学过程的特征，可以对掌握教学进行设计，其中主要是考虑教学的基本步骤。

1. 确定教学目标

清晰而确切的教学目标是掌握学习的前提，也是后继评价的标准。教育目标分为认知领域、情感领域和动作技能领域。

认知领域的教育目标由低级到高级共分为六级：知识、领会、运用、分析、综合和评价。

情感领域的教育目标由低级到高级分为五级：接受（注意）、反应、价值化、组织、价值与价值体系的性格化。

动作技能领域的教育目标分为七级：知觉、定向、有指导的反应、机械动作、复杂的外显反应、适应和创新。

教师应该根据教育目标分类学的规定，将每一学科的教学目标具体化。

2. 组织单元教学

根据具体的学科教学目标，确定每一单元教学的具体行为目标。单元的划分应依据教学内容而定，可以按章节划分，也可以按教学时间划分，一般是两周为一个单元教学时间。

3. 实施教学

为了使每个学生达到掌握学习，教师必须实行个性化教学。通过对学生的先决认知条件和先决情感特点的诊断，提供必要的准备知识，并帮助学生树立学习信心、激发学习动机，使学生积极主动地学习并如此持续整个学习过程。

4. 设计形成性评价

形成性评价，即只反映学生自己在学习过程中的进步状况，而不是把测验结果与其他学生进行比较。测验的题目编制是与教学目标、教学单元相配套的，目的是及时诊断学生在本单元学习中的掌握情况。这个诊断需要在学习内容的广度与深度上都能反映目标。

5. 组织补救教学

根据形成性评价的结果，凡是对测验掌握了80%的学生就可以进入下一个单元的学习。而对那些未达到要求的学生，必须进行补救教学。通常一个单元的教学必须给予一个课时的补偿学习。矫正学习不是简单地重复教学内容，可采用多种方法进行，要尽可能根据学生的特点进行补救教学。

6. 设计充实性教学活动

对于那些达标的学生，要给予充实性教学活动。通过更为广泛的与学生特点相一致的充实性学习，使学生得到更全面的发展。

7. 发展总结性评价

在一个学期或学年结束时，必须就每门学科的学习进行总结性评价。一般来说，一个学生参加考试后，教师所评定的分数是总结性的。这种总结性考试的成绩被用来评定学生对学习内容掌握的程度和达到课程目标的程度。

二、策略教学

策略教学是指以系统培养学习者的学习策略为核心的教学模式,即通过学习者学会学习而达到自主学习的效果。

策略教学的思想最早可以追溯到我国古代的“授人以鱼不如授人以渔”的思想。

随着科学的发展,公认的无知范围亦会扩大。因此,不可能也没有必要去掌握知识,学校教育应更关注培养学生的学习能力,使学生可以在离开学校之后,依靠在学校中掌握的学习策略以及培养的学习能力进行自主学习。策略教学就是基于这种社会背景的学校教学的重心转移。

策略教学的主旨是有助于学生自主学习、信息加工与处理、问题解决。策略教学的原则如下:

第一,学习是一种分析学习任务和为特定情境设计恰当策略的问题解决的形式。

第二,学习策略首先指个人用来完成教学目标的计划,而教学计划都具有学生自己的个人风格。

第三,为有效学习,学习策略要求有具体的学习技能或技巧,如浏览、篇章结构的修正、记忆术等。

第四,在大多数学习情境中,学习策略一般侧重于为创造性学习目标服务,而非为知识性目标服务。

三、创造思考教学

(一)基本原理

创造思考教学以培养学生的创造力、创造精神和独立思考的行为习惯为基本目标。创造思考教学的使命就是“化知识为智慧”。从教育的立场看,智慧是人类的一种综合素质,包括智力、思考力、创造力以及相应的创造精神品质等要素。其中。创造力是个体解决问题能力的最高表现,同样也是人类及个体智慧的最高表现。

随着学习化社会的到来,知识的创造成为社会的中心,创造性的培养也成为世界各国教育教学关注的重心。这就要求我们更新教育教学观念,实施与发展人的创造性相一致的教育教学,使学生在掌握知识的基础上,“化知识为智慧”,成为具有创造性的人。

1. 在掌握知识的基础上开发智力

创造活动既可以是真创造,也可以是类创造。创造思考教学要实现学生的“转识成智”,首先必须基于社会实践的历史进化和个体发育的自然过程。社会实践的历史进化的结果形成了人类的知识,学生借助人类诸形态的知识概念从无知走向有知,进而起到开启智力的作用。要有高创造性,就必须具有高于一般的智力水平。智力的开发是基于个体生长发育的特征的。人脑有 150 亿～1000 亿个神经细胞,而当前人类的大脑只开发了 10%。因此,根据大脑潜能的功能定位以及知识的类型，如何充分开发学生大脑的整体潜能，是创造思考教学的首要环节和目标。

2.在开发智力的基础上发展思考力

从静态的角度来说，发展思考力就是发展学生的思维路径和思维方式。一个具有创造性的学生，必须具有多元的、综合的思维方式。思考的运用可分为收敛性思考和发散性思考。收敛性思考是指个体根据信息知识寻求结果的认知加工方式。发散性思考是指根据已有的信息知识生成新的信息知识的认知加工方式。现代认知心理学认为，决定一个人的创造力的关键要素是发散性思考的能力。

从动态的角度来说，发展学生的思考力，是一个“一致而百虑，同归而殊途”的过程。任何人的思维过程都是一个从抽象到具体的矛盾运动，是从发现问题、提出问题开始，经过分析、综合，最终解决问题的过程。

3.在发展思考力的基础上培养创造力

第一，培养人在智力方面的创造性品质。一是流畅性，即个体在一定时间内能够得出许多解决方案的能力。二是敏感性，即对问题的洞察力。三是灵活性，即面对一个问题可以改变思维方式。四是周密性，即不仅能够把握全局，而且可以预测未来趋势。

第二，培养与创造力有关的情感、品德、个性等方面的特质。一是好奇心。具有创造性的人往往具有较大的好奇心，并且对理论观念和符号转化的兴趣大于实际而具体的事物。二是勇于探索，敢于挑战新问题和复杂问题。三是自主意识强。具有创造性的人往往从众性低，喜欢独立判断，并且敢于对教师和长辈的观点提出异议。四是开放的思维和心胸，善于广泛听取他人的意见，善于吸取经验教训，并及时调整思路。五是细腻的感情和丰富的想象力。一个富于创造性的人，往往表现出丰富的想象力，而这种丰富的想象力与其细腻的情感是一致的。

（二）基本原则

1.面向全体学生

每个人存在于世，要获得劳作的创造性，就必须受到教育法律的平等的保护。创造力再也不必假设为仅限于少数天才，它潜在地分布在人口中。就潜力而言，每一个新生婴儿都是未知量，因为在婴儿身上存在着无数未知的具有相互关系的基因和基因组合，而正是这些基因和基因组合促成了他的构造及品行。每个新生儿都有可能成为迄今为止最伟大的人物之一。因此，任何以歧视性强制措施实施的“天才教育”或“精英教育”，都是与真正的创造性教育背道而驰的。

2.尊重个性

创造性的特质之一是原创性或独创性。因此，开发与培养个体的个性非常重要。在创造思考教学中，应该做到以下几点：

第一，尊重学生的个别差异。不同的学生有不同的爱好、想法，不能以一致的标准和答案强求学生，应依据学生的个别差异作灵活的要求，在其独特的潜能领域进行深入的指导。

第二，鼓励学生表达不同的意见和想法。教师首先必须肯定学生敢于表达不同意见和想法的精神，并且引导学生充分表达自己的独特见解，激活学生的思维。

第三，宽容学生的错误与失败。科学技术的发明和发现是在不断“尝试错误”的过程中进行的。面对学生的错误与失败，教师应有一颗宽容之心，在肯定其创造性精神的基础上，引导学生认识错误及失败的原因，并鼓励学生继续探索。

第四，营造师生互尊、同学互爱的创造性氛围。在教学中，鼓励学生参与、共同讨论、争辩，形成良好的独立思考、自由表达的教学氛围。

3. 结合学科特点

许多国家为了强调培养学生的创造性开发了专门的创造性思维课程，但是脱离学科而进行一般的创造性培养，其效果并不理想。真正有效的方法是基于学科教学进行创造性的培养。结合学科教学进行创造性的培养又可分为两种方式：一种为分科式，即在分科教学过程中，根据不同学科的特点培养学生在该学科领域的创造性；另一种为综合式，即打破学科界限，通过不同学科的有机结合进行创造性的培养。

4. 在实践中学

培养创造性必须与社会实际生活相联系。相应地，教育也必须最大限度地为学生提供发挥其创造性的机会和动因。在教育中，我们可以采用多样化的方式使学生的学习与运用结合起来，以利于学生创造性的培养。例如，鼓励学生发表自己的习作，并为学生提供在报刊发表的机会；鼓励学生根据社会的实际问题进行创造性的探索，寻求解决的方案；鼓励学生参与企业的实践，在实践中培养解决实际问题的能力。“转识成智”的关键就是“化理论为方法”，即在观察、实验、劳作中运用所学的关于世界万物的理论、观点，将其还治于自然万物。

（三）基本步骤

1. 提问

要使学生的学习成为有意义的学习，成为学生主动建构知识的过程，就需要在学中问。解决问题与创造活动的第一步就是产生疑问。因此，教师在创造思考教学中，首先必须为问题而教，为使学生能够解决问题而提出问题。

第一，教师依据学生的经验、知识背景及需求，将所要教的知识设计成问题，由简单到复杂、由易到难，通过层层发问，一步一步地深入到问题的关键处。

第二，创设问题情境，激发学生对问题的兴趣。

第三，培养学生自问的意识和能力。

2. 思考

学与思是相互依存、辩证统一、相互转化的。要实现认识过程的“转识成智”，就必须实现主观与客观的统一。据此，教师在创造思考教学中激发学生的思考和想象，就是要激活学生长时记忆中与问题相关联的观念，使其进入工作记忆之中，使学生处于思维状态。

3. 劳作

创造活动必须通过具体的行为表现出来。创造性的培养也必须借助各种形式的劳作，在实践中寻求答案。教师的工作重心是创设劳作的机会、活动的情节、行动的情境。具体如下：

第一，充分利用校外的劳作场所，使学生有机会接触社会实践。

第二，在学校中创设多样化活动的情境，使学生可以在实验、制作、具体行为中探索问题。

第三，创造适于学生探究的宽松的教学气氛，使学生可以充分发挥其创造的潜能。

第四，鼓励每个学生积极主动地投入活动与劳作，并注意学生的个别差异。

第五，创设学生小组或集体合作进行创造活动的教学环境。

4. 评价

评价不是为了确定学生创造性水平的高低，而是为了鼓励学生继续探索问题、解决问题，使学生在探究问题的过程中提高自己的创造性。基于这样的精神，教师在评价中应遵循"暂缓批评"的原则，即对学生在探究过程中、在创造性学习过程中出现的错误与失败，暂时不予批评，在充分肯定学生成绩的基础上，分析学生出现的错误，使学生能发现自己的问题，并及时修正错误。

四、情意教学

(一)基本原理

情意教学是德行本位的教育。"全人格"的教育还必须实现人的从智慧到德行的转化，情意教学就是实现这种转化的中间环节。

如果说实现"转识成智"的目的是使每一个人具有最大限度的创造性。那么，实现"化智为德"则是对这种创造性进行价值判断。一个人有能力创造出这种或那种产品，并不意味着产品就符合、满足人们的需要。要使一种产品满足人们的需要，就必须使人们觉得它可用、可爱。但是，这种评价要运用人类的理智和理性对此进行约束。人类及个人的价值具有两重性：一方面由于其增进人类利益的目的而有功利性，因而具有工具的意义；另一方面，它是人的本质力量的显现，人在其中能获得精神的满足，因而具有内在价值。人类对物质和精神产品的评价，是以一定的理想作标准进行权衡和选择，从而使理想转化为现实。人是通过与环境的交互作用实现本质力量的对象化，促使能力、德行发展起来。精神主体所具有的知、意、情等力量，是在其固有的自然禀赋的基础上，主要通过教育和实践培养锻炼出来的。人类的进步和自由，不仅仅是物质的繁荣，更表现为人类在精神方面的本质力量(知、意、情等)的不断发展和完善。情意教学就是为了最充分地发展人的本质力量，它是培养具有自由德行的主体的"全人格"教育的重要环节。

从广义上说，情意教学就是把情绪提升为情感情操，把人的自然属性提升为人性灵性，把人的野性转化为意志品德，从而形成符合人类理想的世界观、人生观和价值观，并使理想转化为现实的主体的精神、信念的过程。因此，教育的使命是教学生懂得人类的复杂性和多样性，以及人类的共性与相互依存的状况。教育的一个特定目的就是要培养学生感情方面的品质，特别是在人和人的关系中的感情品质。系统的培养有助于学生学会如何交往，如何在共同的任务中彼此合作。此外，个人表现的另一个重要方面是美感活动。对美好生活的追求，使"人诗意地居住在大地上"是人和谐地生活在世界上的理想境界。为实现健全的人格，情意教学建构道德主体必须从四个维度考虑。

1.发展性建构

发展性建构是把学生视为一个"人性本善"的人，通过运用合乎人类理想的道德规范，使一个具有天资禀赋的学生成长为符合人类道德理想的主体。

2.预防性建构

在社会的感性实践过程中，学生可能会在道德行为、价值观上发生背离人类道德理想的偏差，因此情意教学必须在教学中进行价值是非的澄清，预防学生可能出现的情意发展的偏差。

3.辅助性建构

在某种意义上，教育更多是辅助和帮助个人，使之成为具有人性的人。在学生的发展中，教育教学与感性的劳动实践是相辅相成、共同作用的。

4.矫治性建构

就像主体的生物学形态一样，每一个人在从生到死的过程中，都会发生"病变"，人的精神形态同样会发生"病变"。个体对外界人和事的不恰当的知觉会导致社会适应不良。教育教学通过提供恰当的引导，纠正不当的思维方式和价值观，使个体摆脱社会不适应的困境。

（二）基本原则

第一，在感受中得到体验。感受性是人的德行之端，是人的情绪情感提升的起点，是引发价值的出发点。

第二，在直接经验中获得了解。人必须对人类的各种动机、期望和人生的苦痛有直接的了解，才能与别人和社会建立合适的关系。因此，情意教学要为学生提供接触社会、接触世界的机会，通过获取直接经验来明白是非。

第三，在艺术欣赏中得到熏陶。个体通过感觉、知觉、领悟来达到对艺术作品的欣赏，在欣赏过程中潜移默化地把艺术作品中充满感情的生动形象的理想，内化为自我的、现实的美感和内在的精神素养。

第四，在文化理解中得到涵养。人类要学会"共同生活"，就要了解彼此的文化，实现人类的相互理解和共同生活。

第五，在社会实践中达到升华。人生的过程是不断实践的过程，要实现理想与现实的统一，桥梁是劳动或感性实践。在实践中，人可能会迷失方向、犯错误，会陷入自私、傲慢、作假、享乐等异化状态，而将实践与教育相结合是克服这种异化的有效途径。

五、民主教学

（一）基本原理

民主教学是集知识的掌握、创造性的培养和德行的养成于一体的一种综合的教学模式。教育是生活的过程，而学校是社会生活的一种形式。教育上许多方面的失败，是由于它忽视了把学校作为社会生活的一种形式这个基本原则。学生被当作灌输的对象并在严格的控制和服从下接受知识，教学显得非常有序但缺乏自由。

民主教学就是遵循民主原则创设自由有序的教学情境。这种情境是简化的民主社会的生活情境。民主教学把学生视为教学的主体，通过鼓励学生积极参与教学生活，在动态的课程生成的过程中，让学生学会如何民主地生活。民主教学是教育学生学会民主生活，培养民主社会的未来公民的一种最为有效的方式。

1. 责任

在教师友好而真诚的引导下，学生在学习过程中学会自我负责。责任是民主社会每个成员必须具备的基本素质，但其必须在民主原则指导下的自由活动中，由学生自我探索而养成。

2. 尊重

尊重包括师生之间、同伴之间以及学校以外的更广泛的社会成员之间的互尊互爱。在民主社会中，社会成员之间的互尊互爱是人类自由的基本内涵之一。在民主教学中，一方面，教师把施加给学生的强制减到最小限度，教师的任务仅仅是依据其较多的经验和较成熟的学识来决定怎样使学生得到生活的训练，而不是通过强制的方式对学生进行控制和灌输。另一方面，学生在共同的学习生活中建立一种相互尊重、互不干扰的学习秩序。

3. 智谋

智谋指学生在教师引导下，自主探索知识，学会如何学习、劳作、生活。在民主教学中，学生是学习的主动建构者，是意义的主动探索者，学生的学习是集知识、智谋、情意为一体的有机综合的自由活动。

4. 敏感性

敏感性指学生对家庭、社区、国家和世界的实际社会生活的快捷的反应力。学生获得信息而生成更多的信息，运用自己的本质力量作出判断，提出建设性的意见，创造出富有个性的物质和精神产品。

（二）基本原则

民主教学旨在通过最大限度地唤起学生本能中的学习驱动力，使学生积极主动地参与学习，不采用惩罚、竞争、强制等外在力量来控制学生学习。民主社会或民主教学之“民主”，只是社会生活的一种规范、一种手段，而不是目的。民主是个人自由的重要保障，而自由又孕育勇气和勤奋。简言之，民主教学更能产生自由。没有强制的教学情境的自由状态对学生个人潜力的发挥是最有助益的，这种助益在于每一个学生都有机会参与活动、参与生活，在与外界交互作用的过程中、在积极主动的探索中渐渐地向教育所期望的方向发展。民主不是放任自流，人类的任何社会生活都存在一定的制约力，即生活规则。同样，学习过程也存在一定的制约规范。学生要在遵守教学规则的过程中学会共同管理和自我管理。根据人类行为的自然后果的逻辑，民主教学界定了其活动的三大教学规则，具体包括：

第一，不做任何有危险的或有害的事情。

第二，始终处于一种安全的管理状态或日常规范中。

第三，一旦教师发出危险信号，学生立即离开教室或学习场所。

（三）基本课程

民主教学的课程是一种简化的社会生活情境。民主教学的课程可以分为下述三大板块。

1. 学术性课程

在民主教学中，学术性课程占学习时间的50%，以更为广泛、综合的方式呈现。学术性课程主要形成学生的知识素养，实现学生从无知向有知的转化，以学科的逻辑进行划分和实施，但强调课程的广域性和综合性，这是为了使学生对知识有更为整体的把握。

2. 创造性课程

创造性课程以主题为单元，涉及自然环境、人际关系和人类理解、艺术欣赏、雕刻绘画、历史地理、计算机信息技术、烹饪、服装设计、舞蹈等广泛的创造性学习活动，要求学生积极主动地学习和发现，突出创造性探索与时代问题的紧密关系，以此培养学生解决实际问题的能力。

3. 活动课程

活动课程以活动为单元，强调活动中学生自我个性的发挥和集体合作精神的培养，致力于学生社会化的过程，包括生活技能的培训、健康维护、人际关系、体育锻炼、游戏与娱乐、家庭活动、联谊活动、课外活动等。

第四节　任务型教学模式

一、任务型教学分析

（一）任务型教学的定义

任务型是通过以任务为主线，具有特定的目标、恰当的内容、特定的情境和程序，用意义为中心的目的语完成特定任务项目的过程和结果来掌握运用第二语言的交际能力。理解和把握任务与练习、活动、交际、项目等概念、内涵、范畴的区别特征有助于教师认清、把握任务型教学的概念、内涵和范畴。

（二）任务与练习

练习是外语教学中经常使用、非常传统的概念，诸如语音、词汇、语法知识的练习、听说读写的练习。它们还可细分成更多的练习,如语音可分成单音练习、辅音和元音练习、拼音练习、音节练习、单词和句子重音练习、句子节奏练习、升降调语调练习等。

1. 任务与练习的区别

任务与练习不仅两者的概念不同,操作范围不同,而且它们的目标、侧重点、条件、评估和学习方式也有差别。

在传统的外语教学过程中,练习几乎与操练、活动是同义词,常常互用,如字母配对练习可说成字母配对操练、字母配对活动。现在教材编制的专家、教师都把传统外语教学的练习册定名为活动手册。练习是指对所学同一内容的重复感知和尝试回忆或操练。练习的目的主要是正确掌握语言形式、言语技能和言语能力。传统的外语教学强调机械性练习或操练,机械性操练侧重点在把握语言形式上。练习时有意识地进行大量的形式操练,往往不求真实的社会生活情境,甚至不理解练习的内容,主要进行机械的、重复的、模仿的、套用性的操练,语言形式受到严格的控制,发现语言错误要求立即纠正,强调语言的正确性等。除机械性操练外,还有意义性操练和交际性操练。

任务的概念是以任务为主线设计的语言教学。任务的目的主要是用目的语完成任务,侧重点在语言的意义上,重视语义和信息的沟通。任务教学要求在真实的社会生活情境中完成真实任务,采用接近自然、真实的目的语自由地进行交际活动,语言形式完全不受控制。任务教学认为学生呈现语言错误是一种自然的、必然的和正常的中介语现象,完全不必纠正,只要经常接触正确运用语言之后,学生就会自然地改正错误,与此同时,还强调语言的流畅性和交际性。而在交际语言教学理论指导下的交际性练习、操练也常带有交际的愿望,强调交际特定的情境性、意义性和交际性,强调学生的积极参与、实践和不苛求纠正语言错误等。

2. 任务与练习的联系

任务与练习是两个不同的概念,具有自身不同的范畴。但两者既有区别一面,也有相互联系的另一面。首先,练习是学生执行和完成任务所必须具有的语言知识、技能的基础,只有通过语言练习,学生才能牢固地掌握语言基本知识、基本技能和交际运用语言的能力,从而为实施任务打好扎实的语言基本功。其次,练习也是实施任务的重要手段,实施任务的过程也是学生练习运用有意义的目的语的过程。有意义地操练目的语是实施和完成任务的必要手段。因此,任务与练习是相互联系、相互整合、相互促进的。

二、任务型教学的理论基础

(一)语言学的理论基础

既然任务型教学是从交际语言教学中派生出来的,从属于交际语言教学,而社会语言学是交际语言教学的理论基础,那么社会语言学自然就成为任务型教学的重要理论基础。社会语言学把语言看作社会交往的意义、社会的符号和社会行为,是人类社会最重要的交际工具。交际功能是语言的最本质功能。评价语言学习的水平,不仅要看能否造出合乎语法的句子，更要重视造出的句子能否符合具体的真实情境，能否符合特定的对象而恰当地使用语言。

(二)第二语言习得理论

第二语言习得理论是任务型教学的理论基础之一。在论述第二语言习得问题时，首先要区分两个范畴的概念以便于我们更好地理解第二语言习得理论。第一个范畴的概念是第一语言、第二语言和外语；第二个范畴的概念是习得和学习。

1. 第一语言、第二语言和外语

第一语言是指母语。在我国，第一语言指的是汉语。

第二语言是指在所学语言国家学习作为该国的通用语的语言，如中国学生在英语作为母语的国家(如英国、美国、加拿大、澳大利亚和新西兰等)的自然环境中学习英语，英语是第二语言。

外语一般是指在非目的语国家的课堂教学和非目的语自然环境中学习和使用的语言，如中国学生在中国课堂教学和汉语环境中学习英语，英语是外语。

2. 习得与学习

习得和学习是两个不同的概念，具有差异性，具体体现在以下几个方面。

(1)语言情境

语言情境的不同是两者最主要的区别特征。第二语言一般都是在所学语言国家的自然语言环境中习得的；外语则是在非所学语言国家的课堂教学，即非自然语言情境中学习掌握的。

(2)目标方面

习得第二语言的目标要求达到能在所学语言国家使用目的语进行日常生活、学习、工作，甚至能从事政治、经济、科学文化领域的交际活动。而外语学习的目标要求的水平较低。如我国的英语教学中，初中五级要求学会使用 1500～1600 个单词和 200～300 个习惯用语或固定搭配；高中毕业七级要求学会使用 2200 个左右的单词和 300～400 个习惯用语或固定搭配；八级要求学会使用 3000 个左右的单词和 400～500 个习惯用语或固定搭配。

(3)有意识和无意识

著名美国语言教育家克拉申(Krashen)提出第二语言“习得”这个概念。习得理论是他创导的自然法五个假设中的核心假设之一。习得语言是在自然语言情境中无意识地掌握语言，即在自然语言交际情境中通过语言交际活动获得交际经验并在无意识中习得语法的一般规则。第二语言习得过程与母语习得过程相同。学习语言形式对发展交际能力几乎是不重要的。习得只能在理解信息中产生，只有当获得理解性投入(听读理解)时，学生才能习得语言。学习只能掌握语言形式，不能习得使用语言，学习不能导致习得。他还提出语言输入的四原则：一是可理解性输入材料；二是输入材料的趣味性；三是语法的监控性；四是大量足够的输入。由此，他得出结论：习得是掌握第二语言包括外语的唯一途径。任务教学深受习得理论影响。

第三章　基于语言学理论的英语教学策略

第一节　基于认知语言学的英语教学策略

一、基于认知语言学的大学英语教学模式构建

(一)理论依据

认知语言学的四项理论构成基于认知语言学的大学英语教学模式的主要理论为依据，它们分别是涉身观、构式观、概念观和使用观。

1.涉身观

涉身观是指人们通过身体部位和动作表达情感、态度、意图等信息的观念和行为。在语言中，涉身观体现为通过动词、形容词、名词等词汇来表达身体部位和动作，进而表达情感、态度、意图等信息。例如，“握手”“拥抱”“点头”等词汇可以表达亲热、友好、尊重等情感和态度，而“走”“跑”“跳”等动作则可以表达意图和目的。

涉身观在语言和文化中具有重要的地位，它不仅是语言交流中的重要组成部分，也反映了社会文化的特点和人们对身体的认知和理解。在跨文化交流中，了解不同文化中涉身观的差异是非常重要的，因为这些差异可能会导致误解和沟通障碍。

2.构式观

构式观是语义学中的一个理论，强调语言的语义是由词汇和词汇之间的关系构成的结构所决定的。该理论认为，语言的语义是由语言中的各种“构式”组成的，这些构式是一种特殊的语言形式，具有固定的语义，可以由词汇和其他语法单位组成。这些构式可以是词汇搭配、语法结构、动词语义、语用信息等。

例如，在英语中，“take + object”构成了一个固定的构式，表示“拿起某物”。同样地，“subject + verb + object”是一个基本的语法构式，在语言中具有广泛的使用。

构式观认为，语言的语义是通过这些固定的构式来实现的，而不是通过单个词汇的语义来实现的。这种理论对于语言学研究的重要性在于，它揭示了语言语义的组成方式和运作机制，为语义学的研究提供了新的思路和方法。

3.概念观

概念观是一种将语义学与哲学相结合的语义学理论，强调语言中的概念是如何被建立和使用的。该理论认为，概念是语义的核心，而语言中的词汇和句子则是用来表达这些概念的符号。概念观的主要思想是，语言和思维之间存在着密切的联系，语言是思维的外在表现

形式，而概念则是思维的内在基础。

概念观主张，语言和概念是相互关联的，概念是语言语义的核心。在概念观中，语义学的研究重点是语言中的概念结构，概念是语义的最小单位。同时，概念观还关注概念的本质特征、概念之间的关系以及概念的形成和发展过程等问题。

总的来说，概念观强调了语言与思维的密切关系，强调概念在语义中的重要地位，为语义学的发展提供了新的理论基础和研究方法。

语言的语义是与文化紧密相关的，因为语义是通过符号传达的，而符号本身就是文化的产物。因此，不同文化的符号系统也有着不同的语义。学习者需要了解母语和目标语的文化差异，并通过对比和联系来掌握正确的语义。这也是跨文化交际中的重要一环。

4. 使用观

使用观是指语言使用中的语义现象。它强调了语言使用的社会和交际背景对语义的重要影响，同时也强调了语义的变化和多义性。使用观将语义研究从狭义的词汇和句法层面拓展到更广阔的社会语言使用层面，包括话语分析、语篇分析、语用学等领域。使用观不仅关注语言的表面语义，也关注语言背后的意图和目的，强调语言使用者的目的和语境对语义的影响。因此，使用观被认为是一种更加综合和全面的语义研究方法。

（二）教学原则

1. 体验原则

体验原则是指在语言学习中，学习者的个人体验对于学习的影响非常重要。这个原则认为，学习者通过体验语言的使用情境，能够更好地理解语言的语义和使用方式。因此，在语言学习中，应该尽可能地创造出真实的语言使用情境，让学习者亲身参与，以便更好地理解和掌握语言的语义和使用方式。

体验原则在语言教学中得到了广泛的应用。传统的语言教学注重语言知识的传授，强调语法和词汇的学习，但往往缺乏真实的语言使用情境。而体验原则要求在语言教学中注重学习者的体验，将语言知识与实际语言使用情境相结合，让学习者亲身体验和实践。这种语言教学方式可以更好地激发学习者的学习兴趣，提高学习效果，使得学习者能够更好地掌握语言的语义和使用方式。

2. 词汇—语法连续体原则

词汇—语法连续体原则是指词汇和语法是相互依存的，二者不应该被划分为彼此独立的领域。在语言学中，词汇是构成句子的基本单位之一，而语法则是描述句子结构和构成的规则体系。因此，词汇和语法是构成语言系统的两个重要组成部分。

词汇—语法连续体原则的基本思想是，语言单位的含义不仅由其词汇构成决定，还与其在语法结构中的位置和作用密切相关。因此，在学习和教授语言时，应将词汇和语法视为一个连续体，而不是分开学习和教授。这样可以帮助学习者更好地理解和运用语言。

该原则的提出和发展得益于一些语言学家的工作，他们认为，语言的语义不仅来自单个单词的含义，还与句子结构和语境等多方面因素相关。在他们看来，语言是一种社会行为，具有丰富的语用功能和文化内涵，因此词汇和语法必须作为一个整体来学习和理解。

3.概念化原则

概念化原则是指将非概念化的信息转换为概念化的形式，以便更容易地被理解和处理。它是语言学习和认知过程中的一项基本原则，旨在将丰富的非概念化信息转化为简洁的、易于理解的概念形式。

概念化原则涉及到语言中的抽象化和归纳化过程。它是一种从具体事物到抽象概念的思维方式，是人类思维的基础之一。通过概念化，人们可以将复杂的信息转换为简单的抽象概念，并在认知和语言交流中使用它们。

在语言学中，概念化原则是指通过一系列的语言手段（如名词、动词、形容词、副词等）将具体的语言符号抽象化为更为抽象和通用的概念，并将它们组合成复杂的语言结构。这样做可以大大提高语言的表达能力和表达效率，使人们更加准确地理解和使用语言。

4.使用原则

使用原则是指在语言学习过程中，学习者需要注意到语言的使用情境，即语用方面，而不仅仅是语法和词汇的知识。使用原则的核心是学习者需要知道在什么情境下使用哪些语言形式是最为恰当和合适的。使用原则的目标是帮助学习者培养语用能力，即能够根据不同的交际目的、场合、听众和说话人等因素来灵活、准确地使用语言。

使用原则包括以下方面：

①礼貌原则：在交际中，遵循礼貌原则，尊重对方的权利和感受。

②适应原则：根据不同的交际情境和社会文化背景，选择适当的语言形式和行为方式。

③合作原则：在交际中，遵循合作原则，即根据对方的言语行为，积极地配合对方的意图和需要，实现交际的顺利进行。

④意义原则：在交际中，遵循意义原则，即清晰、准确地表达自己的意图，并理解对方的意图。

⑤国际原则：在跨文化交际中，遵循国际原则，即根据不同的文化背景和价值观，理解和尊重对方的文化，实现交际的和谐、有效。

（三）教学模式

教学模式充分结合了语言学习的认知特点和学习者的个体差异。通过提供具体的体验活动，学习者可以更好地理解和掌握语言知识，同时也可以更好地应用语言进行交际。通过构式习得的方式，学习者可以更加深入地理解语言规则，使得语言知识更加深入和牢固。通过篇章输出的手段，学习者可以将所学语言知识运用到实际情境中，提高语言应用能力。同时，四项教学原则也为教师提供了具体的指导和方法，以更好地帮助学习者掌握英语语言知识。

教学模式是指在特定的教育理念、教育目标和教育环境下，为实现教学目标而采取的教学策略和教学方法的总体安排。教学模式主要包括教学理念、教学目标、教学内容、教学方法、教学手段、教学评价等要素，它们相互作用、相互制约、相互促进，共同构成了一个科学合理、有效、可行的教学系统,为学生的学习提供了有效支持。常见的教学模式有讲授式、研讨式、案例式、探究式、实践式、网络式等。

二、基于认知语言学的大学英语教学模式的特点与应用

(一)教学模式的特点

基于认知语言学的大学英语教学模式中,四项教学原则紧密关联,相互影响,教与学始终处于动态变化过程之中。这一模式主要有以下三个特点。

1.认知与情感协同发展

学习者参与体验活动而形成的情绪是教学的逻辑起点;进入构式习得阶段之后,学习者的高级推理能力会影响创造力,理性思维会影响情绪思维。情绪思维的发展为学习、记忆、判断、决策以及创新搭建平台。

2.形式、意义与功能协同发展

直接法、情境法、沉浸法及交际教学法均未能有效实现培养交际能力的目标,其原因基于语言学理论的英语教学策略研究在于对学习者的语言知识分析能力培养没有给予应有重视。认知语言学视域下的教学模式以构式习得为教学目标,强调培养学习者概括、抽象并创造性使用构式的能力,以期实现语言形式、意义与功能的整体习得。

3.语言、文化与思维协同发展

在构式习得阶段,教师显性教学中使用的原型范畴理论、概念隐喻和转喻理论对培养学习者的语言意识和文化意识具有直接的指导意义。教师让学习者在预设的模拟真实语境中输出篇章,完成交际任务,提高语言使用能力,并获得相应的社会和文化知识信息。体验活动使用游戏、问答、全身反应、实物操作等方式激发学习者的行动性思维,构式习得阶段使用范例图示等方式激发学习者的图形性思维,篇章输出阶段激发学习者的符号性思维,由此提升教学效率和效果。

(二)教学模式的应用

教学模式是针对特定教学目标、教学内容和教学对象而设计的,因此应用范围非常广泛。对于大学英语教学来说,可以根据教学目标、教学内容和教学对象的特点,设计适合的教学模式,以提高学习者的学习效果和语言运用能力。以下是应用教学模式的具体方法:

①在语言输入和输出的过程中融入体验活动,以帮助学习者深入理解语言的语义和功能。

②通过构式习得,让学习者通过体验和反思逐渐建立语言结构的认知体系,提高语言运用的准确性和流利度。

③强调概念化原则,在词汇教学中通过归纳概念、分析语义关系等方式,帮助学习者理解词汇的内涵和外延,以提高词汇运用的灵活性和丰富度。

④强调使用原则,在教学中注重提高学习者的语言实际运用能力,通过模拟实际语言场景,帮助学习者掌握语言的实际使用技能。

⑤结合文化和思维特点，帮助学习者理解语言背后的文化和思维特点，从而更好地理解和运用语言。

总之，教学模式是一种教学策略，可以根据具体的教学目标和教学对象，灵活应用，提高教学效果。

第二节　基于结构主义语言学的英语教学策略

一、基于结构主义语言学的英语听说教学策略

结构主义语言学是20世纪初在欧洲兴起的一种语言学理论，主要强调语言结构的形式和规律，认为语言中的单个语音、词汇和句子都是按照一定规律组织起来的。

在结构主义语言学的基础上，美国学者创立了听说法这一英语教学法。这种教学法主要以口语为主，注重口头交流，采用机械重复和模仿训练的方式帮助学习者掌握语言技能。听说法在英语教学界引起了广泛的关注和应用，尤其是在20世纪50年代至60年代成为英语教学的主流方法之一。

尽管听说法存在诸多缺点，如无法充分满足学生的语言需求、缺乏文化意识和语用能力等，但其注重语音、语调和语法的练习方式，以及重视口语交际的理念，为后来的英语教学法提供了借鉴和参考。同时，结构主义语言学在词汇、语法和语义等领域的研究成果也对英语教学产生了一定的影响，为英语教学提供了更加科学的基础和理论支持。

(一)结构主义语言学听说教学法概述

1.“听说教学法”的教学模式与教学特征

以“听说教学法”为基础而形成的教学模式可归纳为：机械性操练—背诵—理解性操练—使用。这种重复而机械的句型操练对学习者掌握目标语言的基本表达方式发挥着重要的作用。20世纪60年代一系列的探究，也证实了听说法能够使学习者掌握目标语言中基础而核心的表达方式。因此，通过重点句型教学在语言教学过程中有其一定的重要性。下面我们就具体阐述听说教学法的特征。

(1)听说为先，兼顾书面语

听说为先，兼顾书面语是现代英语教学的一个重要理念，强调英语教学应该以口语和听力为基础，同时也要兼顾书面语。这一理念源于美国结构主义语言学的思想，认为语言的口语和书面语是相互关联的，但口语和听力是语言的核心，因为语言最初是通过口头传递和交流的。因此，在英语教学中，应该把重点放在口语和听力上，以便学生能够更好地掌握英语，进而更好地应用到书面语的学习中去。

但是，兼顾书面语也是必要的。因为在现代社会中，书面语是非常重要的沟通工具。而且，许多学生学习英语的原因之一就是想要读懂外文原版书籍、报纸、期刊等，因此对书面语的掌握也非常重要。在教学中，需要通过合理的教学方法和材料，让学生在学习口语和听力

的同时，也能逐步掌握书面语的技能。

总之，听说为先，兼顾书面语的教学理念可以提高学生的英语学习效果和实用能力，更好地满足学生的学习需求。

(2)反复实践，形成习惯

反复实践是形成良好语言习惯的关键之一。在语言学习中，不仅要掌握语言知识，还需要不断地进行语言实践，如口语练习、听力练习、写作练习等。通过反复实践，能够逐渐形成语言表达的习惯，使语言变得更加流畅自然。同时，反复实践还有助于加深对语言规律的理解和掌握，促进语言能力的提高。因此，在语言学习中，反复实践是一个非常重要的环节。

(3)句型为纲，组织教学

句型为纲是一种以句子结构为中心的教学方法。该方法将句子结构作为学习和教学的基本单元，以句子为纲，逐步展开语言知识和技能的学习。它注重语言的内部结构和规律，通过学习和掌握句型的方式来提高学习者的语言运用能力。

在句型为纲的教学中，教师通常会根据不同的语言难点，选取一些典型的句型作为教学内容，然后通过反复的练习和实践，帮助学习者逐步掌握这些句型的结构和用法，进而提高他们的语言表达能力。

该教学方法的优点是：它能够将语言知识和技能组织成一种系统化的结构，便于学习者逐步掌握和运用。同时，它也能够帮助学习者提高语言表达的准确性和流畅性，从而增强他们的语言自信心和交际能力。但是，句型为纲的教学方法也存在着一些缺点，例如，可能忽略了语言的灵活性和多样性，以及语言的交际和文化背景等因素。

(4)趣味性，实用性并重

趣味性和实用性并重是一个好的教学原则，尤其对于英语教学来说。教学内容需要趣味性，能够吸引学生的兴趣，激发学习动机，提高学习效率。同时，教学内容也需要具有实用性，学生能够将所学的知识应用到实际生活中，才能够真正掌握和理解所学内容的价值。因此，在设计教学内容和活动时，应该充分考虑学生的兴趣和需求，注重实用性，同时通过趣味性的形式来展示和讲解知识点，以此来提高学生的学习效果。

2. 听说教学法的语义

随着社会的发展和教育改革的深入，大学英语教学的目标也在不断调整和更新。现在的大学英语教学目标已经不再仅仅是培养学生的阅读能力，而是要求学生在听、说、读、写各个方面都能够达到一定的水平，特别是听说能力和交际能力的培养越来越受到重视。

在教学方法的选择上，也需要紧密结合新的教学目标，采用更为灵活、多元的教学方法。除了传统的课堂讲授和阅读训练外，还需要结合多媒体技术、课堂互动、小组讨论、语言实践等多种教学手段，帮助学生在不同的语境中学习、实践语言技能，提高学生的语言综合能力和交际能力。

同时，在教学内容的选择上，也需要注重语言应用的实用性和趣味性，紧密结合学生的实际需求和兴趣爱好，设计有针对性和趣味性的教学内容，使学生更容易接受和掌握所学知识，形成更为深刻的学习印象和习惯。

听说教学法在以下几个方面发挥了积极的作用：

①听说教学法主张通过不断练习来提高口语表达能力。就现状而言，大学生口语练习远远不够。因此，课堂中使用听说法教学对学生口语表达能力的提高会有很大的帮助。

②在使用听说教学法的课堂中，学生需要记忆目标语言中许多重要的句型和表达方式。虽然综合的语言学习方法十分重要，记忆在语言学习中也起到了不可忽略的作用。

③通过听说教学法，学生进行口语练习的自觉性及意志力都能得到很大的提高。口语练习需要学习者具备吃苦耐劳的精神，这种精神在语言学习中是不可或缺的。

3. 听说教学法在实际应用中的优势与问题

(1)优势

①强化口语能力：听说教学法强调口语的训练，使学生能够在口语交际中更为自如和准确地运用语言，从而增强学生的口语能力。

②提高听力能力：听说教学法注重听力训练，通过反复练习和模仿，帮助学生提高听力能力。

③增强交际能力：听说教学法注重培养学生的交际能力，通过模拟真实的交际场景，帮助学生学会如何使用语言进行交流。

④促进语言习得：听说教学法注重语言习得，通过让学生从语言输入中自然地习得语言，从而使学生能够更好地掌握语言。

⑤培养学生学习兴趣：听说教学法通过趣味性的教学方法，能够激发学生的学习兴趣，使学生更加愿意参与到语言学习中。

总之，听说教学法通过注重口语能力、听力能力、交际能力和语言习得，以及趣味性的教学方法，使学生能够更加自如地运用语言，从而达到更好的语言学习效果。

(2)实际应用中的问题

①听说教学法重视的是口语交际能力的培养，而书面语的训练相对较少，可能导致学生在书面表达能力上的欠缺。

②听说教学法在实践中需要花费大量的时间和精力，可能会导致其他语言技能的疏忽和忽视，需要在课堂时间和教学设计上做好平衡。

③听说教学法需要注重实践和实践的反馈，需要教师在教学过程中不断给予学生反馈和指导，而这需要教师的专业水平和经验。

④听说教学法需要大量的语言输入和互动交流，可能会受到教学资源和环境的限制，需要在实践中适当调整和改进。

总之，索绪尔最早提出的语言系统观、语言符号观为后来结构主义语言学的发展奠定了基础。美国结构主义语言学派继承和发展了索绪尔语言“系统”的理论，注重语言的口语和共时描写，注重语言形式的描写和分析，并通过科学研究将结构主义语言学的研究成果运用于英语听说教学法中，使英语教学从一种技能转变为一门科学，学习者能够更快、更好地学习英语。

(二)现阶段提倡听说教学法的必要性

随着我国加入WTO,社会主义市场经济健康发展,合资企业、独资企业日益增多。跨文化交际使得英语这门国际性语言越来越显示出它的重要性,这对我们高等院校创新英语人才的培养模式提出了更高的要求。

我们教学的对象是高中毕业进入高校的学生。就词汇量来说,我国中学生中学毕业时掌握的词汇量一般为1800个。而根据国外权威机构的调查,一个人的英语词汇量低于6000时,其用英语进行交际时便会遇到严重困难。我们不能回避这样一个现实,即:中学英语教学有950学时,学习者只掌握了1800个单词;而大学英语教学的260～320学时中,学习者则要掌握4200个以上的单词。要想在大学英语教学中迅速弥补词汇量的不足是比较困难的。如果在大学阶段还继续使用以语法、阅读为主的传统授课方法,可想而知,毕业时学生虽学到了大量的词汇和语法知识,但却只能是"哑巴英语"和"聋子英语"。因此,我们有必要顺应新形势,提倡以听说为主的教学法。

在大学英语教学中语言基础知识是语言运用的前提,而语言运用能力的训练反过来也会促进语言基础知识的掌握。以听说为主的教学法不仅能极大地提高语言运用能力,也使得语言基础知识在运用中得到进一步理解、巩固和加强。因此,听说教学法能够满足新形势下高校培养外语人才的要求,是很有必要提倡的。

(三)听说教学法实施步骤及策略

1.课前:学生充分预习

课前预习是学生自主学习的重要环节,可以提高学生对课程内容的理解和掌握程度,有助于学生更好地跟进课堂教学内容。以下是促进学生有效预习的方法:

①给予学生清晰的预习任务和目标:在课程计划中提前给学生布置预习任务,明确要求学生在预习中应关注哪些内容和解决哪些问题。

②提供相关的学习材料:为学生提供相关的学习材料,如教材章节、参考书籍、网络资源等。

③引导学生积极思考:在预习任务中加入思考问题,引导学生积极思考和提出疑问,有助于激发学生学习兴趣和主动性。

④提供学习指导和支持:为学生提供学习指导和支持,如参考答案、解题思路等。

⑤鼓励学生交流合作:鼓励学生在预习中相互交流合作,共同解决问题,有助于提高学生的学习效果和学习兴趣。

2.课中:全英授课,纠正发音

在课中,全英授课是听说教学法的一个核心特点。教师应该尽量使用英语进行教学,让学生通过模仿和练习掌握语音、语调和语音连读等基本技能,提高听力和口语水平。同时,教师应该及时纠正学生的发音错误,帮助他们养成正确的发音习惯。为了使学生更好地理解和掌握课堂内容,教师可以使用图片、视频、PPT等多种教学工具,激发学生的兴趣,提高学习效果。

3. 课下：复习巩固，背诵课文

在课下，学生可以进行复习巩固，加深对课文的理解和记忆。同时，背诵课文也是提高口语能力的有效方法之一。教师可以布置课后作业，让学生在家中继续进行听说训练，例如，录制口语练习并提交作业，或者利用线上平台进行听力练习。另外，学生还可以通过自主学习来提高听说能力，如听英语广播、观看英语电影或剧集等。学生还可以自己制定学习计划，每天练习一定时间，逐步提高听说能力。

二、基于结构主义语言学的英语阅读教学策略

（一）英语阅读基本结构教学

英语阅读基本结构教学是指通过教授英语阅读的基本结构，帮助学生提高阅读理解能力的教学方法。这种教学方法强调通过阅读文章的结构来理解文章的主旨和具体内容，而不是仅仅对单词和语法进行理解。

以下是英语阅读基本结构教学的几个关键点：

①教授文章结构：学生需要学会识别文章的主题句、段落主题、支持句和细节等内容，这些都是文章的基本结构。在教学过程中，教师可以使用如图表、图像和关键词等工具来帮助学生理解文章结构。

②提高词汇量：学生需要具备一定的词汇量才能正确理解文章。教师应该注重词汇的教学和记忆，可以通过课堂教学、课外阅读和词汇测试等方式来提高学生的词汇量。

③练习阅读技巧：学生需要掌握一些阅读技巧，如快速阅读、扫读、精读和略读等。在教学中，教师可以通过模拟练习、小组讨论和角色扮演等方式来帮助学生练习阅读技巧。

④强化阅读策略：阅读策略是指学生通过不同方式来理解文章，如推测、比较、归纳和总结等。教师可以通过课堂讨论和练习来强化学生的阅读策略，提高他们的阅读能力。

总的来说，英语阅读基本结构教学注重培养学生的阅读理解能力，帮助他们在阅读英语文章时更快、更准确地理解文章的主旨和内容，提高阅读水平。

1. 基本句型结构

基本句型结构是指语言中最基本的句子结构，通常由主语、谓语和宾语组成。主语通常是句子中的主要名词或代词，表示动作的执行者或者状态的拥有者；谓语通常是动词，表示主语的动作或状态；宾语通常是动作的承受者或者状态的客体。基本句型结构可以表示简单的陈述句、肯定句、否定句和一般疑问句等。例如：

I have a pen.（我有一支钢笔。）——简单的陈述句

She is a student.（她是一个学生。）——简单的肯定句

They do not like bread.（他们不喜欢面包。）——简单的否定句

Can you speak Chinese?（你会说汉语吗？）——简单的一般疑问句

2. 基本段落结构

基本段落结构通常包括三个部分：主题句、支持句和结论句。

主题句是段落的中心思想，它可以位于段落的开头、中间或结尾。主题句通常是简单明了的陈述句，用来引出段落的主题，指明段落要讨论的内容。

支持句用来支持主题句，提供更具体的信息和细节，从而使主题句更加清晰和具体。支持句通常是描述性句子、举例句子、比较句子、因果关系句子等。

结论句是段落的结束句，通常用来总结段落的内容或提出段落的结论。结论句可以是陈述句、建议句、疑问句等形式，它可以强调主题句的重要性，也可以展示作者的观点和态度。

以上三个部分构成了基本段落结构，能够使文章组织更为清晰、连贯、有逻辑性。

3.基本文章结构

英语文章的基本结构通常包括引言、主体和结论三部分。

引言部分是文章的开头，一般包括一个引人入胜的开头句子，引出文章的主题和内容，并为主体部分的展开提供背景信息和铺垫。

主体部分是文章的重点，主要展开文章的主题，并提供详细的论证和支持，通常包括几个段落，每个段落只讲一个主题，结构清晰，逻辑严密。

结论部分是文章的结尾，通常总结和概括文章的主要内容和结论，强调文章的主题，提供一个有力的结论或建议，引导读者进一步思考或行动。

当然，不同类型的文章结构也可能有所不同，例如，新闻报道可能包括标题、导语、正文、配图等不同部分。

对于学生来说，理解文章的整体结构和作者的意图是阅读的基础，有助于提高阅读的效率和准确性。同时，教师在教学中也可以适当地引导学生去模仿、仿写文章结构，以提高学生的写作能力。

4.文化背景结构

文化背景结构是指一个作品所处的历史、社会、文化背景对作品产生的影响和作品对文化背景的反映。文化背景结构对于理解一个作品的语义和价值具有重要的作用。

在阅读教学中，教师可以通过对文化背景结构的讲解来帮助学生更好地理解作品，把握作品的语义和价值。例如，教师可以讲解《哈姆雷特》中所反映的伊丽莎白时代的政治和社会背景，以及作品中的文化符号等。

在文化背景结构的讲解中，教师需要充分考虑学生的背景知识和阅读能力，尽可能用简单易懂的语言和例子来讲解，让学生能够真正理解作品所处的文化背景，从而更好地理解作品本身。同时，教师也应该充分尊重学生的文化背景，鼓励学生在理解作品的过程中发挥自己的思维和判断能力，形成自己独特的理解和见解。

确实，语言和文化之间有着紧密的联系，语言是文化的一种表达方式，文化也是语言的内在驱动力。在阅读理解中，文化背景常识是非常重要的一个方面，它涉及读者是否能够理解和解释文本中隐含的文化信息。例如，如果一个学生不了解“老鼠与麻雀”的文化背景，那么他可能无法完全理解这个成语所表达的意思。因此，了解文化背景常识是阅读理解中不可或缺的一部分，可以帮助读者更好地理解文本，掌握文化内涵，进而提升语言和文化的水平。

众所周知，影响学生阅读理解的一个重要原因是缺少相应的文化背景知识，因此，英语教师不仅要传授给学生地道的英文表达形式，更要使其了解相应的文化背景知识，因为英语语言中包含丰富的文化内涵，有时并不是仅靠查字典就能解决问题的。教师在帮助学生掌握英语语言本身的同时，指导学生有意识地学习和内化英美文化，即将文化知识教学与语言规范学习有机统一起来，对加强学生的英文知识能力，提高英文阅读水平是大有裨益的。

（二）“专题—模块”教学模式在英语专业阅读教学中的应用

“专题—模块”教学模式是一种将整个教学内容按照主题分成不同的模块进行教学的模式，对于英语专业阅读教学来说，这种模式可以帮助学生更加系统地掌握和应用英语阅读技能和知识。下面是具体的应用方法：

①确定专题：在每个学期开始前，确定教学专题，如商务英语阅读、文学英语阅读等。每个专题都应该包括一些关键主题，这些主题应该覆盖整个专题的知识点。

②制定模块：在每个专题中，按照主题设计不同的模块，每个模块都应该有自己的主题，学生应该按照这些主题学习和掌握阅读技能和知识。例如，在商务英语阅读专题中，可以包括如商务英语单词学习、商务英语短语学习、商务英语阅读技巧等模块。

③教学实践：根据模块和主题进行教学，让学生了解和学习每个主题和模块中的相关知识和技能。教师可以通过讲解、讨论、分组演练等方式进行教学，让学生充分参与其中，提高学生的学习兴趣和效果。

④整合专题：在教学结束时，进行专题整合，让学生将所学知识和技能整合起来，形成完整的知识体系和技能链条。同时，教师也可以通过考试、作业等方式对学生进行综合评价，检验学生的学习成果和效果。

通过“专题—模块”教学模式，可以使英语专业学生更加系统地掌握和应用英语阅读技能和知识，提高学生的学习效果和兴趣，为他们未来的职业发展奠定基础。

第三节 基于文化语言学的英语教学策略

文化语言学理论给我们提供了一种新的教学理念，对外语教学的教学方式和方法的改革产生了积极的推动作用，同时也对教师的理论素养、语言文化素养和教学实践能力提出了更高的要求。

一、英语文化教学的一般策略

（一）介绍不同的文化背景

由于各个文化背景的差异性，学生习惯于传统的中国文化，而对于西方的文化背景缺乏基本的了解。因而，对于介绍中西文化的差异便是大学英语文化教学的重要环节。可采取的方式有：讲授语言知识之前，对于西方的某一文化进行介绍或在某一知识点上进行延伸、扩展，例如，对于复活节的讲解，可从其产生的来源、相关人物、庆祝方式等介绍；同时，可先让学生发表自己对于西方文化的认识，并与中国文化的区别，教师进行归纳总结。总之，对于英语文化的学习，要让学生充分了解不同的文化背景，做到"知己知彼"，正确地掌握英语方法。

（二）课堂活动的灵活多样性

1. 建立文化讨论组

建立文化讨论组是英语专业阅读教学中的一种有效方式。这个组可以由教师组织，也可以由学生自己组织。组内的成员可以是同班同学，也可以是不同班级的学生。在组内，成员可以共同探讨文化背景知识、文化差异和文化体验等话题，从而加深对所学内容的理解和记忆。

在建立文化讨论组时，可以考虑以下几点：

①主题明确：确定每次讨论的主题，可以是与课程相关的文化背景知识，也可以是当前热点话题或学生感兴趣的话题。

②规则制定：制定组内规则，如讨论时间、讨论顺序、发言时限等，以保证讨论的顺畅和效果。

③组员分工：可以根据不同组员的兴趣和特长，分配不同的角色和任务，如主持人、记录员、总结者等。

④参考材料：为讨论提供相关的参考材料，如阅读材料、音频、视频等，以激发讨论兴趣和提高讨论质量。

⑤提供反馈：教师可以在讨论后对组员的表现进行评价和反馈，以鼓励优秀表现并指导不足之处。

建立文化讨论组有助于培养学生的批判性思维、表达能力和文化意识，同时也可以促进学生之间的交流和合作，提高课程的教学效果。

2. 情境表演

情境表演是一种常见的英语教学活动，它可以帮助学生通过实践，更好地理解英语课堂所学的知识，提高英语口语表达能力和交际能力。在情境表演中，学生可以扮演不同的角色，通过对话的形式，模拟真实的场景，展现语言的应用，同时还可以培养学生的表达能力、自信心和团队协作能力等多方面的素质。

情境表演的设计应该注重真实性和趣味性。教师可以选择与学生生活、学习相关的场景，如订餐、购物、旅游等，让学生在情境中学习和运用语言。同时，教师可以通过增加一些趣味性的元素，如音乐、道具等，增加学生的兴趣和参与度。

情境表演的实施需要注意以下几点：

①明确任务：在情境表演前，教师应该明确任务和要求，让学生清楚自己的角色和任务，并提供足够的时间进行准备。

②角色扮演：学生可以扮演不同的角色，如服务员、客户、导游、旅行者等，让学生在情境中学习和运用语言。

③实际操作：情境表演应该是实际操作的过程，让学生在真实的场景中进行表演，不断

地改进和提高表达能力。

④反思总结：情境表演结束后，教师应该让学生进行反思总结，让学生对表演中的问题和不足进行反思和分析，并提出改进意见和建议。

总之，情境表演是一种非常有效的英语教学活动，可以帮助学生更好地理解和运用英语语言，提高英语口语表达能力和交际能力。

（三）合理利用其他资源

1. 利用网络资源

利用网络资源可以帮助学生更好地进行英语阅读学习，例如：

①在线词典和翻译工具：学生可以使用在线词典和翻译工具帮助他们理解生词和语句，同时可以加深对词汇和语法的理解。

②学术论文数据库：对于英语专业学生，学术论文数据库可以提供大量的英语原文阅读材料，同时也能帮助学生提升学术英语的阅读能力。

③在线阅读材料：网络上有大量的英语阅读材料，如新闻报道、科技杂志等，学生可以根据自己的兴趣选择合适的材料进行阅读。

④在线讨论平台：学生可以参加英语阅读相关的在线讨论平台，与其他学生一起分享阅读经验，互相讨论学习策略，提升英语阅读能力。

在线英语学习网站和应用程序：有许多在线英语学习网站和应用程序，可以提供词汇记忆和语法学习的支持，帮助学生更好地进行英语阅读学习。

2. 邀请外教、留学生参与

邀请外教和留学生参与英语专业阅读教学可以帮助学生更好地了解目标语言的文化和语言习惯，同时也可以提供更加真实的语言输入和实践机会。外教和留学生可以担任教学助理、主讲课程或者参与课堂讨论和交流等形式，以不同的语言背景和文化视角为学生提供多元化的教学体验。在教学过程中，教师可以利用外教和留学生的特点和资源，开展跨文化交流和文化体验活动，拓宽学生的国际视野和跨文化交际能力。同时，与外教和留学生的合作也可以促进教师的教学思维和教学方式的创新和发展。

3. 定期举行讲座

对于英语专业的学生来说，定期举行讲座是非常有益的。可以邀请英语教学领域的专家、学者、教育工作者等来进行讲解，以便学生更好地了解英语语言及其背后的文化背景。同时，讲座也可以让学生了解英语的最新发展趋势、新的教学方法和技巧等。此外，讲座还可以提供一个与专家、学者互动交流的机会，让学生在思想和学术上受益匪浅。讲座的话题可以涉及英语语言、文学、教育、文化等方面，以满足学生的不同需求和兴趣。

二、基于文化语言学的高校大学英语课程体系的策略

（一）将文化学和语言学融入大学英语课程体系，构建多元取向的大学英语课程目标

1. 确立实用性＋素养性的大学英语课程目标

确立实用性＋素养性的大学英语课程目标意味着要充分考虑到学生的语言实际需求和

综合素质的培养。具体来说，可以采取以下措施：

①结合学生专业需求设置课程目标：大学英语的课程目标应该与学生所学专业及未来职业需求相结合，重点培养与其未来职业相关的语言技能，如听、说、读、写等。同时，可以加入与专业相关的文献阅读、文献写作等实用技能的训练。

②强化跨文化交际素养的培养：在大学英语教学中，除了注重语言技能的训练外，还应该注重跨文化交际素养的培养。学生需要了解不同文化背景下的语言习惯、社交礼仪等，以便更好地融入跨文化环境，增强交际能力。

③鼓励学生自主学习：在大学英语课程中，应该鼓励学生通过阅读、听力、口语等多种途径进行自主学习，增强其学习能力和自我管理能力。

④重视实践环节的设计：除了在课堂上进行理论学习和语言技能训练外，还应该设置一定的实践环节，如情境模拟、实地考察等，让学生将所学知识和技能应用到实践中，提升其实际应用能力。

⑤提高教师教学素养：教师需要具备丰富的教学经验和跨文化交际能力，注重多元文化视角的融合，针对不同学生的实际需求和英语能力水平，精心设计教学内容和形式，从而更好地实现实用性＋素养性的课程目标。

2. 注意大学英语教材内容的多元化取向

在大学英语教学中，教材的内容应该具有多元化取向，涵盖丰富的主题和话题，以满足不同学生的需求和兴趣。例如，可以包括社会热点、文化差异、职业技能、科技发展等各种领域的话题，使学生可以学到丰富的知识和应用能力，同时也能够培养学生的跨文化交际能力和全球视野。此外，教材内容也应该注重实用性，涵盖实际生活中常见的语言场景和应用场合，如购物、旅游、工作等，帮助学生掌握实际应用的英语技能。在确定教材内容时，还应考虑到学生的不同背景和学习需求，适当地引入相关的文化、历史、社会背景等内容，以提高学生的综合素养和文化认知水平。

3. 加强大学英语课程实施的文化植入

①引入与文化相关的话题和素材：在课程中引入与文化相关的话题和素材，如不同国家的习俗、传统节日等，可以帮助学生了解不同文化的差异和特点，提高他们的跨文化交际能力。

②组织文化体验活动：通过组织文化体验活动，如参观博物馆、观看文化表演等，可以让学生亲身体验和感受文化，提高他们对文化的理解和认知。

③采用跨文化教学法：采用跨文化教学法，如对比教学法、交际教学法等，可以帮助学生更好地理解和应用文化知识，提高他们的跨文化交际能力。

④培养文化意识：在教学中注重培养学生的文化意识，如对不同文化价值观的比较和分析，可以帮助学生认识到文化对人的影响，提高他们的文化素养。

⑤教师文化素养的提高：教师要加强对文化的研究和理解，提高自己的文化素养，为学生提供更加全面和深入的文化教育。

4.制定英语课程评价的文化导向

①文化因素的考察:在评价过程中需要对学生的文化背景进行考察和分析,因为不同文化背景的学生对英语的学习方式和理解会有所不同,评价应该考虑到这些因素。

②文化交流的能力:大学英语教育的目标不仅仅是传授英语语言知识,更重要的是培养学生的跨文化交际能力。因此,评价应该注重学生在跨文化交际方面的能力表现。

③文化素养的培养:大学英语教育还应该注重培养学生的文化素养,包括对不同文化的认识、理解和尊重等方面。评价应该考虑学生在这方面的表现。

④职业能力的培养:大学英语教育还应该注重培养学生的职业能力,包括英语应用能力和跨文化沟通能力等方面。评价应该考虑学生在这方面的表现。

基于以上考虑,评价方法应该多元化,包括听、说、读、写各个方面的能力评价,也应该包括作品评价、项目评价、考试评价等多种评价方式。同时,要确保评价结果的公正性和科学性,避免过分注重英语语言知识的量化指标,更应该注重培养学生的文化交流能力和素养。

(二)全方位考察大学英语课程的新维度,深化课程改革

1.促进学生全面发展,发挥输送合格人才的社会价值

在当今世界日益紧密的联系和相互影响下,跨文化交流已成为必然趋势。大学英语课程的文化植入能够帮助学生更好地理解和应对跨文化交际中的差异和挑战,提高他们的跨文化交际能力,培养跨文化意识和国际视野,使其更加适应全球化时代的发展需要。同时,这也有助于促进文化多样性的传承和发展,弘扬民族文化,促进不同文化之间的相互理解和尊重。因此,将文化语言学理论应用于大学英语课程体系建设中是非常有意义和必要的。

2.推动"大学英语"课程改革

①定位明确,教学目标清晰。在教学目标上,需要突出语言技能与文化素养的培养,既注重语言应用能力的培养,又注重跨文化交际能力的培养,以满足现代社会对英语人才的需求。

②教学内容多元化,注重文化植入。教学内容应该具有多元化的取向,不仅要涵盖英语基础知识的传授,还要结合不同的文化背景和话题,促进学生的跨文化交际能力的发展。

③教学方法创新,注重学生主体性。传统的大学英语教学模式以老师为中心,注重语言知识点的讲解和语言应用技能的训练,缺少学生主体性的培养。应该采用更加灵活多样的教学方式,如小组合作学习、案例教学、多媒体教学等,注重学生的参与度和主动性。

④评价机制科学合理,注重评价学生的综合能力。大学英语教学评价应该从单一的语言技能评价转向对学生综合能力的评价,评价内容应该包括语言能力、文化素养、跨文化交际能力等方面,评价方法应该多样化、科学化。

⑤教师队伍建设,注重教师的专业素养与教育教学理念的创新。大学英语教师应该具备扎实的语言基础知识、广泛的文化素养、科学的教育教学理念和方法,以及不断提升的教育教学能力。教师需要不断地学习、探索,不断更新自己的教育教学理念和方法,以适应不断变化的教育需求和学生需求。

3. 指导"大学英语"教学实践

①了解学生的需求和背景,制定适合的教学计划,以满足学生的需求,同时提高他们的语言技能和文化素养。

②使用多样化的教学方法和资源,如互动式教学、讨论和实践活动、多媒体教学资源和网络教学等。

③培养学生自主学习的能力和积极性,促进他们对英语学习的兴趣和热情,帮助他们形成持续的学习习惯。

④注重课程评价,以确保教学质量,并不断改进教学方法和教材,以适应不断变化的教育需求和学生背景。

当然,具体的教学实践要根据学校、学科、学生群体等多方面因素来考虑,需要教师根据自己的经验和判断,制定具体的教学方案。

第四节　基于生态语言学的英语教学策略

生态语言学是将生态学和语言学结合而形成的一门新兴交叉学科,生态语言学的相关理论为英语教学研究提供了新的视角。在英语教学中,运用生态语言学理念,灵活使用教学策略与教学方式,使英语教学实现生态化和语言化,提升教学质量。

一、生态语言学视角下的英语教学观

随着越来越多学者开始关注生态语言学这一新兴学科,生态语言学也取得了快速的发展,其基本观点逐渐渗透到英语习得领域,形成了生态化的英语教学观。

(一)英语教学环境观

英语教学环境观是指在英语教学中,学习者和教学环境之间相互作用、相互影响的认识和理解。它包括以下几个方面:

①学习者的语言背景和文化背景:学习者的语言背景和文化背景会对其学习英语产生影响,因此在教学中需要针对学习者的背景进行相应的调整。

②教学环境的设计:教学环境的设计包括教室布局、设备配置、教学材料的选择等,这些因素会影响学习者的学习效果,因此需要根据教学目标和学习者特点来进行设计和调整。

③教师的教学策略和风格:教师的教学策略和风格会影响学习者的学习态度和学习成果,因此教师需要根据学习者的特点和学习目标来选择合适的教学策略和风格。

④学习者的学习策略和习惯:学习者的学习策略和习惯会对其学习英语产生影响,因此需要引导学习者形成良好的学习习惯和策略。

综上所述,英语教学环境观是指在英语教学中,教师需要从学习者、教学环境、教学策略和学习习惯等多个方面进行综合考虑和设计,以提高学习者的学习效果和质量。

(二)英语教学互动发展观

英语教学互动发展观是指在英语教学中,教师和学生之间应该建立起相互协作、互动发

展的关系。这种互动关系不仅仅是师生之间的互动，还包括学生之间的互动和与外部世界的互动。在这种互动关系中，教师和学生应该是平等的主体，相互尊重、相互支持、共同参与教学活动，共同创造一个积极、开放、充满活力的教学环境。

英语教学互动发展观的核心思想是以学生为中心，倡导学生积极参与、自主学习，同时教师要充分发挥自身专业素养和经验，引导学生深入思考、自主学习、自我评价和反思。通过互动式教学，帮助学生主动探究知识，实现知识的转化和运用，从而提高学习效果，促进学生和社会的共同发展。

在英语教学中，教师应该采用多种教学策略，如课堂讨论、小组合作、角色扮演、案例分析等，激发学生的学习兴趣，培养学生的批判性思维和创造性思维。同时，教师还应该利用现代化教学手段，如网络教学、多媒体教学、在线交流等，开展多样化的教学活动，创造更为开放、灵活、多元化的学习环境。

（三）英语教学多元文化观

英语教学多元文化观是指在英语教学中，应该重视和尊重学生来自不同文化背景的差异，并将其融入到教学过程中。这个观念认为，语言不仅是一种交流工具，也是文化的载体。因此，在教学中应该注重多元文化的融合和交流，让学生通过语言学习了解和尊重不同文化，提高跨文化交际能力。

多元文化观的实践意义在于帮助学生在语言学习中获取文化知识，从而实现文化素养的提高。同时，这也有助于培养学生的跨文化交际能力，使他们在未来的职场和生活中更加适应多元文化环境。在实际教学中，多元文化观可以体现为以下几个方面：

①引入多元文化素材，如电影、音乐、艺术等，让学生通过语言学习了解不同文化。

②鼓励学生在课堂上分享自己的文化背景和经验，促进文化交流和理解。

③融入跨文化交际技巧的教学内容，帮助学生在跨文化交际中更加自信和有效地沟通。

④通过教学活动和课程设计促进学生的文化认同和文化尊重，让学生更好地融入多元文化社会。

综上所述，多元文化观的应用在英语教学中具有重要意义，可以帮助学生全面提高语言和文化素养，更好地适应多元文化社会的发展趋势。

（四）英语教学的能动性

英语教学的能动性是指在教学过程中，学生应该是主动的学习者，而不是被动的接受者，教师则应该是指导者，而不是纯粹的传授者。这种教学模式强调学生的参与和合作，注重学生的自主思考和实践能力的培养。

在英语教学中，教师应该创造多样化的教学环境和多元化的教学活动，激发学生的学习兴趣和学习动力，让学生在实践中学习、在互动中成长。同时，教师应该注重学生个体差异，根据学生的实际情况设计个性化的教学方案，鼓励学生发挥自己的特长和才能，促进学生全面发展。

英语教学的能动性还强调了学生的自主性，鼓励学生在学习中探索和发现知识，并运用所学知识进行创新和实践。这样可以提高学生的学习积极性和主动性，让他们更好地适应现代社会的需求，成为具有创新意识和实践能力的复合型人才。

生态语言学视角对英语教学的影响是多方面的，涉及学习者、教学环境、教学内容、教学方法等方面。生态语言学视角不仅强调了英语学习过程中学习者与环境的互动，还提倡多元文化观念，以及教学的能动性，有助于提高英语教学的质量和效果。

二、英语生态化教学模式的构建

（一）生态化教学模式的内涵

生态化教学模式的构建与实施离不开具体的课堂教育这一生态系统环境，如果我们要了解什么是生态化教学模式，有必要先对“生态型课堂”的含义给予界定。一些教育界的专家学者从生态学角度出发，把教育视为一个系统，并由此提出“教育生态系统”这一概念。以研究对象作为分类标准，教育生态系统可分为宏观和微观两类层次系统。宏观教育生态系统主要研究国家的整个教育体系，而微观教育生态系统则主要研究学生、教师、教材、教学设备及教室设施等各项课堂教学系统组成因素。如果微观教育生态系统中的各生态因子达到了综合的动态平衡，课堂教学也就实现了生态化发展，那么教学活动所依赖的动态平衡发展的课堂环境可被称为“生态型课堂”。“生态型课堂”致力于把生态学的一些原理运用到课堂教学实践中来，把课堂教学看作是一个微观的生态环境，通过研究其生存发展的影响因素，提出相关教学策略与解决方案，使课堂真正发展成为有利于生态个体成长的开放、平衡、可持续的良性生态系统。

生态化教学模式是教学模式健康发展的方向，它既是在生态型课堂的教学实践中逐步探索形成的，同时，它的构建又能反过来促进课堂教学的生态化发展。这一模式以教育生态学为理论指导，实践“以生为本”的教育理念，根据学生的能力层次与知识需求来设计多维互动等多种形式的教学活动，通过平衡若干教学组成要素及生态因子的生态位关系，促进学生在良好的人工条件下自然、和谐、自由地成长发展。模式的构建旨在综合考虑学生学习的内外部压力、学生天性及社会规范要求等客观因素，利用生态主体师生的主观意识和积极情感开发调动教学认知等机体活动，创设和谐平衡、充满关爱的课堂人际氛围，让学生实现拥有独立自主、自由开放、合作探究学习的课堂生态环境。

生态化教学模式在课堂教学的实践应用中不应仅体现在单一教学模式的合理布局上，更要力求实现多种教学模式之间的互补适应、共存发展，即针对不同的教学内容、特定的学生群体、多变的教学环境，选择恰当的教学模式进行资源优势互补。需要注意的是，要真正实现教学模式的生态化，就应该根据实际教学需要来实现各种教学模式的兼容适应，避免简单地把传统先进的教学模式直接套用进新型课堂，造成新一轮的教学失衡。

（二）英语生态化教学模式研究

1. 教学理念的生态化

要加快构建大学英语生态教学模式，最重要的是要对教学理念进行生态化研究，而其中最主要的就是教师教学理念的生态化。要想实现教学理念生态化，首先，教师自身应该保持“生态平衡”，即英语教师的专业知识水平和教学能力应该保持平衡；其次，为了更好地培养学生的英语综合运用能力，英语教师必须首先具备该能力。总之，生态教学理念下，学生英语能力结构的失衡必将归因于教师英语能力结构的失衡。

教学生态系统的重要组成部分还包括教师的教学态度以及自身的心理特征，其直接影响到学生的学习心理和学习效果。教师应该改变传统的“教师绝对主导”的教学观念，成为“平等中的首席”，教师要更多地尊重学生的意见，调动学生学习的主动性，切实把素质教育贯穿到课堂教学中来，努力去改变“教书”与“育人”脱节的现状，实现从“以语言知识为本”的观念到“以语言运用为本”观念的重大变革。

2.教学目的的生态化

从生态语言学语义上来说，语言不仅是文化的载体，更是一种生态现象。以往人们对语言所持有的“工具论”和“社会现象论”的观点，都不能完全和细致地揭示语言的本质。为了使人们更清楚地意识到语言的本质，可以尝试将语言放进完整的生态系统中。之后对语言进行进一步的分析与研究，人们才能对人类生存的整个社会生态系统获得更好、更深入细致的了解。众所周知，语言是文化的载体，教师在英语教学中不仅要教会学生如何使用英语这门语言，更重要的是要让学生认识到英语语言所赖以生存的文化。在大学英语教学中，明确教学目的十分重要，大学英语教师的课堂教学不仅要教授语言知识，也要渗透该语言所承载的相关文化信息。

3.教学方式的生态化

当前英语课堂多采用多媒体网络教学法，这种全新的教学手段既方便了教师的教学，也方便了学生的学习。当前国外一些学者对自主学习进行了相关研究，发现学习者的自主学习能力在学习过程中起着非常重要的作用。自主学习能力也就是学生在学习中对自己负责的能力，以及对学习中遇到的问题进行自主解决的能力。生态语言学非常关注语言本身的多样性和功能性，只有这样语言才能够在人类历史长河中不断地进化和发展。一门语言的多样性既通过不同国家、社会、社会阶层等因素来体现，也体现在语言使用者的不同，因此，学生对语言的自主学习最能够体现英语语言的生态特点。

4.教学内容的生态化

教学内容的生态化主要包括听力教学的生态化、口语教学的生态化、阅读教学的生态化和写作教学的生态化。生态语言学更多地强调语言的语义是由其所处的语境决定的。对于大学英语听力教学，在完成主要的教学任务之后，如果能够播放一首带有字幕且学生比较熟悉的英文歌曲，不仅能够放松学生紧张的大脑，还可以培养学生对英语学习的兴趣。在这一环节中，教师可以让学生试着跟唱，或把歌词中出现的重要的关键词，包括动词、名词、形容词等作为听写的内容，此举恰恰体现了生态语言学的互动特点。

口语教学的生态化，主要是指在大学英语教学中让学生接触到真实的语料。创造性地利用语言材料，有利于拉近学生和母语环境的距离，从而在一定程度上降低学生学习英语的难度。中国学生极度缺乏英语语言环境，因此，教师应在教学中尽可能地为学生创造更加接近母语的“自然环境”，让学生在自由的氛围中交谈，促使学生掌握英语交际技巧，提高英语听说能力。

阅读教学的生态化，主要是指在大学英语阅读教学中更多地使用计算机软件教学和网络教学。英语教师在讲解英语阅读的时候，可以运用已知的相关语言学信息提升英语学习的趣味性，让学生更深入了解到英语自身的独特和韵味。

写作教学的生态化主要是指在大学英语教学过程中，充分利用语言的生态互动特点。可以把学生的一些典型作品，通过多媒体手段组织学生们进行作品分析，让学生们自己去发现习作中存在的内容和形式上的特点，并针对典型的内容和形式进行讨论。

5. 教学测试的生态化

科学的教学测试不仅能够在一定程度上激发学生学习英语的积极性，还可以帮助英语教师提高业务素质和教学质量。此外，教学测试需要尽可能客观地、科学地反映学生的学习成绩，在此过程中教师的过程性管理和评价起着很重要的作用。

（三）英语生态化教学模式的建构策略

1. 设定合理的教学目标

制定合理的教学目标是英语教学的重要环节。教学目标要具有可行性和可测性，要考虑到学生的实际水平和课程要求，同时要与教学内容和教学方法相匹配。教师可以根据学生的特点和需求，设定不同层次、不同难度的教学目标，从而提高教学的效果。

例如，在听说教学中，听力目标可以设定为听懂简单的口语表达，如日常对话、新闻报道等；而口语目标可以设定为表达简单的日常用语和情境对话。在阅读教学中，可以设定阅读目标为读懂常见的英语文章和材料，并理解其中的主要意思和关键信息。在写作教学中，可以设定写作目标为能够写出简单的日常应用文，如电子邮件、请假条、购物清单等。

合理的教学目标不仅能够提高学生的学习兴趣和积极性，还能够指导教学内容和教学方法的选择，帮助教师和学生更好地实现教学目标。

2. 选择开放、多样、动态、整体的教学内容

教学内容指教学过程中与教师和学习者发生交互作用，并且服务于教学目标的动态素材。教学过程中，教师和学习者可以对教材内容进行取舍、选择。教学内容既包括课堂之内的，也包括课堂之外的。英语第二课堂的建立为学习者学习英语提供了更多的途径，使学习者处于更开放的学习环境中。这种开放的系统为学习者的学习提供了大量的信息、知识和能量，进而促进了学习者个体的内在变化。学习者通过参与第二课堂，与外界进行物质和能量的交互作用，促进了语言系统的非线性发展。同时，学习者通过参与第二课堂，增加了学习英语的兴趣，改变了学习进程中的石化现象，改变了敏感的初始学习状况，使学习中的无序朝着有序、稳定、动态的方向发展。

3. 采取多样的教学方式

为了实现英语教学的生态化，采取多样的教学方式是至关重要的。传统的课堂讲授已经不能满足学生的需求，教师需要创新教学方式，根据学生的需求和实际情况选择适合的教学方法，包括但不限于以下几种：

①互动式教学：通过讨论、小组活动、角色扮演等方式，增强学生的参与感和学习效果。

②多媒体教学：利用电子白板、视频、音频等多媒体手段，丰富课堂内容，提高学生的学

习兴趣。

③项目式教学：以课程为基础，引导学生自主学习，组织学生开展课外探究、实践等活动。

④混合式教学：将传统教学和在线教学相结合，使学生可以在不同时间和地点进行学习，提高学习效率和灵活性。

通过采取多样的教学方式，可以更好地满足学生的需求，提高教学效果，推进英语教学的生态化。

4. 设立多元的评价体系

设立多元的评价体系是优化英语教学生态系统的一个重要举措。传统的英语教学评价体系往往只关注学生的语言知识和技能的掌握情况，而忽略了学生的情感态度、文化素养、学习策略等方面。因此，需要设立一个多元的评价体系，综合考虑学生在语言知识、技能、情感态度、文化素养、学习策略等方面的表现，以更全面、客观地评价学生的英语学习水平。

多元的评价体系可以包括课堂表现、作业、考试、口语表达、听力理解、阅读理解、写作能力、文化素养等多个方面的评估。例如，在课堂表现方面，可以考虑学生的参与度、学习态度、课堂发言和交流等方面的表现；在作业方面，可以考虑学生的完成质量和时间等方面；在口语表达方面，可以考虑学生的发音、语法、流畅度和语言表达能力等方面；在阅读理解方面，可以考虑学生的阅读速度、理解能力和语言运用能力等方面。这些方面的评价可以结合不同的评价方式，如自我评价、同伴评价、教师评价、作品评价、反思评价等。

通过设立多元的评价体系，不仅可以更全面地评价学生的英语学习水平，还可以鼓励学生在不同方面发挥自己的潜力，提高学生的自我意识和学习动机。同时，也能够帮助教师更准确地了解学生的学习情况和需求，及时进行调整和改进教学策略，提高教学效果。

（四）英语教学生态系统的优化

大学英语教学生态系统的优化要在坚持可持续发展、整体性、开放性和动态平衡性的原则下，从各个生态因子及其之间的关系入手，采取各种措施和策略，是一个需要全方位推动的复杂过程。在这个过程中，首先要以观念为突破口，因为人的行为都是以思想、观念为指导的，同一件事情在持有不同观念的生态主体的影响下会产生不同的结果，有时甚至截然相反，因此，大学英语的教学系统的优化应以观念的改变为前提和首要策略。

1. 以学生为本

以学生为本是教育理论中的一个基本原则，也是现代大学英语教学中的核心观念之一。它的主要思想是将学生置于学习的核心位置，注重满足学生的需求和兴趣，关注学生的个性差异和学习风格，促进学生的全面发展。

在大学英语教学中，以学生为本的原则可以体现在以下几个方面：

首先，教师应该了解学生的英语基础水平、学习需求和兴趣爱好，以此为依据制定相应的教学计划和教学策略，使学生的学习更具针对性和个性化。

其次，教师应该尊重学生的主体地位，鼓励学生参与课堂讨论和互动，发挥他们的主动性和创造力，同时帮助他们克服学习中的困难和问题，提高自主学习能力和解决问题的能力。

最后，教师应该倡导多元化的教学方法和资源，结合学生的学习特点和诉求，使用多样化的教学资源和工具，如多媒体课件、互动课堂、学习社区等，帮助学生更好地学习和掌握英语知识和技能，提高学习效果和满意度。

总之，以学生为本是一种教育理念和实践方法，其本质是让学生在学习过程中真正成为主人，发挥主动性和创造力，实现自我发展和自我实现。在大学英语教学中，以学生为本的教学理念是一种必要的、现代化的教育理念，它将大大提升英语教学的质量和效果。

(1)树立“以学生为中心”的思想

大学英语教学坚持“以学生为中心”，首先要使学生处于整个教学结构的中心，在教师、学生、信息技术、教学活动等生态因子中确立学生的中心地位，各因子都要为学生的学习和全面发展服务。教学目标、教学要求等的制定要以学生为出发点，同时要形成开放、灵活的体系，具体的目标和要求不能一成不变，要随着学生的发展变化进行相应的调整；教师不管是在课前备课、课上组织，还是课下反思，都要做到心中有学生，教学内容的选择、教学活动的组织和教学方法的采用都要以学生的需要和实际情况为出发点；信息技术要服务于学生的学习和发展，防止出现信息技术占据教学中心或仅仅成为教学摆设的现象，合理且充分发挥信息技术的优势才有助于学生教学结构中心地位的确立。

“以学生为中心”还体现在学生的主体地位上。我国大学英语传统的教学模式形成了教师一言堂、满堂灌的现象，是“以教师为中心”的教学，学生处于从属或边缘化的状态，无法进行自主性的学习，更不用说其主体地位的确立。然而大学英语作为一门实践性的学科，要求学生的听、说、读、写能力协同发展，要求增强学生英语的实际运用能力。

这一切都有赖于学生主体地位的确立。首先，应当引导学生进行主动的英语学习。英语学习的过程应当是学生主动建构知识的过程，教师应当激发学生学习英语的兴趣，调动学生的积极性，培养学生主动学习的欲望。在教师的引导和多媒体等信息技术的支持下，使英语学习成为学生掌握知识、技能、方法、策略的自主学习和自我发展的过程，使学生真正成为自己学习的主人。其次，要培养学生参与英语活动的主动性。基于大学英语实践性的这一特点，学生应当积极主动地参与到各项英语活动和实践中，发挥主观性、能动性和创造性，通过与他人、与社会的交流提高英语的运用能力。最后，学生应当是学习的评价主体。英语学习的评价目的并不是看学生掌握了多少单词、句型和语法，或是教师教学的好坏，而是为了更好地促进学习、提高能力。因此，学生有必要成为评估的主体，一方面了解自己的学习，另一方面学会判断、反思自己的学习，通过学生的自我改进和评定，推动其主动学习。

“以学生为中心”就是要处理好“教”与“学”的关系，以“学”为中心。大学英语教学的优化，反对教学中教师的绝对统治地位，反对一味地灌输知识和学生的被动学习。要做到“以学生为中心”，教师首先应当拥有正确的教学观念，明确教学目标，做学生知识构建和自身发展道路上的引领者；教师应当以学生为对象，摒除僵化的硬性计划的弊端，预留师生共同探索的空间，以学生的实际情况为基础，设计和组织教学，应当考虑如何在教学中提高和锻炼学生英语的综合应用能力，如何组织有效的语言实践活动，并积极参与到该过程中，在与学生的互动中指导和协助学生完成知识的习得与消化；在信息资源极其丰富的今天，教师还应当具备相应的信息技术知识和技能，帮助学生在庞大的资源系统中去伪存真，吸取对知识建构有益的内容。从学生的角度来讲，也应当首先转变思想观念，培养学习的主动性，使自己从被动接受知识的客体转变为主动构建知识的主体；要认识到语言学习的特点，主动参与到与他人、同伴和社会的交流与交往中，在语言学习的过程中实现多维互动，不断提高英语学习和语言运用的能力。

"以学生为中心"的学习是基于资源的生态型学习，强调资源的最优化，重视资源的多元性和及时性，要求管理服务的有效性。学生学习资源的选择（包括文本、音频、视频等内容）和信息技术的利用在很大程度上受到客观条件的限制（如缺乏必要的教学和自主学习的设备、系统维护不及时、教学平台不完善，校园网络不畅通、资源更新滞后等），这就要求教师和教学服务人员树立为学生服务的意识，一切以学生的学习、成长为基点，尊重和服务于学生，利用现代信息技术和计算机网络的优势，为学生营造必要和良好的个性化、自主化的学习环境。

(2)树立"培养学生可持续发展"的思想

大学英语教学中培养学生可持续发展的能力，首先应当帮助学生形成终生学习的愿望和观念。要达到这一目标，英语教学中应当从激发学生的内在学习动机入手，而所谓学习动机，是指学生个体内部促使其从事学习活动的驱动过程，通常表现为渴求学习的强烈愿望，浓厚的求知欲望，认识世界的兴趣，探究事物的好奇心，主动认真的学习态度及高涨的学习积极性等。只有在内部学习动机的作用下，学生才会拥有学习的主动性和创造性，才有利于学生接受知识、学以致用，同时，学生学习的过程才可能变为主动探究、享受知识的过程，才能真正成为生态主体持续学习的源泉。

大学英语的教学应当把教学重点从语言知识点的讲解转移到教学过程上来，在学习过程中贯穿终生学习的理念，挖掘学生的学习潜能，帮助学生获得学习英语的方法、策略，培养学生可持续发展的英语学习能力，其中包括自主学习的能力、语言交际的能力和一定的信息素养。在教学过程中，教师可以采用多种教学方法，提高学生的参与度，使学生在提出问题、分析问题和解决问题的过程中，体会获得知识的过程，积累学习方法，探究英语学习的规律，掌握英语自主学习和语言交际的能力及技巧。此外，在当今的信息社会，一定的信息素养也成为学生学习能力的重要组成部分，面对大量的信息，大学英语教师应当在教学中引导学生如何去搜集信息、选择信息和利用信息，只有具备了一定的信息素养和利用信息技术的能力，才有助于信息技术环境下学生英语学习能力的发展。学生也只有在拥有了英语学习的能力，才能在以后的学习、工作和社会生活中不断习得新的知识和技能，迎接新的挑战，实现自我的可持续发展。

学生在大学英语教学中获得的不仅是知识及相应的运用能力，同时也是学生的素质、人格和情感协同发展的过程，是对完整的人的教育发展过程。教师要尊重学生之间的差异，考虑到不同学生的性格和兴趣，因势利导，赋予学生最大的发展空间，保护学生的创新精神，引导学生的全面发展。此外，大学英语教师应当着力于师生关系的建设，重视情感因素在教学过程中的重要作用。努力营造轻松和谐的学习氛围，消除学生的焦虑紧张感和师生之间的距离感，建立融洽的师生关系。学生只有感到自由、开放与和谐等积极的氛围，才能更积极有效地投入到英语学习中，也因而能够不断充实自己的知识世界和精神世界，实现“完整”的发展。

大学英语的教学强调在教学过程中注重培养学生可持续发展的能力，同样，在教学评估中也不能忽视这一点。现今大多高校大学英语的评估方式中虽然已经融入了形成性评估的部分，然而不管是从形式、内容还是所占的比重看，都不足以改变传统评估模式的弊端。要实现学生的可持续发展，在形成性评估中不仅要评定学生平时表现，包括课堂活动参与情况、平时测验成绩和作业完成的情况，还要把学生的课外表现，包括第二课堂的组织与参与、社会英语活动的进行等；采取多种评估形式，包括观察、访谈、互评、自评等；此外，对于学生在学习过程中表现出的情感、态度、能力、创造性思维等方面也应当涵盖在评估范围之内。在肯定学生学习成绩的同时，只有承认学生的个性、专长和创造力，并予以鼓励才能最大限度地促进学生的全面发展；也只有在评估中秉承这样的思想才能保证学生可持续发展的动力。

2. 重视种间的协同进化

大学英语教学系统是一个由生态主体、教学要素、信息技术和环境因子等组成的有机体，其中任何一个因子的变化都会引起其他因子随之发生相应的变化，这种相互作用、相互影响的进化关系即为协同进化。大学英语教学作为一个完整的系统，只有其内部各因子（种群）协同发展，才能使整个生态系统达到平衡稳定的状态，而对大学英语教学系统进行优化就必须重视各因子，即种间的相互作用，促进其协同进化。

大学英语教师和学生是该系统内最主要的生态主体，也是最重要的种群，因此必须处理好两者之间的关系，建立生态化的师生关系，实现师生的共生和谐。共生是指教师和学生互为条件和依托，师生任何一方的变化都会对另一方造成影响，所以应当以师生共生为目标，建立新型的师生关系。生态学指导下形成的师生关系应当是民主、平等、交往和对话的关系。师生之间应当拒绝上下级关系，进行平等对话，通过沟通和交流表达自己的意见和观点，并通过共同学习形成新的观点。在整个过程中，师生是一个整体，学生和教师都拥有参与权和表达权，享有平等的地位和权利；教师再也不是教学的权威，学生变为自己学习的主人；教师和学生相互尊重、相互促进、共同发展。此外，还应当重视师生情感的协变性，实现协同进化。教师教学中如果精神饱满、情绪高涨，在教学中就会感染和带动学生，激发学生的学习热情，相反，如果教师情绪低落，在教学中会让学生产生倦怠感或抵触情绪；反之亦然，学生在大学英语教学中的精神状态也会影响到教师的教学情绪和教学能力的发挥，因此，在教学中，教师应当充分发挥精神或情感的作用，构建宽松、民主、平等的心理环境，建设深厚的师生情感，以此推动两者的协同进化。

促进种间的协同进化还必须摆脱限制因子的作用，争取变限制因子为非限制因子。在大学英语教学中所有的因子都有可能成为限制因子，笔者发现，教室过大或过小会成为制约师生情感建设的限制因子；教师观念的陈旧、教学水平不高、信息技术使用能力差，都有可能成为影响教学顺利开展、制约学生发展的限制因子；教学经费的短缺会成为制约大学英语教学资源环境建设的限制因子；计算机多媒体等教学设备的更新维护滞后会成为影响新教学模式推行的限制因子；学生如果对大学英语学习持有消极态度、运用不当的学习策略等也会成为影响自身发展的限制因子。可见，在实际的教学过程中，各因子都有可能成为影响大学英语教学的限制因子。面对这种情况，师生要发挥主观能动性，善于查找和分析限制教学及学习的因素，加强师生的交流合作，创造条件，共同消除限制因子的影响，优化种间关系，推动大学英语教学的动态、良性发展。

第四章　多元互动模式下的大学英语教学

第一节　多元互动教学模式的科学内涵

一、多元互动教学模式的基本内涵

（一）互动主体的多向性

生命性是课堂教学的鲜明特征，教学过程被视为师生共历的一段生命历程。在这段历程中，教师和学生间以互动的形式进行交往，互动是师生交往的状态，这种交往是建立在民主、平等基础之上的。学生具有创造精神的内部条件是心灵的自由，外部条件是教学的民主。因此，这种民主、平等的师生关系是在课堂中实施教学的必要前提，是学生形成创新精神和实践能力的必要基础。在这种民主、平等的师生交往中，教师和学生是互动的主体。

教师和学生间的互动在课堂中呈现多种形式。师生互动和生生互动是两个最基本部分，处于“教”主体的教师与处于“学”主体的学生之间是互动的关系，同处于学习主体的学生间也是互动的关系。在教师与学生、学生与学生之间还存在众多层次的互动：教师与学习个体间存在互动，教师与学习群体间存在互动，学习个体与学习个体间存在互动，学习个体与学习群体间存在互动，学习群体与学习群体间存在互动。

（二）多维的互动内容

每个学生都带着自己的经验背景和独特感受来到课堂进入学习。在师生交往的过程中，必然存在各种信息交流。在多元互动的课堂中，教师和学生间交流的信息是丰富的，具有多维的互动内容。

从内容上看，教学双方互动交往的内容是多维的。这种多维既有知识层面的交往互动，又有情感、态度、方法等层面的交流，更有实践层面的交流。因为单一的学科知识已不能满足学生的创造需求。生活中的问题是综合的，学生在建构自己认知体系时也是综合的。长期以来，我们在教学中强调更多的往往是数理逻辑能力，相对来说，在课堂中其他智能发展空间要弱一些，这不利于培养学生的创新精神与实践能力。

从内容来源上看，互动信息来源是丰富的。这种丰富既有来自教师的信息，也有来自学生的信息；既有来自教室内环境的信息，也有来自课外生活经验的信息。所有的信息都被互动双方利用着，因为那些有创造力的学生不光对教师所讲内容感兴趣，还有自己感兴趣的事情。开放的信息来源，使教室这一有限的物理空间在学生交流中无限扩大。

在多元互动课堂中，教学主体间在认知、情感、实践等方面的互动生成，促进着学生的主动发展。信息在多元地非线性传递着，呈网状彼此联系着。多维的思想互动碰撞，有利于学生思维广度的拓展。

(三)丰富的互动媒介

在多元互动课堂教学中,要有大量的能引起交往双方互动的媒介,用丰富的媒介形成“互动场”。媒介指对学生发展起作用的所有客观条件。在课堂中要采用实物模型、录像、课件等多维立体的教学手段,激发学生的热情,增加课堂互动的信息量。

(四)多样的互动形式

很多要教学的东西无法像事实知识那样物化在书本中,而是通过师生的思想、情感、言行来表现,通过师生交流、沟通来实现。因此,“传授—接受”绝不是唯一的互动形式。互动形式应是多样的,要打破原有的教师讲、学生听的单一互动,增加对话、讨论、合作、辩论、探究、倾诉与倾听、活动、分享、评价、激励、期待等形式,调动学生的各种感官参与互动,使学生心理共鸣、思维共振、信息互补、互通有无、和谐发展。在上述互动形式中,分享往往外显为:“我们来分享一下你的收获好吗?”“有没有办法将这些内容记住呢?”评价表现为:“你们认为如何?”

(五)多元互动教学模式的基本特征

多元互动教学模式旨在改变过去教学中被动的、单向的教学信息传递方式(教师传授、学生接收),改变过去教学中学生单一的发展目标(知识的获取),改变过去学生发展的单一的信息来源(教师与课本),从改善师生人际关系入手改革教学,从创新教育价值观落实的全新视角来组织教学。

1.教学过程的动态性

内涵界定于交往本质的多元互动教学中,教学过程是由“教”和“学”的动态过程组成的,是师生交往、积极互动、共同发展的过程。因此,教学过程的动态性成为多元互动教学模式的特征之一。这种动态性特征表现在以下几个方面:

第一,“教”和“学”是一个辩证发展的过程。在多元互动教学中,“教”和“学”是辩证的和谐统一体,既是教师专业发展的过程,又是学生全面发展的过程。活动建构教学过程的多元观提出:基于创新教育的活动建构教学,对于教师来说,教学过程是一个教师实现教学理想与展示自我价值需要的过程;对于学生来说,教学过程是一个学生情感投入与探究发展协同共进的过程。

第二,“教”和“学”是角色不断变化的过程。在多元互动教学过程中,交往的本质决定了“教”和“学”角色的不断变化。“术业有专攻”“闻道在先”的教师最初理所当然起着组织、点拨、引导的作用,但随着教学过程的进行,教师又会在活动中以一个参与者、合作者的身份出现。同时学生也不是永远处于接受学习的角色,在不知不觉的情况下接受与探索,在交流中,学生以自己的生活经验、知识储备可能会居于师者的位置。

第三,“教”和“学”是一个互动生成的过程。“教”和“学”都处于开放的状态,随时在交往中与人交流互动。在动态发展的课堂教学过程中学生积极主动建构知识、发展自己,认识总是处在不断的生成中。因此,在多元互动课堂中,教学过程具有不可预测性,教学流程并非按预设好的静止方案进行。

2. 师生关系的交往性

在创新教育课堂中，既有显性的物化知识，又有隐性的思想情感因素，它们在无意识中不断地影响学生的价值观念。这种无意识的影响实际是在交往中实现的。在多元互动课堂中，教师与学生、学生与学生、个体与群体的相倚互动关系是教学赖以存在并得以表现的基本形式，这种相倚互动即为交往性。交往性是多元互动教学模式的显著特征，是区别于传统教学模式的明显特征。师生关系的交往性特征表现在以下几个方面：

①师生之间关系是民主、平等的。师生民主、平等关系的出现意味着学生主体地位的确立。人本主义思想非常重视引导学生主动学习的心理氛围，认为教学中师生情感交融所创造的和谐心理氛围是学生创造能力发挥的重要因素，而师生间的平等交往是营造这一心理氛围的有利条件。在多元互动教学中就构建了这样的条件，构建的特征是师生关系的交往性。学生在民主、平等的学习环境中，心理轻松，无拘无束，产生愉快的求知欲望，无顾忌地充分表达自己的见解。

②师生间存在视野融合。在多元互动的课堂中，师生间、学生间存在教学内容及相关信息的沟通与补充。如在《将相和》教学中，师生语言相映成趣，教师字字珠玑，学生也头头是道："假人之长，以补其短。""退一步，海阔天空；忍一时，风平浪静。""一块砖，不成墙；一棵树，不成林。"这是师生词汇视野的融合。当然，课堂中还有更多形式的视野融合，师生间结成学习共同体。师生在共同的探索中，相互沟通、相互影响、相互补充、共同发展。教师一生的教学过程就可能是一生的发展过程，最终实现教师自身的可持续发展，这是教师专业化发展的历程。

在定位于交往的多元互动教学模式下的课堂中，教师语言发生着变化，由命令式向交互商讨式转变；教师活动空间在发生着变化，由单一讲台到教室各个角落；教师神态发生着变化，由威严转向宽容理解。教师的这些变化会相应地引起学生在课堂中的变化，情绪积极了，心理舒适了，思维自由了……这些都是多元互动课堂交往特征的外在表现。

3. 教学资源的开放性

活动建构教学过程的多元观指出：对于课程来说，教学过程是一个课程实施与创生相结合的过程，教师在实施课程时，不要做课程束缚下课本内容的机械传递者，应当结合教学实际，对课程进行有效的改造、开发与创生。在多元互动课堂中，教学资源是开放的。教材已不是唯一，因为学生在与同学、教师的交往中，从同学身上、教师身上学到的东西远比从教材中学到的多。教学资源在师生的多元互动交往中不断生成，同时又被学生在交往中不断同化与吸收。教学资源的开放性表现在以下三个方面：

第一，实现教学与社会的沟通。让学生结合教学内容搜集资料，充分利用网络和媒体资源。

第二，教学面向学生已有经验，教学关注学生生活。活动建构教学论强调，应当重建课堂生活，促进学生个性自由而全面地发展。外部信息的输入如果没有主体已有的经验作为基础，这种信息对于学习主体来讲是毫无意义的。让学生面向现实世界，让学生通过自己的经验来学习，使学生从自己的经验中学会认识并建构自己的认识。

第三，学生在交流的过程中，总是以自己的方式对资源进行整合与重组，整个对话过程是建构的过程。学生以强烈的课程资源意识主动建构与日常生活、社会、世界的联系。在多元互动的课堂中，教师总是引导学生将生活经验与所学内容联系起来，建构起自己的认知图式。如学习了英语新句式之后，教师可以举例广告词或电影原文中的句子，问学生："你们还看过哪些类似的句子?""生活中常用哪些句子?"学生总是带着各自特有的经验、知识、视角走进课堂，又总是带着自己对学习的独特诠释离开课堂。

4. 教学氛围的情感性

有怎样的教学模式就会有怎样的教学氛围，多元互动教学模式以人为本理念的确立，同时标示出其情感性特征，师生间的交流带有浓重的情感色彩。在以交往为本质特征的多元互动课堂中，教学氛围的情感性是其又一大特征。

情感性首先表现为教师尊重学生个性，尊重学生的独特体验。教师在学生答不出自己想要的答案时不要着急，着急是忽视学生感受的表现。学生有自己独特的体验，答不出教师想要的答案是非常正常的，教师不一定非要学生答出自己想要的答案。多元互动教学中，教师要善于对学生的真实体验加以引导，使其发展。

教学氛围的情感性还表现为教师不断鼓励学生，保护学生的学习热情与兴趣。在多元互动教学中，教师的鼓励如同学生的加油泵，使其不断保持昂扬的精神参与学习，进行自主构建。总之，多元互动教学中，师生之间总是和谐交往的。在教师的热爱中，学生能感受到一种学习的快乐，享受到学习的幸福。

二、多元互动教学模式的理论依据及实践误区

(一)多元互动教学模式的理论依据

创新教育把对人类智慧的复演看作活动建构教学过程的本质，活动建构教学的实施过程，也就是人类智慧的复演过程，"智慧复演论"为多元互动教学模式的探索提供了重要的理论依据。

创新教育视野下的活动建构教学论认为，学生的创新学习发展的过程，实际上就是在真实背景之下，生命主体的自主建构过程。因此，作为活动建构教学论实践探索的多元互动教学模式，将学生的主体地位落实作为首要前提。建构教学论中对多元互动教学模式进行了这样的阐述：应当建立起一种"多元互动"的课堂教学体系，来激活学生思维，提供或从中生成丰富的、动态的、有价值的教学信息资源，以促使学生的自主发展。这是多元互动教学模式的直接思想方法指导。在这一思想方法指导下，多元互动教学模式在互动主体的多向性、互动内容的多维性、互动媒介的丰富性及互动形式的多样性上对其内涵进行了具体的界定。

1. 活动建构教学的目标定向，对多元互动教学模式价值取向的启示

活动建构教学的目标定向为：带给学生生活的激情和梦想，实现人与人之间相互信任的倾诉与倾听，使每一个人都体验到课堂生活的幸福和发展需求的满足，师生共同构建智慧的精神家园。这一目标定向与多元互动教学的目标具有很强的一致性。多元互动教学模式在价值取向上定位于培养学生创新精神和实践能力，力图在动态的教学过程中，建立一种交往

的师生关系，形成具有情感性的教学氛围，使学生在开放的教学资源中完成对知识的自主构建。

2.活动建构教学过程的生态观，对多元互动教学模式的教学本质定位的启示

活动建构教学过程的生态观认为：课堂各因素之间通过相互作用达到相对稳定的平衡状态，教师与学生和谐共进，人与环境相互应答，从而最大限度地实现学生个体的进步与发展，这应当就是一种生态化的课堂教学环境。在这种生态化的教学环境中，课堂情境和谐自然，师生心态自由开放，学生个性充分张扬。

在此生态观指导下，多元互动教学模式将交往互动作为教学的本质。在和谐的师生关系中，交往是师生活动的结合点，整个课堂是师生群体在教学活动中多边、多项、多种形式交互作用的人际网络，学生在一种没有压力的情况下轻松愉快地学习，在交往中学习，在学习中交往。

3.活动建构教学论中新型教学关系主张，对多元互动教学模式的教学关系的启示

活动建构教学论主张"以学生活动为主体"的新型教学关系，活动是教学的起点和载体，学生则是创新与自我发展的主体。学生主动参与教学活动，也就成为活动建构教学论中的教学关系问题的主导性因素。以活动为载体的课堂教学中，师生之间是平等的对话关系，"教"服务于"学"，教学相长，这意味着学生主体地位的确立。因此，多元互动教学模式将平等、民主的师生关系作为教学基础。

4.活动建构教学论中"生活重建"思想，对多元互动教学内容的启示

活动建构教学论主张以"生活重建"为背景的新型教学形态，创设生活化的教学情境，促进课堂生活的重建；加强课本知识与学生现实生活的联系；以开放性的问题对学生未来可能的生活进行合理建构；动态开放特征贯穿始终。这些主张说明课堂教学是多维的、多元的，这就要求课堂教学中的互动内容也是多元的。在多元互动教学中，教材不再是唯一，而学生生活经验、生活世界的介入为课堂注入了新的活力。

（二）大学英语多元互动教学模式的实践误区

1.互动只注重形式

①有了小组学习，就实现了生生互动。小组学习的形式可以诱发学生与学生、学生个体与学生群体、学生群体与学生群体的互动。但是，并不是说有了这种形式就一定能实现互动。

②创设了互动教学情境，学生就进入了互动。情境的创设、多媒体课件的使用可以诱发师生互动，但要真正产生互动，就必须符合学生的需要，要贴近学生实际。

例如，某教师为了讲英语句式，采用了影音导入的方式。英语课程开始，教师先让学生观看了一段纯英语无字幕影片片段，播放结束后，让学生凭借记忆回忆自己听到了哪些句子，并一一写到黑板上。写完让学生看句子结构对不对，给予学生运用所学自行更正的时间。改完之后，在幻灯片上打出当堂课要学的句式结构，再向学生解释为什么这么用，依据是什么。教师充分借助多媒体设备进行教学，使学生的视觉、听觉充分动起来，这样一来学生注意力也更集中了，上课效果自然就好了。

③互动就是让学生肢体动起来，热热闹闹的课堂就是多元互动课堂。肢体的互动、语言的互动都是互动的外在表现。但多元互动"动什么"要搞清，是思维在互动、情感在交流。

以上所有这些做法都只是关注了互动的外部形式。如果只关注这些，必然会走入华而不实的误区，这是对互动本质理解的偏差。互动要求通过教学主体间、教学主客体间互动和师生认知互动、情感互动、实践互动等教学关系的生成，实现学生的主动发展。这种主动发展目标的达成，是建立在个人思考基础之上的。多元互动教学模式的互动，更注重"动什么"的问题。不管怎样"动"应最终落脚到学生的思维、情感等互动内容上来。学生思维活跃起来，情感投入进去，才是真正意义上的"动"。有时即使没有互动的外在形式，只要思维在碰撞，情感在交流，就形成了互动。

2. 教师控制下的互动不是真的互动

处于教师控制下的互动，有时是假互动。因为学生回答的内容一定要是教师期望和预料的。例如，在英语教师讲解了"not only... but also..."的用法，进行举例说明时，学生一一举例造句后，教师满意地点了点头。这时突然有学生说："老师你讲讲 both... and... 和 whether... or... 与 not only... but also... 的区别吧。"这是课堂教学生成性的契机，教师应及时抓住。但是教师却说"我们现在学的是 not only... but also...，等讲到另外两种再说。"硬把学生的思维拉到教师设定的思路上来，这不符合多元互动教学模式的价值取向。

三、大学英语 O2O 互动教学模式的探索

大学英语 O2O（Online To Offline，线上到线下）互动教学模式是现下大学英语教学中非常流行的一种教学模式。21 世纪是信息科技时代，越来越多的高科技产品出现在人们生活的方方面面，所以一种新颖的"互联网＋教育"的教学模式应运而生。

（一）大学英语 O2O 互动教学模式建构概况

经济的全球化和社会生活的信息化，使英语成为最重要的信息载体之一。大学生若能掌握英语，就能开启世界之门，实现多元学习与价值的目标。英语扮演着如此重要的角色，但大学英语教学的现状却不容乐观：相当一部分大学生英语基础薄弱、兴趣低下，而传统的 3P（所谓 3P，是指语言教学的三个阶段：Presentation——讲授、Practice——操练与 Production——表达）英语教学模式导致大部分学生被动学习乃至厌学。英语教师的教学任务繁重，人均每周大约 12～20 节课，与学生只是在课堂见面，疏于管理与交流。若能开发一种新型的英语教学模式，充分发挥英语教师的主导作用，把建构主义学习理论运用到英语教学实践之中，突出大学生的中心地位和主体性，培养其英语自主学习能力，便可帮助大学生掌握必要的英语语言知识，为其未来的可持续发展及终身学习奠定基础，点燃英语学习的信心之火。

目前 MOOC（Massive Open Online Courses，大规模在线开放课程，简称慕课）多应用于高等教育体系，它的发展标志着优质教育资源共享时代的到来，为大学英语教学改革和教育管理提供了千载难逢的良机，而翻转课堂是直接讲授与建构主义学习理论的混合体，多用于基础教育领域，若能找到契合点使二者结合，则可相互促进。若能凭借 MOOC 先进的学习

平台、优质的课程内容和新型的评价方式，便可尝试将翻转课堂模式推广至高等教育领域。基于 MOOC 的翻转课堂有利于提高学习资源的利用率，在宏观上节约大学英语教师的时间与精力，达到最优化的教学效果。

大学英语 O2O 教学模式的设计原则如下几点。

1. 有利于学生知识的建构与内化

建构主义理论强调：知识是学生通过意义建构的方式获得的，而非通过教师传授获得。大学英语 O2O 教学模式通过 MOOC 平台，将英语知识传递放在课前完成，课内主要开展师生互动和生生协作等教学活动。英语教师把课堂的舞台交予学生，承担指导者和协调者的任务，力求更好地体现大学生的主体地位，充分调动学生的主观能动性，激发其学习的活力，促使大学生更好地完成知识的建构和内化。

2. 有利于实现分层次教学

大学生入校时英语水平参差不齐。根据认知负荷理论，传统的英语课堂选取统一的教学内容，采用相同的教学组织，导致学优生认知负荷过低，从而浪费教学时间，但学困生却因认知负荷过高而阻碍了学习。因此在大学英语 O2O 教学模式中，要为大学生提供层次不同的 MOOC 视频和学习资源，学生可根据自身的基础，灵活安排学习时间、选择学习资源，无须担心是否影响他人的学习进程，并可反复观摩课程视频而不必担忧知识重难点的遗漏，实现真正的个性化学习与分层教育。

3. 有利于学生对学习的掌控

只要提供最适合的教学模式并予以充足的学习时间，所有学生都能学好。因此，在大学英语 O2O 教学模式中，要为大学生创造一个舒适的信息化自主学习环境，使学生无须像在传统英语课堂上那样紧绷神经地听讲，从而摆脱群体教学模式中教学进度的困扰，使英语学习不再受时空限制，营造出一种轻松的学习氛围，使得大学生可按自己的节奏学习，直至掌握教学目标所要求的知识。

（二）大学英语 O2O 互动教学平台模块及功能描述

1. 大学英语 O2O 教学平台模块

基于 MOOC 的大学英语 O2O 教学平台是学生提高学习自主性、获取训练反馈、自我提升的一个重要平台。由于“教育技术学把教育过程中的‘信息—人—机器’看成了一个整体，运用系统方法对‘教’与‘学’的全过程进行设计、开发、管理与评价”，该平台必须设计成为一个封闭、可循环提升的自主训练执行系统平台，必须具备教学、提供资源、监控和评价功能。它包含自主学习系统、资源管理系统、教学管理系统、评价反馈系统和等级认证系统共五个系统，这五个系统形成一个闭合循环的大学英语教学平台，大学生可以依托该平台进行自主学习，实现英语听、说、读、写、译等五项技能的自我认证，克服单纯 MOOC 模式坚持率低以及传统课堂教学自主性差的不足。

2. 大学英语 O2O 教学平台模块功能

(1)自主学习系统

该系统分为选课和自学两部分。系统包含各项英语技能教学视频，重点展示单项英语技能的知识重点和应用技巧。大学生可根据自己的具体情况，选择自己最需要的听、说、读、写、译单项知识技能进行学习，可以自己决定进度，无须按传统英语教师的授课计划顺序来学习。

(2)资源管理系统

该系统是课程管理系统。平台上提供各项英语技能资源，如将大学英语精品课程的听、说、语法部分按照难易阶梯进行视频拍摄或者采集名家视频，并导入平台，大学生可根据需要选择选课系统中对应的课程内容进行学习。

(3)教学管理系统

该系统具有监控功能，可记录大学生登录平台后的所有操作过程；具备导航功能，引导学生做下一步的测试和选择。学生在线学习可根据教师后台设定的参考答案进行机器评分，学生查阅或使用平台所提供的资源可加分。监控系统旨在促进大学生的学习主动性，根据在线记录的实际情况给学生评分，在线时间长短、是否阅读平台资源、是否完成课堂随测等在线行为都可以作为奖励依据，大学生可根据分值通过教师设定的比率换算成期末总成绩，从而获得学分。此过程报告可称为过程评价(Formative Assessment Report，FA Report)。

(4)评价反馈系统

该系统主要是为了方便大学生对自我的学习活动进行监控、调节、激励和强化。首先，课堂随测。学生每看完一次课程教学的短视频，系统就弹出课堂随测题，重点考查大学生对重点和难点的理解，结果可生成成绩单(Instant Test Report，IT Report)。其次，过程反馈。系统可生成大学生所有在线学习过程及在线时长报告单(Process and Time Report，PT Report)，如看了哪门课程视频，进行过哪些阅读，访问过哪种教学资源，是否做过测试，等等。最后，过关测试。过关测试指在完成一项英语技能的学习后进行的一次整体测试，主要以在线笔试为主，考查大学生是否具备进入更高一阶学习的条件。可使用选择题或TF(True or False)题，利于机器及时打分出成绩。此项可称为单元测试，可生成TST(Teaching Steps Test)报告。

(5)等级认证系统

这是为了拓展学习，给大学生一个明确自己英语技能水平高低的依据，可将各级英语标准化考试的真题或模拟题试卷导入认证系统，并按听、说、读、写、译等模块分类设置，使学生既可以选择单项技能认证，也可以进行综合技能认证。因此，设计一套行之有效的技能认证系统是首要任务。本系统中可将大学英语四、六级考试及高等学校英语应用能力A、B级考试的考查点作为认证系统的一个重要组成部分，细化考核知识点，规范考核评价标准，形成英语技能认证报告。

综上所述，大学英语O2O教学平台是一个闭合的循环系统，按照自主选课学习→使用教学资源→了解学习监控过程→获得评价反馈→进行英语等级认证的顺序进行学习认证，获得单项认证后又重新按顺序开始新一轮的学习认证，符合螺旋形上升的学习认知规律。

在平台上，学生可通过自主选择课程、在线提交各种学习过程报告来获得学分。上述提到的 IT Report、FA Report、PT Report 和 TST Report 都要在线提供给后台，由英语教师进行综合评定。这四种评价报告主要是形成性评价，有利于激活大学生把控学习过程的能力，激发他们逐步实现目标，获得成就感，只有这样，才能避免 MOOC 模式中报名学习的人多，而坚持学习的人少的现象。形成性评价与总结性评价的结合是比较合理的方式，因此在大学英语 O2O 教学平台的评价系统中，大学生的总结性评价具体表现为在线上传的学生口语演讲或对话视频，每位学生自己拍摄上传的口语视频与四项形成性评价报告经由在线答疑教师考核后可以获得该门课程的 2/3 学分（2/3 为线上自主学习部分的总学分，另 1/3 学分需通过课堂面授获得）。获得学分之后，学有余力的学生可进入认证系统进行拓展学习，参加英语单项技能合格认证，所有英语单项技能通过后可进行综合技能等级认证，以明确自己的实际英语水平。

（三）大学英语 O2O 互动教学模式的建构过程

1. 教学管理

作为一种课堂形式，大学英语 O2O 教学模式构成了一条完整的线上＋线下混合学习链：在大学英语 O2O 教学平台上完成线上 MOOC 视频授课＋论坛互动作业互评，同时还确保每门课程都有充足的线下交流时间，让教师与学生面对面，帮助学生加深对自学内容的理解。每门课程的学分将通过线上自主学习和线下课堂教学两个部分组合获取，学分分配为 2∶1（线上∶线下），学时分配为 2∶1（线上∶线下）。具体为每周 6 学时（4 学时大学英语 O2O 教学平台自主学习＋2 学时纸质教材课堂教学）。

对于英语教师而言，MOOC 的兴起是变革自我的一次契机，它会促进师资强者愈来愈强，教师必须适应新形势下的在线教学模式。大学英语 O2O 教学模式所采用的是线上＋线下混合教学模式，因此英语教师必须以团队作战方式参与课程建设，教师应当依据自身所擅长的工作（如教务、讲课或者答疑）进行分工协作。教学团队由 MOOC 视频主讲教师＋班级责任教师＋在线答疑教师组成，并需要一名负责人统筹指导教学团队，确定形成性评价和总结性评价的结果。而 MOOC 视频主讲教师负责 MOOC 课程内容的设计及制作；班级责任教师则负责管理小班并开展面授，管理所属小班讨论课并做出课堂评价；在线答疑教师负责在线回答学生提问，与学生互动并统计学生在线学习成果。

2. 教学流程

对学生而言，要想通过一门英语课并拿到相应的学分，并不轻松。按照大学英语 O2O 教学过程设计，每周会有教师面授一次（1 学时），开展一次小班讨论课（1 学时），就课程单元内容进行讨论，其余时间为大学生自行观看视频教学。每门英语课程均由学生自主选课组班，每班大约 25 人，按要求定期参加课堂讨论。而在对大学生的考核中，课堂讨论和成果展示的质量是重要参考，这意味着大学生不仅要认真地在大学英语 O2O 平台自主学习，还要用心准备线下的课堂讨论。

（1）课前知识传授

①英语教师应制作或选择合适的课程资源。在选择课程资源之前，英语教师要先分析单元教学目标和学生的特征而后分解知识点，制作或选择与教学目标和教学内容最相符的

MOOC 课程。课程应为 5～15 分钟的微视频，有利于学生集中注意力。在设计安排作业与测试题环节中，难度要适宜，数量要合理，太难会打击大学生的积极性，而太简单又缺乏挑战性，难以激发大学生的思考兴趣。

②学生自主观看 MOOC 视频。大学英语 O2O 教学平台提供的是 MOOC 短视频，并在课程中穿插小测试，以确保学生的注意力更加集中；同时促进学生自主学习思考，以便对知识点更好地理解和记忆。大学生可自主选择在线学习的地点，在宿舍或者在学校机房观看；也可自行决定在线学习的时间，可以选择自身学习效率较高的时间点，并在观看 MOOC 视频过程中随时将不理解的地方记录下来。

③学生自主完成随堂测试。大学生在大学英语 O2O 教学平台上看完 MOOC 视频后，要完成英语教师设计好的作业与测试题，以巩固所学知识。测试以客观题为主，由大学英语 O2O 课程系统完成评价。学生可针对做错的题目重新观看视频，作业以主观题为主，系统对学生进行随机分组，并按组互相评价对方的作业。学生在评价同学作业的过程中将会对之前所学的知识产生新的理解。

④互动交流。大学生通过大学英语 O2O 教学平台所提供的社交媒体可与本校的教师及同学互动交流，还可以与来自外界的学生进行交流，从而拓宽眼界，感受不同的思维方式。在利用平台进行交互的过程中，应当充分发挥社会临场感的作用，努力增强在线学生的凝聚力与归属感，使学生快乐、不孤单地学习。大学生通过平台与教师及同学分享自身的学习心得，从而更好地理解所学的知识。

(2)课堂知识内化

该教学环节设计的英语课堂学习采用任务驱动的方式。任务驱动法亦是一种建立在建构主义教学理论基础上的教学法。任务驱动法的特点是以任务为主线，以教师为主导，以学生为主体。这样的课堂设置能够激发学生的兴趣，有助于提高学生自主探究与协作学习的能力，最终完成对知识的建构。在大学生利用大学英语 O2O 教学平台进行英语学习的过程中，教师要注意以下几点。

①教师补充讲授。由于大学英语 O2O 教学平台上的视频不可能与教学目标、教学内容完全相符，英语教师在上课时，必须针对 MOOC 视频中与教学目标、教学内容的不符之处做补充讲授。

②确定任务。英语教师综合单元教学目标、教学重难点以及学生平台自主学习的实际情况，在课前设计出具有挑战性和探究性的任务。在课堂内，根据大学生的特点及其自身的意愿，将全班分为若干学习小组，每组人数 4～6 人。各小组成员共同商讨决定要探究的任务，若有不同的小组选择了同一任务，则小组之间通过互相协商来分配各自要完成的任务。

③任务探究。各学习小组内部合理分工，针对任务进行讨论分析。如果任务整体牵涉面较广，就将其分解为若干任务，每个组员负责一部分进行独立探究。如果任务不易划分，那么每个组员都对任务整体进行独立探究。这样既体现了大学生学习的主体地位，亦有利于培养大学生的独立思考、分析并解决问题的能力。独立探究之后，进一步通过对话、商议、争论等形式进行任务协作探究。协作探究活动有益于发展大学生的创新性思维和批判性思

维，对学生的沟通能力和包容能力的增强都有显著的作用。

④成果展示。经过课前的大学英语 O2O 教学平台自主学习和课内的任务探究，大学生要在课堂上进行成果汇报和展示。每个学习小组采用合作的形式由各成员轮流汇报，或者推选出一名代表进行集中汇报。

⑤评价反馈。大学英语 O2O 教学模式中，教学评价由英语教师和大学生共同完成。评价内容包括课前 O2O 平台自主学习情况、在课堂任务探究过程中的表现以及小组的探究成果等方面。在评价的过程中，大学生与英语教师和同学不断地进行交流碰撞，逐步完成个体知识内化过程。课堂评价结果与大学英语 O2O 自主学习平台评价结果互相结合，构成该门课程的总结性评价。

(3)课后知识巩固与拓展

经过前两个阶段的学习，大学生基本掌握了知识要点，完成了课程目标的学习。若能进一步在大学英语 O2O 教学平台上完成技能测试和过关测试，即可获得该门课程自主学习部分的学分。英语教师根据大学生的学习情况进行点评后，可把优秀的学习作品以视频或者 PPT 的形式在教学平台上进行展示；还可收集与教学内容相关的拓展学习资源以设置拓展任务，鼓励学有余力的大学生挑战拓展任务，实现大学生对知识(技能)的巩固与拓展。

第二节 多元互动教学模式的目标与原则

一、多元互动教学模式的目标

(一)拓宽教学信息传递的渠道

用信息论的观点来看，教学的过程实质上是一个信息传导的过程，是在有效教学时间内通过一定的信息传递、交换、储存、处理，促使学生构建新的知识体系，形成新的知识技能。在有效的教学时间内学生通过分析、处理，整合师生间、生生间以及周围环境间的学习信息，增加自身的信息承载量，形成有效的知识体系和情感体验，实现发展。

时代的发展呼唤培养具有开拓精神和创新精神的人才，而传统教学模式中“一支粉笔，一块黑板，教师张嘴说半天，一本教材读半年”的单一化的信息传递方式和信息传递渠道，从根本上违背了学生的认知规律，限制了学生的个性化发展和思维发展，已远远不能适应培养创新型人才的需要。因此，创新教育要求建立发挥学生主体作用，教学信息多向传递，注重教学过程和能力培养，鼓励学生积极参与、主动学习的新型的课堂教学结构。

多元互动教学模式下的课堂教学适应时代发展的要求，以学生的全面发展为本，努力培养综合型、开拓型与创新型人才。因此，在教学中，该模式能突破课本内容的局限，充分调动学生的生活体验和已有的知识基础，大容量、大面积、高效率地使学生掌握更多的知识，增强知识间横向、纵向的联系，拓宽教学信息传递渠道，引导学生开阔视野、拓展思维，从而发展智力、升华情感、激发创造力。

第一，重视课堂教学中的多向交往，拓宽信息传递渠道。传统的课堂教学中，教师占据课堂的主阵地，在教学中履行着“传道、授业、解惑”的职责，但这种教学方式往往是一种单向的信息交流方式，不利于学生广泛、有效地接受和处理学习信息。多元互动教学模式下的课堂教学中，教师与学生、学生与学生、学生与环境之间的互动交往构成一种多向交往关系，这种积极的多向交往关系具有主动性、探究性、情趣性、差异性、启发性等特点，能够满足学生的求知欲，发挥学生的主观能动性，提高学生的探究能力和处理信息的能力，锻炼学生分析问题和解决问题的能力，促进学生思维的发展。因此，教师要重视课堂教学中的多向交往，促进积极的互动交往关系的形成，营造良好的学习和探究的氛围，为学生的发展搭建舞台。

第二，重视学生已有的生活体验，建立有效的生活信息传递渠道。新课程改革提倡学生在生活实践和生活体验中学习知识，激发情感。学生的生活领域是广阔的，里边涵盖了很多的内容，有许多学生在课本上学不到的知识。多元互动的教学将课堂教学与学生的生活紧密地联系在一起，创设生活化情境，让学生在生活体验中掌握知识，激发灵感，在生活体验中学习和建构，从而使知识学习和生活体验有效地串接起来，使学习信息传递渠道畅通无阻。

第三，在有效的互动交往中打通知识的生成渠道。学生之间存在着差异，这种差异同样是一笔财富。差异能够促使学生产生认知冲突，能够在争论和研讨中，促使新知识的出现。师生在思维碰撞中，相互启迪、相互借鉴，为自身发展创造更多的机会和条件。学生间的思维差异性促使思维火花的生成，为学习的深入创造新的支点，也为培养学生创新能力打下基础。因此，多元互动教学模式的课堂教学要求教师应积极创设情境，发挥学生的主体作用，促进形成师生间有效的互动交往关系，打通知识生成的渠道，培养学生的创新精神和实践能力。

（二）丰富教学信息传递的内容

在传统的教育教学中，教师仅仅是机械地向学生讲授教材内容，学生也是被动地、机械地接受教师传授的一些固定化的知识，知识的学习与社会的发展脱节，学生难以知悉或者滞后知悉社会和科技发展的新成果，这不利于学生学习的拓展和深化。

新课程改革要求师生在教学中注重知识和技能、过程和方法、情感态度与价值观三维目标的达成。因此，多元互动教学模式下的课堂教学遵循教育发展的要求，丰富了教学信息传递的内容，主要包括以下三项：

第一，知识技能的传递与交流。多元互动教学模式下的课堂教学重视基础知识和技能的掌握，注重夯实学生的学习基本功，为学生创新能力的增强打下坚实的基础。因此，多元互动教学模式下的课堂教学通过丰富多彩、实际有效的教学活动，激发学生的学习兴趣，促进学生积极建构知识体系，为提高学生的综合能力和综合素质奠定基础。

第二，思维的碰撞和情感的升华。多元互动教学模式下的课堂教学注重展现学生完整的思维过程，努力为学生营造一个自由驰骋的思维空间，让学生在思维碰撞中掌握科学的思维规律和灵活、正确的思维方法，使学生在思维的互动和交流中认识自我、完善思维、实现发展。多元互动教学模式下的课堂教学同样注重学生的情感体验和情感的升华，努力创设一个充满情感律动的“情感课堂”，促进学生建立积极的学习情感和学习需求，让学生体验学习的愉悦，在学习的激情中产生创造的需求。

第三，学习方式的变革与完善。多元互动教学模式下的课堂教学，注重培养学生逐渐形成自主学习、探究学习、实践学习、合作学习的新型学习方式。学习方式的变革对培养学生的创新精神和实践能力，以及学生的个性和潜力的发挥均具有重大意义。

（三）实现课堂教学的双赢互惠

多元互动教学模式下的课堂教学的“双赢互惠”，一方面，是指学生在互动合作过程中既是受益者，又是贡献者。每一个学生都是受益者，他们在课堂教学中不同程度地得到他人的帮助，既有知识和技能上的提高，又有情感体验的提升；同时每一个学生又都是贡献者，因为每一个人都为对方提供了思维拓展和实践的机会，而合作最终能使双方共获成功、共享结果。另一方面，多元互动教学模式下的课堂教学是“教”与“学”的互动、交往，师生双方相互交流、相互沟通、相互启发、相互借鉴，在教学过程中教师与学生分享彼此的思考、经验和知识，交流彼此的情感和生活体验，从而大大丰富了互动交往的内容，拓展了彼此的认识，实现了教学相长和共同发展。

多元互动教学模式是教师以新课程改革的基本理念为指导思想，坚持学生在学习过程中的主体地位，构建出的一种新的课堂教学结构。它以激发学生的学习兴趣为前提，以问题的提出为核心，以实现师生共同发展为最终目的，倡导自主学习、探究学习和互动合作学习。多元互动教学模式致力于教学方式和学习方式的变革，让学生真正成为学习的主人，力争让学生的生命潜能和创造精神在丰富多样的自主学习、探究学习、合作学习中获得充分释放，让课程焕发出生命活力。同时，教师也在教学中实现自身的专业化发展。

二、多元互动教学模式的原则

传统的课堂教学中一直存在着“讲解—接受”型的教学模式，这种教学模式是一种面向过去的、以继承为主的知识教育，其对于引导学生创造性地运用知识解决问题、创造性地发展自己有诸多不利。多元互动教学模式致力于在课堂教学中改变学生被动接受的教学状态，倡导师生、生生间的平等对话，使学生积极参与、主动思考、发现问题、解决问题，让学生成为学习的主人、探究的主人，从而提高学生的综合素质。

多元互动教学模式的原则就是在课堂教学中，实现师生多向互动交往和学生主动发展，具体包括以下几点。

（一）主体性原则

现代教学论强调师生共同构成教学活动的主体。一方面要在多元互动课堂教学中充分发挥教师的教学主体作用。教师应深入挖掘教材的精髓，积极开发课程资源，全面了解学生的认知能力、思维状态和情感基础等情况，创设有利于学生发展的教学情境及教学环节，制订有效的教学方略。另一方面，要在多元互动课堂教学中充分发挥学生的学习主体作用。学生自觉、积极、主动地参与教学活动，通过师生、生生间知识的交流、思维的碰撞、情感的交融，学生主动连接自己的生活世界和情感世界，探索周围的社会环境和自然环境，并能根据环境的要求自主选择目标、自主探索、自我调控、自我评价，最终实现自我发展。

主体性原则要求教师充分发挥自己的教学主导作用，善于创设适宜的互动情境，给学生自主选择的空间，以使他们的主体性得到发挥。主体性原则还要求学生由过去的被动接受转变为主动探究，充分调动自己已有的生活经验和知识技能，大胆质询、敢于实践、勇于创新。

遵循主体性原则，教师在教学中要做到以下四点：

第一，教师要掌握教学的主动权。多元互动教学模式主张教师在教育教学中处于主导地位，应掌握好教学的主动权。这主要表现在以下五点。①教师享有教学计划和教学设计调整的主动权。教学计划和教学设计都带有预设性，但由于教学主体（教师和学生）处于开放的"教"与"学"状态，因此，会生成许多预设以外的内容，教师有权根据"教"与"学"的需要对教学计划和教学设计进行调整，使之更加适应学生学习的需要。②教师享有学科整合的主动权。教师在教学中可以根据教学的需要对教材进行删减、调整，或有机整合各学科的知识，从而让学生始终处于学习的主体地位，自主地建构知识。③教师享有教学资源开发的主动权。教师可以积极开发储藏于学生自身及学习和生活中丰富、活跃的潜在资源，使之成为有效的教学资源，从而进一步激活学生探究、交流的欲望，增强互动的效果。④教师享有教学方法的选择权。教学方法不是一成不变的。教师在教学中可根据互动交往的需要，选择合适的教学方法，并有权根据互动进程的发展，调整教学方法，以适应学生发展的需要。⑤教师享有教学评价的自主权。教师为了促进学生学习和探究的兴趣，可自主决定采取何种有效的评价方式进行教学评价，以激发学生的学习情感，加速学生的发展。

第二，教师要尊重学生的独立思维和见解。教师要促进学生自主发展，让学生主动探索周围环境，结合自身的知识基础和生活体验，进行思考和知识建构，使学生独立思考。多元互动教学模式要求教师给予学生充分的思考时间和空间，对学生的思维活动"不包干"，让学生"在游泳中学会游泳"；同时，鼓励学生在互动研讨中积极地评判和争论，在思维摩擦和碰撞中形成正确的观念和认识。

第三，尊重学生的个性发展。多元互动教学模式下的课堂教学，充盈着民主、平等、和谐的教学气氛，学生在这种教学氛围中发展思维、张扬个性。教师应尊重学生个性的健康发展，并为学生个性发展提供更为广阔的舞台。

第四，注重学生自我评价能力的培养。自我评价是促进学生自主发展的一个必要条件。在多元互动教学中，教师留出一定的空间，引导学生采用丰富多彩的评价形式，以个体或团体的方式进行自我评价，使学生在评价中摆正自己的学习位置，认清自身的发展需要，从而为自主发展注入强大的动力。

（二）民主性原则

实施教学民主是让课堂教学充满生命活力不可缺少的重要条件之一。一方面，民主性原则表现为师生在人格上是民主、平等的关系。教师的工作对象——学生都是有思想、有感情、活动着的社会个体，他们和教师一样都是具有独立人格的人，彼此之间应该互相尊重，建立起民主、平等的师生关系。只有在这种民主、平等的师生关系下，师生间、生生间才能在课堂中实现充分的思想交流、情感沟通，教学相长。另一方面，在多元互动的课堂教学活动中，要努力营造师生和谐共处的教学互补、情感共鸣的发展空间，让师生在"教"与"学"的过程中相互启迪，实现教学相长、共同发展。民主性原则的实施，有助于学生作为独立自主的、有人格尊严的主体积极参与到教学活动中，并有助于教师根据课堂教学的总体要求及学生的意愿和学习节奏，选择适合学生兴趣和能力的活动，使学生自由自在、生动活泼地进行学习与探究。遵循民主性原则，教师在教学中要做到以下三点：

第一，教师要同学生保持人格上的平等，实现师生心灵的沟通。有效的教学前提是融洽的师生关系。良好的师生关系，不仅能营造出轻松、自然、亲切、和谐的课堂气氛，而且可使学生的想象力和创造力得到充分、自由的发挥。因此，多元互动教学模式要求在和谐的师生关系和融洽的教学氛围中实现学生的自主发展。

第二，教师与学生共设教学目标、共研教学内容，实现师生共同发展。多元互动教学模式以实现师生共同发展为目的，在教学中师生相互启迪、相互交流、共同研讨，实现师生的共同发展。教师积极为学生的学习创造条件、提供方便，而学生也把教师的教学和与同伴的互动交往看成自身发展的需要，从而在互动交往中促进教学目标的达成。总之，多元互动教学模式所提倡的民主性原则是把学习的主动权交给学生，让学生真正明确学习目标，参与学习过程，了解学习结果，将学习过程变为一个师生共研、共进的过程。

第三，设计符合学生学习心理和认知规律的教学环节和步骤，让学生积极、主动地参与教学。教师围绕学生的“学”设计课堂教学的环节和步骤，是实施“教学民主化”的主要体现。要让学生积极、主动地参与教学过程，培养学生主动学习的意识，就必须把学生的“学”放在首位，因此，多元互动教学模式要求教师在充分了解学情的基础上设计教学环节，并在教学过程中根据学生学习发展的需要，进行有效的调整。

（三）开放性原则

多元互动教学模式下的课堂教学是一个开放的教学空间。开放性原则具体包括以下五个方面内容：

第一，学习目标的开放。一方面，表现为对学习能力不同的学生制定不同学习目标。由于环境、教育、学生自身学习能力等方面的差异，学生之间也存在着较大的个体差异。因此，学习目标的设计应体现层次性和多样性，应设定“基于基础、上不封顶”的开放式的学习目标。“基于基础”是指按照课程标准的规定，面向全体学生的学习目标必须扎实完成；“上不封顶”是指对于思维较活跃、有独特见解的学生，应鼓励他们在力所能及的条件下，独立钻研、努力拓展，引导他们在广阔的知识天地中翱翔。另一方面，表现为学习目标不是固定不变的，而是在课堂教学中，伴随着师生、生生间的互动交往动态生成的。多元互动教学模式下的课堂教学，学生的思维是活跃的，学习状态是积极的，教学活动是不断深化的，因此，总会涌现出一些意料之外的学习结果和发展状态。针对这种情况，教师应适当调整或提升对学习目标的设定，最终实现学生不同层次的发展。

第二，教学内容的开放。教材是师生进行教学活动的重要媒介，是完成教学任务的必备资料。长期以来，教育教学的内容局限于教材内容，师生的“教、学”行为、课堂行为均受到了各种框架的限制，学生创造性的发挥也受到阻碍。而多元互动教学模式则突破了“以纲为纲，以本为本”的束缚，变“教”教材为用教材“教”，认为教材是为教师“教”和学生“学”服务的，并在此基础上，努力拓展教学资源，使教学内容得到最大限度的拓展。对于如何设置开放性的教学内容，有以下五点值得注意：①现代科学技术的迅猛发展为教学内容的开放性提供了充分的物质条件。教学中为满足现代科学技术的发展对教学提出的新要求，可把现代科学技术成果和创造发明充实到教学内容中，从而进一步丰富学生的知识，加强教育教学与科学技术发展的联系，把握时代发展的脉搏。②对现有教材内容的拓宽、深化，也是使教学内容具有开放性的重要方法。为了引起学生的学习兴趣，激活学生的创造性思维，教师可根据教学的需要，对教材做出调整、补充和完善，拓宽、深化教学内容，将学生的思维进一步引向深入，从而使互动的学习效果得以深化。③加强学科间知识的联系及综合。随着社会的发展，知识日益朝着综合化的方向发展。各学科知识的联系及综合不是不同学科知识的拼凑，而是强调以学生的生活经验为支点的学科知识的渗透、交叉与综合，强调理论和实际相结合，培养运用综合知识解决生活中实际问题的能力。因此，教学中要依据教学内容和学生发展需要来综合整合知识。④注意课程内外的联系，把课堂教学中生成的探究兴趣引向课外。学生在互动交流的过程中，往往产生一些教师意料之外的“思想火花”，而这些生成的问题和探究意向是发展学生创新素质的生长点。教师应及时抓住这些生成的问题，适时将学生的探究兴趣引向课外，使学生的互动成果得以延伸。⑤重视现实生活中的问题，把课外的问题引入课内。社会是一个大课堂，知识来源于生活，学生的眼睛总能发现生活中的问题。因此，多元互动教学模式重视把学生生活中的问题和知识引入课堂，丰富互动的内容，增加师生、生生间互动交往的机会，增强互动交往的效果，使课堂教学焕发出生命的活力。

第三，思维空间的开放。要想使师生、生生间的互动交往得以实现，必须重视课堂教学思维空间的创设。自主、开放、活跃的思维空间是促进学生思维发展和能力发展的关键，也是实现师生、生生互动的一个必备条件。因此，多元互动教学模式主张给学生创设一个自由而完整的思维空间，让学生经历完整的思维过程，但要注意以下两点：①围绕中心任务来设计有价值的问题。教师在课堂中对问题的设计切忌多而碎，要少而精；问题的设计要紧紧围绕本节课的中心任务进行，切忌漫无目的；同时问题的设计必须有一定的思维价值，即能让学生在思考中产生认知上的冲突，进而激发探究的欲望。设计问题是为了让学生的思维真正开动起来，并在与他人的思维碰撞中有所收获。②思维过程必须完整而充分。教师在教学过程中，不但要多设计有思维价值的问题，还要给学生留出充分的思维时间，让学生充分地进行思维碰撞和思维发散；在交流中，不能只要求学生说出思维结果，还应要求学生通过语言表达来展示自己的思维过程。

第四，教学方法的开放。教学方法是以教学规律为依据，师生在教学过程中的活动方式。多元互动教学模式坚持教学方法的开放性，注意多种教学方法的合理配合，强调教学方法的选用应符合师生、生生互动交往的需要。在教学中只有综合运用多种教学方法，才能取得较好的互动效果。

第五，教学结果的开放。多元互动教学模式主张答案不是唯一的，只要是有一定科学依据的、不能证明其是错误的答案，教师都应允许学生提出、论证和探索。多元互动教学模式主张课堂教学要从追求唯一走向追求多样，从追求标准答案走向追求创造性地解决问题。

在师生的互动交往中，学生的思维是活跃的，彼此间是具有差异性的，因此，学生观察事物的角度和对问题的见解也是五花八门的。教师应鼓励学生大胆发表自己的见解，展示自己的思维过程，切不可用标准答案来限制学生思维的发展。总之，多元互动教学模式下的课堂教学是开放的课堂、开放的教学，学生在开放的"教"与"学"中走向创新，实现发展。

（四）实效性原则

多元互动教学模式下的课堂充满了师生、生生间思维的摩擦与碰撞，是实现知识快捷、有效建构的场所。因此，教学中师生、生生间的互动不能只流于形式，而要以实现学习目标为落脚点。实效性原则主要包括以下四点内容：

第一，学习目标的设定要具有实效性。学习目标是学生在学习过程中，在完成某一阶段学习时，应达到的要求或产生的变化结果。学习目标的设定应做到知识与能力、过程与方法、情感态度与价值观的三位一体，在多元互动教学模式下，教师应根据学生已有的知识经验和学生发展的需要来预设学习目标。同时学习目标也不是一成不变的，在互动过程中，教师应关注教学进程中动态生成的、预设以外的学习目标，并根据教学需要随时调整和完善学习目标，使学习目标的预设性和生成性统一起来，从而使学习目标的设定更加全面，富有实效性。

第二，教学行为的实施要具有实效性。在多元互动教学中，教师要用新课程理念指导教学行为，教学情境的设计、教学问题的设计与呈现、学生思维发展的引导、互动研讨和交流的开展与深入、教学方法的选择、教学评价的运用、练习的设计等均要围绕着学生发展这一核心来进行，从而提高课堂教学的效率。

第三，多元互动教学模式下的学习目标与互动形式应有机统一，要具有实效性。学生的发展是在师生双方和谐互动的教学活动中实现的。各种互动形式的设计应紧紧围绕教学的中心任务进行，应服务和服从于多元互动教学模式下学习目标达成的需要，切忌流于形式。

第四，多元互动教学模式下，学习目标的达成要具有实效性。多元互动教学模式下的课堂教学关注学生的全面发展，因此，学生不仅要实现知识和技能的提高，还应进一步关注情感的升华、良好学习方式的建立等。同时，教师不仅要重视预设的互动目标是否能达成，还要关注教学进程中动态生成的互动目标能否达成。

（五）生成性原则

课堂教学的灵魂在于教学的生成性。生成性原则是指多元互动教学模式下的课堂是焕发着生命活力的课堂，每一节课都是不可重复的激情与智慧综合生成的过程，在这一动态发展的过程中，学生实现了知识的建构和自我发展的飞跃。

在多元互动教学模式下，课程的实施虽有整体规划和周密设计，具有计划性，但并不限制其生成性。教学过程并不是根据预定目标而设计的机械的、"流水线"式的操作流程，而是蕴含着潜在的、无限的教学契机。学生在学习过程中思维活跃，有强烈的探究欲望，能结合教师创设的教学情境和提供的教学信息，以及自己的生活经验和已有知识，通过与学习伙伴间的互动讨论与交流建构知识意义，并在此基础上有所创新。教师应注重发挥教育机智，捕捉不断生成的新的目标及新的主题，使学生在生成性发展中，保持探究的积极性，加深认识和体验,更好地发挥创造性。

在多元互动教学模式下,课堂是动态生成的,它处于一种变动的状态。因此,教学中的对话和活动并不是事先预演好的,教师应根据学生的学习情况随时、大胆地调整教学设计,应学生而动,应情境而变,捕捉稍纵即逝的教育契机。只有给予学生思维飞扬的空间,才能实现他们知识的建构、情感的升华,才能使课堂教学显露勃勃生机。

遵循生成性原则,教师应做到以下三点:

第一,营造适宜新知生成的教学氛围。教师在教学过程中营造轻松和谐的课堂气氛,建立融洽的师生关系,形成互相交流、互相研讨、互相启迪、共同发展的课堂氛围,使学生毫无顾虑地表达自己的见解,灵活地处理和转换所接收到的信息,激扬自己的思维,将思维的"火花"与他人共享、共研、共识,促进新知识的生成和知识体系的建构。

第二,提供丰富有效的学习信息。丰富的学习信息来自教师创设的学习情境,来自学生间的相互交流和相互启迪,来自生活。在多元互动教学模式下的课堂教学中,学生的思维是积极而活跃的,在师生间、生生间的互动交往中,筛选有效的学习信息,与自己已有的知识基础、生活经验、情感体验相互碰撞、相互融合,促进新知识的生成和建构。

第三,注重把握教学过程中生成的新的知识增长点。教学不是知识的传递,而是知识的处理和转换。在教学过程中,学生通过师生间、生生间知识的交流、情感的传递、思维的碰撞,会产生一些思维的"火花",这些"火花"中蕴含着丰富的思维内容,蕴含着学生新的知识增长点。教师应把握住这一新的教学支点,倾听学生的看法,洞察他们想法的由来,并以此为支点,进一步丰富互动内容,引导学生展开研讨。同时,适时地将学生的思维空间由课内拓展到课外,由知识领域拓展到生活领域,使新知识的生成完整而深刻,从而促使学生建构更深层次的知识意义。

(六)思维性原则

发展学生思维能力是课堂教学的核心。教学中要使学生掌握科学的思维规律和正确、灵活的思维方法,培养他们思维的深刻性、灵活性和创造性。

从本质上说,多元互动教学模式下的课堂教学是师生思维双向活动的过程。多元互动教学模式下课堂教学的重点,就是要引导学生的思维活动,尤其是发展学生的创造性思维。因此,教师在教学过程中应加强创造性思维的训练,努力培养思维活跃、具有创新精神的人才。

多元互动教学模式中的思维性原则包括以下四个方面:

第一,教师应结合自己教授的学科知识,有意识地进行创造性思维的训练,以突破学生的思维定势。多元互动教学模式下的课堂,提倡思维开放式教学,要求学生不要死记硬背书本的答案和教师的结论,而是围绕中心议题进行发散思维,探究和发现各种有效的解决方法,从而创造性地解决问题。

第二,教师在教学中应对教材进行补充和拓宽,挖掘教材内容的思维因素,构建基础性知识与探索性、思维性知识相结合的教学体系,培养学生思维的创造性。

第三,教师应培养学生在独立、充分的思考中建构知识意义的能力。教师要启发学生善于思考,诱导学生善于通过分析、比较、综合、概括等思维过程,主动获取知识;教师要给学生以思维的自由和表达的自由,不要强求一致,不要急于求成地替代学生的思维和想象。同时,教师要围绕中心任务设立阶梯式的、循序渐进的问题,让学生依据自己积累的经验去一步步探究和解决,并在问题的依次解决中,促进其思维的深刻性;教师还要培养学生敢于暴露自己在思维过程中所碰到的各种疑问、困难、障碍的勇气,并发动大家共同研究解决,切不可贪图方便,舍不得时间,而用讲解甚至直接灌输来代替。

第四,教师的设疑要有足够的思维量,要强化学生的思维过程,把教学活动变成全体学生的思维体操,使之"跳一跳就能摘到桃子"。

(七)情感性原则

在教学中坚持情感性原则,不仅体现了教育的本质,而且是培养学生学习兴趣和学习热情、增强学习动机的重要手段。课堂教学对于学生来说是一种特殊的生命历程,学生在学习中不断体验着学习的乐趣、成功的喜悦和生命成长的幸福。因此,课堂教学中所包含的情感体验也是多元互动教学模式的一个重要环节。

实施情感性原则要求教师要把满腔热情投入到课堂教学中,教师的情感不仅影响着自己教学思想和教学语言的表达,更为重要的是影响着学生的学习状态、情感状态和发展状态。在多元互动教学中,师生间不仅有知识的传递和思想的交流,还充满着情感的交往,教师不仅是学生的良师,也是学生的益友。教师在教学中真诚地关爱学生,真诚地发现学生身上的闪光点,为学生创造性思维火花的闪现而欣喜,以情育情,激发学生的学习热情。

实施情感性原则要求教师应努力营造情感课堂。师生、生生之间充满情感交流,充满成功的体验。同时,教师在教学中要做到因材施教,用不同尺度要求不同情况的学生,力求激发学生对学习积极的情感和态度。

教师在教学中要充分认识到情感与创新思维的关系——没有情感就没有活跃的创新思维。在学习过程中,学生的学习激情会激发出源源不断的奇思妙想,这些奇思妙想是培养创新思维和创新意识的重要支点。因此,多元互动教学模式把"带给学生对生活和学习的激情和梦想"作为教学追求之一,以学习情感的激发来促进学生主动建构对未来生活的憧憬。

教师应主动寻求和挖掘教材中蕴含的丰富的情感因素。每一位教师和每一门学科都有其独特的教学魅力和学科知识魅力。因此,教师要把整个学习过程看成是一个发现美、感受美、欣赏美的过程。在多元互动教学模式下的课堂教学中,教师通过创设适宜的教学情境、合理呈现教材,将知识宝库中的库藏展现给学生,让学生在互动研讨和交流中感受学科知识的魅力,体验学习的快乐。同时,在学习过程中,教师优美的教学语言、机智的教学智慧无不使学生产生心灵和情感上的共鸣,进而受到启发和教育。

教师应积极地促进课堂教学和现实生活的接轨。生活即学习,学习来源于生活。只有把学生的认知学习和生活感知结合起来,才能极大地丰富学生的学习情感,充实学生的精神生活。总之,多元互动教学模式下的课堂教学就是要让学生的情感体验贯穿于整个教学过程中,使学生在学习历程中不断体验探究的乐趣和成功的喜悦,体验学习带给他们的人生意义。

（八）发展性原则

多元互动教学模式下的课堂教学把发展性作为衡量课堂教学效果的标准之一。所谓发展性原则就是指教师应以促进学生的自主和全面发展为出发点和落脚点，充分发挥课堂教学的发展功能，使学生在师生的互动交往中，得到最大限度的发展；同时也使教师在教学过程中，伴随着学生的发展而实现自身的专业化发展。

多元互动教学模式中的发展性原则包括以下六个方面：

第一，教师要树立以发展为内涵的三个课堂教学观：一是课堂教学是促进学生发展的课堂教学本质观；二是课堂教学的价值是促进学生发展的教学价值观；三是追求人人发展和成才的课堂教学质量观。

第二，培养学生建立实现自主发展和全面发展的知识和技能观。学生知识和技能体系的构建是伴随着学生的学习历程不断发展和深化的。学生只有不断学习才能具备自主发展和全面发展的可能，才能使自己的生命历程更加精彩。

第三，促进学生情感的持续发展。让学生在每一节课堂教学中都有情感体验，都能感受到自身情感的升华。

第四，促进学生多种能力的发展，尤其是搜集和处理信息的能力及创造性解决问题的能力。

第五，尊重和关注学生个性的健康发展。要让学生在课堂教学中充分展示自己的个性，张扬自我，在探究中体验成功的快乐；同时，学生通过师生、生生间的互动交流，吸取他人的经验，丰富自己的个性，促进自身的健康发展。

第六，促进教师自身专业化发展。教师在教学实践中，不断吸收和内化先进的教育理论，提高自身的理论素养；同时，在与学生的交流中，提高自己的教育智慧，总结自己的教育经验，丰富自己的教育知识，从而加快自身的专业化成长。

总之，多元互动教学模式下的课堂教学要以学生的发展为核心，坚持学生的发展和社会的发展相统一的方向，既促进学生的自主发展和全面发展，同时又实现教师自身的发展。

三、多元互动教学模式的策略

教学策略就是在学习目标确定以后，根据已定的学习任务和学生的特征，有针对性地选择与组合有关的学习内容、教学组织形式、教学方法和技术，以便形成具有效率意义的、特定的教学方案。它是为达到某种预期效果所采取的多种教学行动的综合方案。多元互动教学模式的策略是能在课堂教学中实现师生、生生间的互动交往关系，激活学生思维，生成丰富的、有价值的教学信息资源，从而促进学生自主发展的教学策略。

（一）情境创设策略

建构主义学习论认为，情境是学习环境中的四大要素之一，学习总是与一定的社会文化背景即情境相联系。教学实践也证明，创设课堂教学情境能充分、有效地调动学生学习的积极性。创设教学情境正是激励、唤醒、鼓舞的一种艺术。在教学中创设生动、有效的教学情境，能充分调动学生学习的主动性和积极性，使学生积极地投入到探索和研究中；能激发学生的学习热情，启迪学生思维，开发学生智慧。

情境创设策略是指创设一种具体活动的场景或提供学习资源，以激起学生主动学习、自主探究的兴趣，激活学生思维，促进互动交往，提高学习效率的一种教学策略。

多元互动教学模式下的课堂教学强调创设真实情境，注重利用多媒体技术创设生动的社会文化与自然情境。同时还强调教学情境的创设应选取学生身边的、感兴趣的、切合学生的认知水平的事例、场景，以此来诱发学生学习新知识的内在动力，促使他们能以最佳的情绪状态投入到教学过程之中，最终实现自主发展。

实施情境创设策略主要包括以下四个方面：

第一，创设质疑情境，变被动接受为主动探究。“学起于思，思源于疑。”学生有了疑问才会去进一步思考问题，才会有所发展，有所创造。因此，在多元互动课堂教学中，教师应牢固树立“‘教’是为学生的‘学’服务”的观念，鼓励学生质疑、发现问题并主动探究。创设质疑情境，让学生由过去的被动接受向主动探索发展，发展学生的质疑思维、独立思考和创造思维。

第二，创设交流情境，变个体学习为互动合作学习。多元互动课堂教学中，教师有计划地组织学生研讨，为他们提供思维摩擦与碰撞的环境，为学生的学习和自主发展搭建了更为开放的舞台。学生在独立思考的基础上互动合作，有利于学生活跃思维，增加思维的广度和深度。因此，在多元互动课堂教学中，教师要创设多种形式、多种目标的交流情境，以促进学生的自主发展。

第三，创设想象情境，变单向思维为多向思维。有研究表明，在人的创造性活动中，想象力的发挥起着重要的作用，它是创造性思维产生的源泉。因此，在多元互动教学中，教师要充分利用一切可供想象的空间，挖掘发展想象力的因素，发挥学生的想象力，引导学生由单向思维向多向思维拓展。

第四，创设生活情境，使知识建构的途径变单一渠道为多向渠道。生活是知识之源，是学习之源，知识是生活的再现和提炼。创设生活情境，就是从学生生活和认知学习的结合点出发，打开学生丰富多彩的生活库藏，强化他们的生活体验，引导学生由生活领域走向知识领域，再由知识领域回归生活世界，拓宽知识建构的渠道，完善自我发展。

总之，创设良好的教学情境不仅能使教师当好学生学习的组织者、引导者与合作者，而且更有利于学生自主、合作和探究学习方式的培养，从而更好地实现学生的发展。

（二）教学问题生成策略

在多元互动教学中，培养学生教学问题的生成能力，既是新课程改革的需要，也是学生思维发展的需要。让学生自主生成问题，培养学生的问题意识，对于培养学生的创新精神和实践能力具有很大的现实意义。

学生的疑问是教学的生长点，是课堂教学资源的开发点。本着这一观点，教学问题的生成策略就是指在教学中充分发挥学生的主体作用，使学生积极体验知识的发生过程，树立问题意识，并在问题探究及解决中实现知识的飞跃。

实施教学问题生成策略要求教师做到以下四个方面：

第一，创设良好的问题生成环境。只有在一个轻松、民主、和谐的课堂氛围中，学生才能完全放松，才能活跃思维，才能自主生成问题。因此，在多元互动教学模式下的课堂教学中，师生间建立的民主、平等、和谐的互动交往关系，能够使学生拥有开放的学习心理，能够消除学生在学习中、课堂上的紧张感、压抑感和焦虑感，增强学习自信心，使学生在轻松、愉快的气氛中，显露灵性，展现个性，发现问题，提出问题；同时培养学生的质疑意识，让学生在质疑和探究中建构知识、培养能力。总之，创设良好的问题生成环境，能够激发学生探究的欲望，拓展学生思维的深度和广度，促进创造性思维的发展。

第二，创设问题情境。在多元互动教学中，教师通过创设问题情境让学生产生认知冲突，使学生在矛盾、疑惑、惊讶中自然生成问题，形成探究、解决问题的动机，并在问题的“生成—探究—解决”中，推进教学进程和实现学生发展。

第三，培养学生的观察能力，在科学观察中生成问题。多元互动教学模式主张将学生的课内生活与课外生活紧密联系起来。要求在课内、课外生活中，培养学生的观察能力。从生活与课本知识的结合点上生成问题，及时记录这些问题，并把自己生成的问题与学习伙伴进行交流，在交流中拓展思维，促进发展。

第四，正确处理预设与生成的关系。教学是有目标、有计划的活动，预设是它的基本要求。然而在教学中，有很多问题是无法预设到的，因为学习的主体——学生，其思维是开放的，是具有创造性潜质的。学生带着自己的知识、经验、思想、灵感、兴趣参与课堂教学活动，并成为课堂教学不可分割的一部分，使课堂教学呈现出丰富性、多变性和复杂性。可见，教学是预设与生成的矛盾统一体。当生成的问题不能和教师的预设相一致时，教师应充分利用生成的资源，及时调整教学设计，运用自己的教学智慧，让生成的资源为教学目标服务。

实施教学问题生成策略，关键是教师要重视学生个性化的理解，要让学生自己珍视对教材、生活、现实问题等的个性化体验和理解，要做到“四个鼓励”（鼓励学生向教师挑战，鼓励学生向课本挑战，鼓励学生向权威挑战，鼓励学生向自我挑战），以此培养求异思维，激发学生的创新精神。

（三）整合教学资源策略

教学资源是潜藏于学生自身、学习与生活中，丰富活跃的可用资源。根据学生学习发展的需要，从学生的生活出发，科学地对其加以整合优化，能使其生成巨大的、可持续发展的无限资源，为学生的学习和发展提供广阔的空间。

整合教学资源策略是指在多元互动教学中，教学资源由学校教材转向学生丰富的社会生活，把学生学习的外延拓展到生活的外延，拓宽学生学习和知识建构的渠道。多元互动教学主张在有效的资源整合和拓展中，实现学生的自主发展；主张合理利用和积极开发教学资源，给学生提供贴近自身实际、贴近生活、贴近时代的内容健康和丰富的教学资源；主张积极利用网络信息等丰富的教学资源，拓展学习和运用知识的渠道；积极鼓励和支持学生主动参与教学资源的开发和利用。

在开发、利用教学资源的研究过程中，要把握好三个原则：①适用性原则，即让教学资源的开发适应学校发展和学生发展的实际需要、适应教师专业化成长的需要、适应学习目标达成的需要。②适度性原则，即把握好教学资源整合、优化的度，使其始终为实现师生的发展服务。③实践性原则，即教学资源的开发应有利于学生自主探索，体现学生自主学习和自主发展的过程。只有这样，才能合理地进行教学资源创新，满足学生多样化发展的需要。

实施整合教学资源策略主要包括以下五个方面：

第一，整合学科资源，变封闭为开放，将不同学科的知识连接起来，构成互动资源网。综合化是学科知识与教学发展的必然。在多元互动教学中教师应根据教学发展的需要和学生自身发展的需要，打破学科界限，为学生的学习构建综合化的知识网络，为课堂教学构建一个多学科相互连接的互动资源网，使学生在充满个性的学习过程中活学、乐学，培养综合能力和拓展能力。

第二，整合校园文化资源，变小课堂为大课堂，使静态资源生成为动态资源。校园文化具有鲜明的教育作用。多元互动教学中教师要将校园文化的精髓融入课堂教学中，将学生的校园生活转变为丰富多彩的学习资源，使校园文化的教育作用得以充分发挥。

第三，整合社会生活资源，变狭义学习为广义学习，使书面资源生成为实践体验资源。教育教学要跟上社会发展的步伐，将科技发展的新成果、社会发展中的问题以及大家共同关注的热点问题，巧妙地融入教学资源之中，使学校成为虚拟的社会，使小课堂变成大课堂，让学生在这个大课堂中建构知识，培养创造力，实现自主发展。

第四，整合自然教育资源，增强情感体验，突出人文关怀，拓展学生的教育胸襟。大自然具有神奇的教育力量，是学生智慧发展的重要源泉。在多元互动教学中，教师采取一系列的互动措施，让学生走进大自然，融入大自然，感受大自然的魅力与神奇，不仅可以陶冶学生的情操，增长学生的知识，培养学生发现问题和解决问题的能力，同时还会帮助学生建立起人与自然的和谐关系，开阔学生的胸襟。

第五，整合生本资源，变被动接受为主动探究，促进自主和全面发展。研究证明，学生是天生的学生，有差异的个性，有主动获取知识的需求，有天真烂漫的想象力和强烈的表现欲，更有自我实现的心理需求。因此，现代教育理论认为，学生本身也是重要的教育资源，学生的生活和情感体验、已有知识和学习的内在积极性，是教学活动的动力之源、能量之库，学生的能力只有在自身资源得到合理开发的情况下才能得到提高。因此，多元互动课堂教学中，教师应找准切入点，创设开放的学习环境，充分发掘和利用学生自身资源进行教学，开发学生潜能，使学生在师生和生生互动研讨、交流中实现自我超越和发展。

（四）互动中的合作策略

互动中的合作策略是指“教”与“学”的互动、交往与合作，是师生、生生间的相互交流、相互沟通、相互启发和相互补充；是在教学过程中教师与学生、学生与学生之间分享彼此的思考、经验和知识，交流彼此的情感、体验与观念，丰富互动交往的内容，探寻新的发现，寻求新的发展，从而达成共识、共享、共进，实现教学相长和共同发展的教学策略。

实施互动中的合作策略要求教师做到以下三个方面：

第一，创设互动合作环境，营造互动合作氛围。在多元互动教学课堂上，教师要营造轻松、愉悦的课堂氛围，让学生在无拘无束的环境中自信地进行互动合作。

第二，找准互动合作教学的切入点。教材有着丰富的内涵，学生的思维也各具特色。教师要激励学生从不同角度进行思考，鼓励学生开启智慧之门，多方面、多角度地去探究、追寻与众不同的、个性化的见解，在探究与合作中实现共同发展。

第三，选择适宜内容，促进学生互动合作行为的发生，丰富学生互动合作的情感。教学中互动合作的内容应贴近学生的生活和已有的知识基础，贴近学生的"情感发展区"，使学生能适时地调动思维和情感，投入到互动合作中，并在互动合作中相互启迪，实现共同发展。

四、多元互动教学模式实践准则

多元互动教学模式将社会互动理论运用到教育教学中，将理论知识转换为实践经验，将社会互动缩影到教学互动，将互动发展到多元化，因此，多元互动教学不仅有助于提高学生的学习成绩及语言的应用能力，而且有助于培养学生终生受用的自主学习能力。

（一）协调发展自主学习各要素

1.转变学习观念，增强自主意识

现代教育理论认为，学生不是信息的被动接收者，而是知识获取过程的主动参与者。换句话说，学生要想成为一名合格的学生，要想获得更多的学识，要想得到终身的可持续发展，就不能只靠教师的传授、讲解，还需要学生主动、积极地投入到学习中，独立自主地度过学习艰难困惑期，战胜自己，完善自我。传统的教师观"师者，所以传道授业解惑也"的时代早已一去不复返了，当今奉行"授人以鱼不如授人以渔"。一位优秀的教师不再仅仅是有渊博的学识和独到的见解，也不是能培养出多少尖子生、状元郎，而是如何在有限的时间内，教会学生如何自己去学习。

要想转变学生传统、陈旧的学习观念，培养学生自主学习的意识，内因是关键，外因是条件，外因要通过内因起作用。内因是学生自己，外因是教师、环境等因素。陈旧的学习观念和根深蒂固的传统教学模式，使得学生的自主学习观念淡薄，学习态度被动、消极，学习的功利性较强，这些都不利于培养学生自主学习和终身学习的习惯。根据现代教育学的观点，课程是一个开放的系统，它是"教师与教材、教师与学生、学生与教材之间交互作用的结果"。教学和课程是开放性、互动性、交互性、对话性的，学习的过程不仅是传递知识，而且是学生自主探索知识、构建知识和创造知识的过程。因此，教师就肩负起了重大的责任和义务。由于学生缺乏自主学习方面的经验，并且受到传统尊师、信师理念的影响，教师需要在课堂中有意识地向学生全方位地讲解有关自主学习的理论知识，还要强调自主学习的必要性和重要性，使学生对此有充分的认识，以便在此基础上唤醒学生的自主意识。

2.培养学习兴趣，激发学习动机

学习兴趣是人们渴求获得知识的一种愉快的情绪表现。有研究表明，学习兴趣与学习动机有着密切的联系，准确地说两者呈正相关，即在其他因素一致的情况下，学生的学习兴趣越浓，学习动机就越强，反之亦然。

动机是影响学习的一个关键因素。从不同的角度对学习动机的分类有很多，如从社会语言学的角度，可以将学习动机分为融入型学习动机和工具型学习动机。融入型动机是指学生对目的语的学习具有真正的兴趣和热情，真诚地希望自己能融入、参与进去。工具型动

机则是指把目的语当作一种工具来使用，通过对工具的使用来达到某一特殊目的的学习动机。从认知语言学的角度出发，学习动机又分为内在动机与外在动机。内在动机是指学生的内在因素，包括内在兴趣、态度和认知等。外在动机是指外部因素，包括教师、父母、社会、考试、环境等因素。还有学者将学习动机分为表层动机和深层动机。表层动机是指比较肤浅的、源于外部的动机，比如说证书动机、学业考试等。深层动机则是源于对目的语语言和文化本身的热爱和喜好。除此之外还有一种动机称为外语成就动机。这种学习动机为人类所特有，同时它也是外语课堂学习的主要动机之一。研究证明，成就动机与学生的自我效能感有着密切联系。自我效能感是指人们对自己是否能成功地完成某一项活动或任务的一种主观断定，其实质是对自己行为的一种推测和判断。它对活动或任务的选择、目标设定以及持续性有着很大的影响，同时还决定着面对困境时的态度和情绪等。自我效能感越强的学生在学习过程中越有信心和动力，也更愿意付出努力，在遇到学习瓶颈时也能自我调节、稳定情绪，因此，获得成功的可能性也就越大。

培养学习兴趣和激发学习动机是提高学生自主学习能力的关键所在。所谓激发学习兴趣，即要使学生对所学的知识产生强烈的求知欲，从而使其主动地去接近、认识、探索，最后获取知识。又因为学习动机具有鲜明的多元性、社会性和多变性，因此，学习动机可以通过一定的努力去激发、获取或强化，这需要师生共同的努力。教师应积极地引导学生将外在动机转化为学生的内在动机，这样学习才会更具有持久性。学习内容应当充分体现出生活化、情境化、实用性和社会性，这样才能充分调动学生的学习兴趣和激发学生的学习动机。学习动机可以帮助学生树立正确的目标，克服学习中出现的困难，在竞争日益激烈的环境中，取得更好的成绩。学习兴趣可以激发学生的热情，引导他们积极主动地参与到学习中去。因此，通过培养学习兴趣和激发学习动机，学生可以充分发挥主观能动性，变被动学习为主动学习，增强自主学习能力，提高学习效率。

（二）积极优化教师的教学作用

1.转变教学理念和方法

任何事物的发展进步都离不开科学的先进理论的指导，要想发展教育事业当然也离不开教育理念的更新与转变。传统的教学理念已经不能满足当今社会和教育的发展需求，“以人为本”的先进理念运用于教育事业就要求教师做到坚持“以生为本”的教育理念。转变教学理念和方法需要做到：从过去的应试教育转变到以提高学生综合素质为目标的素质教育上来；从以教师为中心的灌输式教育转变到以学生为中心的自主学习上来；从以知识传授为主的传统教学模式转变到以探索、发现、解决问题为主的互动教学模式上来；重视学生可持续发展能力的培养，改变错误的、压抑学生积极性的教学方式，以引导者的身份出现在学生的学习活动中；树立“以生为本”的教育思想。

2.提高教师素养

推行自主学习，并不意味着消除或减少教师的作用，反而对教师提出了更高的要求。这就需要新时代的教师提高教师综合素养，以适应社会发展的要求和教育现状的要求。

第一，树立教师自主信念。学生自主依赖于教师自主。要想提高学生的自主性和自主学习能力，首先，就要求教师在教学过程中树立起自主的榜样。教师自主与学生自主两者是统一的，不可分离的。前者更是后者的必要前提和重要保障。教师的自主主要是对教师观、学生观以及教育教学活动观三方面而言的。教师在促进学生增强自主、自控和自我责任感，使学生达到自主学习的目标方面，发挥着至关重要的作用。在教学中，教师要提高学生的自我意识，关心和鼓励学生，帮助并指导他们学会自我计划、自我监控和自我评估。自主型的教师要认识到传统意义上教师"教"和学生"学"将不断让位于互教互学，彼此形成一个真正的学习共同体。

第二，提高教师教学实践素养。信息技术环境下，教师教学实践素养包括以下三个方面：首先，教师要能够迅速地适应信息技术条件下教学环境的变化，知道如何合理地选择、熟练地运用教学媒体；其次，教师要能够熟练地使用基本的信息技术工具，善于将其组合应用于现代外语教学中；最后，教师要具备获取、筛选、辨别、运用信息的基本素养。

第三，丰富教师现代教育理论素养。教师必须在一定程度上熟悉最新的外语习得理论、教育学理论、心理学理论、外语教学法等，以便对外语习得和外语教学的特殊性有清醒的认识，善于运用不同的教学理论指导自己的教学实践，对教学计划进行积极主动的检查、评价、反馈、控制和调节。

（三）全面改善学生的学习环境

1.优化信息技术学习环境

随着人工智能领域研究的深入、信息技术的不断发展、信息资源的不断丰富，信息技术学习环境正朝着人性化、个性化方向发展。网络的共享性、开放性、交互性以及信息资源的无限扩张及其在教育领域的渗透，为学生的自主学习创造了良好的外部环境。支持"教"与"学"的信息技术环境一般可以分为两类：一类是个别化远程学习环境，如校园网、电子阅览室、基于网络资源的自主学习环境等；另一类是班级授课制下的信息技术环境，如基于网络教室和多媒体教室的自主学习环境。通过多种环境的支持作用，学生能够有效地自主学习，增强课程的学习效果。信息技术对构建自主学习环境具有全方位的支撑作用，作为自主学习的学习工具，促使学生能学；作为自主学习的学习资源，促使学生想学；作为自主学习的交互平台，促使学生会学；作为自主学习的评价体系，促使学生坚持学。教师要正确认识信息技术的作用，解决由信息技术运用于大学英语教学实践导致的操作层面出现的问题和认识上的误区。要想科学、合理地运用多媒体信息技术需遵循以下三点建议：①在大学英语教学中，多媒体教学模式与传统教学模式要一并使用；②在选取多媒体教学素材时，要注意多媒体课堂的"人文关怀"；③根据每单元教学的实际情况来决定是否使用多媒体。

2.营造良好的自主学习氛围

教师要努力为学生营造良好的自主学习氛围，培养学生的自主学习能力。在教学中，良好、和谐的教学氛围和民主、平等的交往关系是学生自主学习的前提。因此，教师要解放学生的思想，改变那些制约学生发展的思维定式；引导学生根据自己的兴趣、爱好和特点自主选择学习内容；坚持将无拘无束的学习空间还给学生，提倡合作、探究、自主的学习方式，真正给予学生学习的自由。教师在教学中不能居高临下地进行情感施舍，要做到平等交流，真诚沟通。教师与学生在地位和人格上都是平等的,因此,师生之间应相互尊重,成为良师益友。这样教师也就能在课堂上营造一种亲切、融洽的教学氛围,从而为培养学生的自主学习能力奠定坚实的基础。

第三节　新媒体背景下大学英语多元互动教学模式

一、新媒体背景下多元互动教学模式中大学英语教师与学生角色的转变

近几年我国的科技水平得到快速提升,使得大学英语课程的教学模式逐渐朝着多样化方向发展,其中多元互动教学模式打破了传统的教学观念及教学方式,有效提升了大学英语的教学质量。这种教学模式通过转换师生之间的角色关系,促进了教师与学生的沟通与交流及良好师生关系的形成,对大学英语教育具有重要意义。

(一)多元互动教学模式的理论依据

多元互动教学模式是在新媒体背景下,以信息技术为核心发展而来的一种新型教学模式。主要表现为在传统教学模式中融入多媒体技术,并促使二者有机结合。建构主义是多元互动教学模式主要的理论依据,建构主义理论认为学习的本质是在学习经验的基础上,对新知识进行自主建构。建构主义着重强调学习的主动性,同时强调在课堂教学中学生是主体,而教师只是作为指导者帮助学生学习。多元互动教学模式实质上是一种互动式的教学方式,通过加强师生之间的互动来提高课堂教学质量。在传统教学模式下,教师与学生在课堂教学中的互动主要有三种类型,即人与人的互动、人与多媒体的互动、人与学习资料的互动。其中人与人之间的互动包括教师与学生、学生与学生之间的互动、沟通与交流;人与多媒体的互动主要是,通过大学英语教材中自带的光盘,辅助教师完成课堂教学;人与学习资料的互动主要是,教师将大学英语教材作为主要的参考依据向学生传授英语知识,而学生将英语教材作为学习资源。多元互动教学模式打破了传统的教学模式,同时转变了教师的教学理念,使得以学生为主体的课堂教学方式逐渐成为大学英语课堂教学的主体模式,在向学生传授一般性的英语知识的基础上,进一步培养了学生对所学语言知识的应用能力,并在一定程度上增强了学生的自主学习能力,为学生今后的发展与学习奠定了基础。

(二)英语教师角色的转变

英语教师要转变自身角色,帮助学生培养自主学习能力,这样做有以下三点好处:

第一,可以保证学生主体地位的落实。在课堂上,呈现出来的是以学生为主体的主动学习过程。从学习内容和学习方法的确定,到学习过程的组织、反思、评价,都是以学生为主体因素来展开的。

第二,可搭建起学生的学习活动与知识建构的桥梁。在教学中,网络自主学习是通过学生的一系列自主性学习活动而展开的,在这一活动中,学生参与学习的每一个环节,都能使其获得全程性的体验与感受。这不但能使学生的知识得以生成和建构,而且还能使学生的自我价值得以实现。

第三,可使自主性学习与课堂教学在开放中走向融合。网络自主性学习与课堂教学本来不是同一范畴的概念,但网络自主性学习却可以基于课堂而存在,甚至超越课堂而存在。这种状态既可以真正拓展自主性学习的外延,又可以使课堂教学的过程与效益得到真实的延伸。

1.教师是英语课程的开发者

在传统的英语教学模式中,大学英语教师所使用的教材大多是国家统一编订的,教师仅仅是英语课堂教学中知识的传播者与讲授者。由于学生语言基础以及学习能力的差异,传统的英语课程无法满足不同层次学生的需求,因此,教师应在多元互动教学模式下将自己在课堂中的角色转变为课程的开发者。

首先,教师应与时俱进,学习有关现代语言理论、学习理论等方面的知识,并根据多年教学经验,掌握英语教学的发展趋势,同时借鉴优秀教师的教学经验,不断反思自身的教学过程,不断提升自身的理论水平及教学能力。其次,教师在课堂教学中应将以多媒体技术为核心的现代化教学方式融入课堂教学,并利用多媒体自行制作课件、微课视频等,在课堂上为学生播放,充分调动学生的学习热情,使学生可以将注意力集中在课堂教学中;在为学生详细地讲述理论知识后,为学生预留出一段自学时间,使学生可以在课堂教学中,充分发挥主观能动性,通过对问题的思考与探索,不断提升自身的学习能力。

2.教师是课堂教学活动的组织者

在互联网络技术高度发达的现代,大学英语教师可以充分利用网络上现有的各种学习资源进行教学活动,以提高课堂教学质量。英语教师可以在课堂教学过程中,将教学大纲作为主要的参考依据,通过对学生进行全面、综合的评估选择适合学生的英语教材,并根据学生的学习状况及教学任务与要求,制订教学方案与教学目标。在发现学生使用学习软件时,教师应针对学生的学习情况进行跟踪调查,在学生遇到学习方面的问题时,可以及时给予学生正确的引导,以保证学生的学习质量及学习效率。与此同时,英语教师应在课堂教学的过程中利用多媒体组织一系列的课堂活动,充分调动学生的学习热情,以保证课堂教学的顺利完成。例如:教师可以通过互联网为学生布置作业、组织学生进行课堂讨论,同时还可以在课堂教学的过程中,为学生播放具有教育意义的英语电影,以提升学生的听力水平。

3.教师是学生学习的指导者

随着多元互动教学模式的逐渐普及,英语教师应充分认识到学生的主体地位,将自身看作学生学习的指导者。英语教师应根据学生在课堂教学中的表现,以及学生自身的实际情况,为学生制定学习目标,做到因材施教,同时针对学生在学习过程中所使用的学习方法,给予正确的指导,并及时对学生的学习成果进行评价,帮助学生树立学习信心。我国互联网技术现在处于高速发展阶段,教师可以通过网络为学生搜集符合学生当前学习状况的学习资料,结合学习资料采用正确的方式对学生加以指导,在学生学习的过程中,充分发挥监督职能,促使学生在教师的指导下形成良好的语感,并培养出高度的学习兴趣,从而调动学生的学习积极性,培养学生的自主学习能力。

(三)学生角色的转变

在新媒体背景下的多元互动教学模式中，教师与学生所扮演的课堂角色均发生了不同程度的变化。学生在课堂教学中的角色主要发生了以下三种变化：

第一，成为学习的自主构建者。学生在多元互动教学模式下，由传统的被动接受者转变为学习的自主构建者。随着互联网络技术的不断发展，各种学习软件应运而生，将学生需要学习的英语知识放到互联网上，学生可以根据自身的学习情况及学习进度选择不同的学习内容，从而将学习过程自主化，同时合理安排学习时间，以提高学习效率。此外，学生在课堂学习的过程中，可以运用多媒体软件获得丰富的学习资源，自主选择学习内容及方式，还可自主分配学习时间。这样不仅能提升学习的自主性，还能提高学习兴趣。

第二，成为学习的主体。在多元互动教学模式下，学生应明确自身的课堂主体地位，要求教师利用丰富的教学资源以及多媒体技术，在课堂教学中为自身创设贴近课堂教学的情境，使其在学习的过程中可以更加深刻地理解英语知识，同时提高英语知识的运用能力。

第三，成为学习活动的参与者。互联网技术的不断发展为学生创造了良好的学习条件，同时也为学生提供了更加丰富的学习资源，学生可以在学习过程中通过网络学习平台获取信息，不断完善自身的学习方法，同时根据自身存在的问题，合理地选择学习内容。通过网络，学生可以将自身与社会紧密地联系在一起，在网络平台内与其他学生进行沟通、交流、讨论，在与他人的合作学习中不断提升自身的学习能力以及解决问题的能力，从而有效提高学习效率与质量。

多元互动教学模式中，互动式助学是其中一项重要特点。互动式助学主要包括在资源助学，课堂助学，网上同步、异步助学这三个方面，形成教师与学生、学生与学生、学生与教学平台的互助形式。其中资源助学主要是指教师可以通过互联网获取更多的教学资源，从中整理出有助于学生学习英语的知识，作为课堂教学中的补充与扩展，从而增强与学生之间的互动。课堂助学主要表现为学生与学生之间的沟通、交流、学习，这种方式可被视为协助教学，是学生自主学习的表现。在新媒体背景下，学生通过网上沟通、交流，形成一种良好的助学方式，可以有效地提高学习质量。网上同步、异步助学主要体现在教师与学生之间的沟通与交流，通过教学平台实现师生之间的良好互动，有效地弥补学生学习时间的不足，有效地促进学生学习质量的提升。

二、以学为主、多元互动——信息技术环境下的大学英语教学模式研究

多元互动教学模式是依托于信息技术的一种新型的教学模式，通过开展课内课外、线上线下的有效互动，促进学生的自主性学习与研究性学习，充分体现了以学为主的原则。

(一)多元互动教学模式的实施类型

与传统外语教学中的互动观不同，多元互动教学模式不再局限于课堂内师生间单向或者双向的互动，而是延伸到课外以及网络虚拟空间的三维环境中。通过开展课内—课外、线上—线下的有效互动，构筑“课堂学习＋集体合作学习＋个性化自主学习”的大学英语教学体系。多元互动教学模式的实施过程中，常见的实施类型主要有师生互动、生生互动和生机

多维互动三种。

1. 师生教学互动

师生互动包括课堂互动和课下互动两部分。在第一课堂中，发挥教师教学行为的激励、指导和促进的功能，进而增强课堂互动效果，提高课堂教学的有效性。许多大一新生，由于其思维方式、学习习惯等尚未发生转变，不具备一定的自主学习能力，不能充分利用大学英语的学习资源和环境，因此，还需要教师的积极介入，给予引导，填补其元认知学习策略。

课堂互动和课下互动都是不可缺少的，体现在以下两方面：首先，互动的课堂是多元互动教学模式最重要的组成部分，课堂教学仍然是大学英语课程不可或缺的教学形式。但是这种互动并不是全盘否定传统课堂的知识讲授形式，因为教学的主要目的仍然是使学生系统地学习知识，并掌握专业技能。这种课堂互动需要教师改变和创新教学方法，即在互动的课堂环境中，教师需要设计形式多样的课堂问答、练习、小组活动、课堂自主学习任务等，使学生在完成各项活动的过程中学会新知识并加以巩固，同时使知识学习过程由枯燥变得有趣且容易接受。其次，师生间在课下的互动也是师生互动中的重要部分。现代信息技术的发达使得这种互动不再受时间和空间的限制，教师可以利用邮箱、Blackboard 教学平台、QQ、微信等媒介对学生进行同步或异步的指导。无论是课上的互动还是课下的互动，教师和学生的角色都发生了巨大的转变，教师不再是知识的传授者，而是扮演着更加多元化的角色——知识的启发者，互动活动的设计者、导演、参与者和裁判员，也是学生学习的引领者和解惑者。学生也从一个被动的接受者变成主动的参与者。

在教学过程中，教师应设计和挑选与学生生活密切相关的话题，诱发学生交流的兴趣。使用计算机网络和各种教学软件，将单调、乏味的课本知识形象、立体地呈现在声音、图像和动画中。同时，根据学生的信息反馈，结合学生的认知、情感，设计适合其生理、心理特点的各种活动任务，营造民主、和谐的课堂氛围。教学过程中，教师与学生通过提问、个体发言、评定回答和错误处理等形式进行互动。

2. 生生互动

生生互动（即学生之间的线上或线下互动）是课堂互动的自然延伸和补充，弥补了课堂上时间有限、学生使用英语交际不足的缺陷，扩展了英语学习的时空范围，强化了学生在真实交际环境中应用英语的能力，让学生在体验中学习，在学习中体验。这样做是因为，一方面，英语作为一种交流的工具，只有在实践应用中才能被学生更好地掌握；另一方面，学生在完成教师布置的作业和小组任务的时候，需要进行互动，这有利于提高各项学习策略。学生与学生之间的互动形式主要有以完成任务为目的的双人互动（如进行双人对话）、角色扮演（如完成话剧表演）和小组讨论（如辩论赛）。实施环境可以是寝室、英语角、自主学习体验中心等课外场所。生生互动的形式多种多样，学生可以和自己的同伴进行两人或多人间的直接会话，也可以借助网上聊天室、微信群、电子邮件等进行文字或语音交流，建立学习共同体。学生可以以小组的形式就英语学习进行讨论，分享信息及交流心得，通过合作互动达到意义共建和完成学习任务的目的。这一过程中学生可以了解到互相帮助和小组合作的重要性，并能够学会如何扮演好自己在小组中的角色，有利于提高其社交能力。

3.生机多维互动

随着智能手机成为学生学习生活中不可或缺的交流工具，学生上课时偷偷使用手机聊天、打游戏等问题影响了教育教学质量。教师应当因势利导，指导学生如何利用手机进行英语的自主学习。各种练习词汇、阅读、听力和口语的手机 App 可以帮助学生提高对英语学习的兴趣，同时进一步挖掘其英语学习潜能。

大学英语教学内容难度较大，学生在学习的过程中可能会觉得比较枯燥，因此，大学英语教师在课堂教学的过程中利用互联网技术将两者充分地结合起来，将会在一定程度上增加大学英语教学的趣味性。在大学英语教学过程中，采用互联网技术进行辅助教学，能够有效实现学生与教师之间的异步交流和同步交流，加强学生与教师之间的有效互动。大学英语教学在互联网技术的辅助下，实现了多样化和多元化的发展，教师利用互联网技术创设更多教学情境的同时，学生还能够利用互联网学习平台构建自身的英语理论体系。由此可见，互联网技术在一定程度上能够丰富大学英语教学的教学场所和教学内容。互联网技术在大学英语教学中的应用，使大学英语教师与学生之间可以通过聊天软件、高校论坛、网络留言等进行沟通交流，英语教学的时间和场所的限制壁垒被互联网技术打破，学生更能进行自主化学习。在当前形势下，学生与互联网技术下的计算机的互动已是必然趋势，生机多维互动模式应运而生。

在生机多维互动模式中，计算机、手机等设备扮演着多种角色，既可作为课程指导者，也可作为学习同伴，使英语教学真正做到虚拟化、个性化和自主化。生机多维互动以多媒体语音实验室、网络教室、基于校园网的学习平台、校园网络论坛等为信息载体，学生可以利用海量的网络资源进行学习并与信息资源环境(教学内容和教学媒体)进行互动。学生可以根据自己的学习目标自行选择学习内容，自主控制学习进度，从而极大地满足个性化和自主性的学习需求。同时，在学生利用网络资源进行生机互动的自主学习过程中，教师需要随时给予合理的指导，帮助学生提高元认知策略，即如何制订、反思学习计划并依据实际情况适时进行调整。

(二)“以学为主、多元互动”教学模式的特点

大学英语互动教学模式既关注教师如何“教”，也关注学生如何“学”。围绕着“以学为主”这一根本原则，通过调动教师和学生的主动性和积极性形成全方位、多层面的和谐互动，提高教学效果。与传统教学模式相比，多元互动教学模式具有如下特点。

1.教学方式的交互性

多元互动教学模式将教学方法、教学手段、教学内容、教学组织形式交织为互动的一体，各种教学互动形式如师生、生生、学生与计算机之间是有机关联、相互交融的。交互性促使学生全方位地进行感受、判断、适应、实践，调整自己的学习行为，从而使教学呈现出丰富性、多变性和复杂性的“多元互动”局面。

2.教学环境的开放性

网络环境丰富了英语学习的教学资源，拓展了学习渠道，各种信息在开放的范围内交流，使教学呈现出开放性的特点。这种开放性赋予了学生更大的学习主动权和自主权，给教

学活动本身带来随时、随地、随意的互动便利，并产生自适应性。学生可根据自己的特殊情况和学习要求，自由选择学习的内容、方式、时间和地点，在学习的过程中，自己搜集信息、分析信息、理解信息，自主控制学习过程和进度。但它并不是放任自流，教师要采取必要的学习监控、测评措施，维持教学活动中经常性的联系和多种形式的互动对话关系，以保证学生不会偏离教学的主题。

3. 学习过程的情境化

多元互动教学模式发挥了信息技术的超强教学功能，为学生提供丰富的语料和语境。教师利用多媒体设备模拟语言环境，创设情境化的语言实践活动，突出语言知识在真实生活中的应用。让学生在一个真实或仿真实的社会情境中学习、协作以及探究，给予学生真实体验。在合作互动中，学生不仅训练了听、说、读、写各种技能，还接触了大量真实语料和英语文化，获得了新的信息，弥补自己的信息沟。同时，情境化的学习环境也有利于学生发挥情感因素在语言学习中的作用，增强其认知能动性。

4. 师生关系的平等性

传统的大学英语教学中，教师与学生之间往往是"权威—顺从"的关系，缺少平等的对话。多元互动教学模式中，教师的角色发生了变化，教师不再是权威或单纯的知识传授者，而是教学课件的制作者、教学过程的组织者与引导者、知识传授的筛选者和课堂活动的幕后导演，与学生之间是平等、友好的关系。教师尊重学生的人格和经验，鼓励和培养学生自主探索、互动协作和实践创新的精神，营造宽松、和谐的互动学习氛围，消除了师生距离，极大地增强了学生的教学参与意识，使学生积极主动地参与整个互动教学过程。

5. 评价体系的多样性

教学评价是大学英语课程教学的一个重要环节。全面、客观、科学、准确的评价体系对于实现课程目标至关重要。多元互动教学模式的课程评价采取"学生自评＋同伴互评＋教师评价"的形式，既对学生的外显语言行为进行考核，更关注学生在互动学习过程中的体验、经历、情感以及态度的变化，激励学生有效地参与自主学习英语的过程。

形成性评价以学校自主学习系统的记录、课内课外活动完成情况，以及阶段学习任务测试为依据，帮助学生调控自己的学习进程和策略，使学生获得成就感，增强自信心，培养合作精神。

依托信息技术支持，多元互动这一新型大学英语教学模式拥有诸多非信息技术教学模式所无法比拟的优势。作为一种以强调平等、合作为鲜明特点的教学模式，它更加符合语言习得规律，促进了自主性学习和研究性学习，有利于全面提高学生的英语综合应用能力、跨文化交际能力和自主学习能力，与我国当前大学英语教学改革的理念是不谋而合的。但是也应看到，这一教学模式对英语教师的信息化教学素养和教学的软、硬件环境有着较高的要求，因此，在具体实践中存在着一些制约因素。在教学实践中英语教师应该针对具体的教学目标、条件和内容，大胆尝试、积极探索，灵活选择和运用不同的教学方式，力求达到最好的教学效果。

（三）基于网络环境的互动式教学模式的实施策略

1. 学生个别化自主学习——教师导学

学生个别化自主学习是在教师的引导下，由学生自主制订个人学习计划，利用多种媒体和网络学习某一课程中的一个单元，然后再导入下一单元继续学习的循序渐进的过程。

（1）制订个人学习计划

在每学期初，学生根据网上教学平台提供的教学大纲、教学实施意见等教学资源，了解大学英语课程的特点和教学要求，并根据自己的实际情况，制订出个人学习计划。教师负责课程的教学大纲、实施意见等教学资源的提供、学生学习计划的审核以及实施过程的检查。学生和教师可以通过在线讨论、E-mail、微信、QQ 等方式相互沟通，实现学生个别化自主学习和教师导学的互动。

（2）利用媒体和网络学习

学生在教师指导下，根据需要并结合自身特点，有选择地利用各种媒体进行自主学习。如阅读该课程的文字教材，通过在线平台提供的虚拟课堂以及教学平台的直播课堂进行在线自学，还可以充分利用教学平台上的问题咨询、在线讨论、学习自测、作业讲评、课件、案例库、考前练兵、学术动态、资料室等栏目，以及教学平台上的 IP 课件、重难点辅导、电子教案、平时作业、自检自测等丰富的网上教学资源，进行自主学习。

教师应对教学平台上的 IP 课件、重难点辅导、电子教案、平时作业、自检自测等资源定期进行维护和更新，针对课程中的重点、难点问题，通过双向视频对学生进行辅导。教师应通过在线讨论、E-mail、微信、QQ 等方式帮助学生把握重难点问题，指导学生通过网络收集相关信息资料，完成课程的自主学习和自我检测。教师有针对性地进行辅导，不仅可以帮助学生理清知识体系，使学生的学习更加条理化、系统化，而且能够有效提高学生的自学能力。

（3）导入下一单元

经过学生自学和教师引导，学生基本上掌握了一个单元的知识点、重点及难点，将进入下一阶段的自主学习过程。此时，教师必须对下一阶段的学习内容、学习方法进行指导，为学生自学后面的知识奠定基础，以提高自学的质量。教师可以通过在线讨论等方式了解学生对于某个单元知识点的掌握情况，然后再有针对性地引导学生进入下一阶段的学习。

（4）结语

学生个别化自主学习—教师导学是师生间互动性较强的一个环节。学生在自主学习过程中遇到任何疑难问题均可以通过在线讨论、E-mail、微信、QQ 等方式与教师进行交流，从而提高学习兴趣，培养自学能力。教师导学不仅可以引导学生有计划地学习，还可以帮助学生将课程各章的知识点连接起来，系统地纳入自己的知识结构中，并在脑海中形成一个知识网络体系，逐步构建自己对该学科认识的完整理论框架。

2. 小组协作学习——教师助学

小组协作学习是在教师的指导下，学生组成学习小组进行协作学习。小组协作学习包括重难点讨论、案例讨论、学习方法交流等主要内容。

（1）重难点讨论

重难点讨论是学生就个别化自主学习过程中遇到的重点、难点问题，在小组协作学习过程中展开讨论。这种讨论可以以小组成员会面的方式进行，也可以通过小组在线讨论、E-mail、微信、QQ等方式就某一问题陈述自己的观点。教师可以在线辅导，或者同样通过网络方式与学习小组交流，帮助学生解答疑惑。

（2）案例讨论

在教学过程中，为了让学生更好地理解相关概念，英语教师可以穿插一些案例教学。教师可以通过网络方式给学生布置案例作业，让学生分组进行在线讨论，然后小组与小组之间就自己的观点展开辩论，教师通过网络进行点评，辅助学生掌握相关的原则、方法。学生之间、学习小组之间、学生与教师之间的互动，不仅可以培养学生的学习兴趣，而且可以进一步加深学生对于知识点的理解和掌握。

（3）学习方法交流

学生在小组协作学习时，可以相互交流自己制订的学习计划、利用网络媒体进行学习以及与教师沟通过程中的心得体会。通过这种交流，学生不仅可以学习到更多、更好的学习方法，还可以了解自己过去学习中的不足，及时调整和改进自己的学习方法。教师也应积极参与学生的讨论，总结经验，把更多、更好的学习方法与学习经验介绍给学生。

（4）结语

小组协作学习——教师助学是学生与学生之间互动性较强的一个环节。学生通过组成学习小组，对各种疑难和案例问题展开讨论，不仅可以加深对所学知识的理解，更能够提高学习兴趣，激发学习潜能。当然，这一过程中少不了学生与教师之间的互动，教师要通过网络媒介及时帮助学生解决学习中的疑难点和认知障碍，为学生提供更多、更好的学习方法。

3. 学生考核——教师促学

学生考核是检验学习效果的一种手段，也是测评基于网络的互动式教学模式是否可行的一个重要标准。考核的环节包括自检自测、形成性考核和终结性考核。

（1）自检自测

自检自测是学生通过课程自检自测题、网上测试等，对自己掌握知识的程度进行了解和评价的过程。学生除了利用在线教学平台上的自检自测题进行自我测试外，还可以利用英语教师根据课程特点编写的自检自测题进行自我测评。教师应定期检查学生学习计划的执行情况、自检自测的完成情况，督促学生按学习进度完成各阶段的学习目标。

（2）形成性考核

形成性考核是对学生学习过程的测评，目的是及时反馈学习信息，加强学习过程的指导和管理。通过形成性考核可以督促学生的学习，了解学生的阶段性学习情况，以便对学生进行个别化辅导或指导；还可以防止学生在期末突击复习应对考试的做法，减轻期末考试对学生的压力。学生可以使用网上智能作业系统完成形成性考核作业。

（3）终结性考核

终结性考核旨在检验学生对英语课程理论知识的掌握情况，更重要的是考核学生分析问题、解决问题的能力。学生终结性考核的成绩往往代表了他英语课程的学习水平。学生可以把教师编写下发的期末复习指导册和教学平台上的期末综合练习题作为复习指南，减轻压力，积极备考，提交符合自己真实水平的终结性评价。

(4)结语

学生考核—教师促学环节是对学生的知识、技能和能力的综合评价，是网络环境下的互动教学模式的重要组成部分。它不仅是检查学生对英语课程掌握、理解程度的重要手段，也是评定教师教学效果的主要依据之一。

第五章　翻转课堂模式下的大学英语教学

第一节　翻转课堂综述

一、翻转课堂的定义与特征

（一）翻转课堂的定义

通常意义上，大家对翻转课堂最朴素的解释就是，将传统的课堂学习和课后作业的顺序进行颠倒，即将知识的吸收从课堂上迁移到课外，知识的内化则从课后转移到课堂，学生课前在网络课程资源和线上互动支持下开展个性化自学，课堂上则在教师引导下通过合作探究、练习巩固、反思总结、自主纠错等方式来实现知识内化。

随着教学过程的颠倒，教与学的流程、责任主体、师生角色、课内外任务安排、学习地点和备课方式等方面都发生了明显变化。与传统意义上的课堂教学结构相比，翻转课堂颠覆了人们对课堂模式的思维惯性，改变了学生学习流程，从新的角度揭示了课堂的新形式、新含义。人们认为，翻转课堂打破了持续几千年的教学结构，颠覆了人们头脑中对课堂的传统性理解，倡导先学后教、以学定教，赋予了学生更多学习的自主性和选择性，强化了师生之间的沟通与交流，其实质是学生学习力解放的一次革命。翻转课堂契合了国家教育信息化发展规划指导思想的核心——创新学习方式和教学模式，被称为是传统教学模式的“破坏式创新”，成为信息技术与学习理论深度融合的典范。

（二）翻转课堂的特征

由以上定义可知，翻转课堂是在传统课堂基础上的一种创新，这恰好反映了翻转课堂的本质特征，具体表现为如下几点。

1. 教学流程的革新

上世纪开始，人类就探索利用教育技术（教学视频）实施教学，如 20 世纪 50 年代，世界上许多地区都尝试过广播电视教育。为什么当年所做的探索没有对传统的教学模式带来多大的影响，而翻转课堂却备受关注呢？这不是视频媒体的错，而是有以下两个原因：

第一，当时的电视技术并不普及，无论是电视硬件设备还是电视教材资源，都极其昂贵。而传统的班级授课形式，成本低、效率高。因此，电视教学并不能取代传统教学形式。

第二，虽然随着信息技术的发展，视频教学资源的制作和应用成本大大降低，一些热心的教育技术专家进行信息技术与课程整合的试验，试图将信息技术应用到课堂教学，并将传统灌输式教学改造为协作探究学习，但由于传统的教学流程并没有给信息技术的应用和协作探究活动留下足够的时间和空间（一节课的时间是恒定的，传授知识的时间不能减少，协作探究就没有时间),大规模的教学改革实验没有取得期望的结果。

延续了四百多年的传统课堂教学,虽然历经无数次的改革与调整,但主要是围绕着教师如何讲授得更好为中心展开的。直到现在,基本的教学流程没有变,即课堂上教师力求深入浅出地将新知识传授给学生,课后学生通过完成作业加以巩固。其主要的优势是运送知识的效率非常高,主要的缺陷是同步性和灌输性。同步性忽视了学生接受能力的差异性;灌输性忽视了对知识的探究,这些都不利于创新型人才的培养和个性化发展。

翻转课堂的教学流程与传统课堂不同,它将知识传授的过程前移至课前,将知识内化过程放在课堂上。学生在课前观看教学视频进行新知识的学习,代替教师的课堂讲授,并将课堂的时间和空间腾出来,让学生完成作业,并进行师生、生生之间的互动和答疑等活动。这样做有如下两个好处:

第一,学生通过观看视频学习,掌握学习的主动性,对自己的学习负责,解决传统课堂教学中学优生"吃不饱"、学困生"吃不了"的问题,实现孔子的"因材施教"教育理想。

第二,翻转学习目标的可操作性,有利于学生对知识的探索和创造。对照布鲁姆的学习目标分类(记忆、理解、应用、分析、评价和创造),与传统的教学相反,翻转课堂将难度最小但需要更多选择权的学习环节(记忆、理解)放在最自由的课前学习时间(学生可以按照自己的节奏和个性掌握视频学习),而将难度最大且需要同伴互助和教师点拨指导的学习环节(应用、分析、评价和创造)安排在课堂上完成,各安其位,各得其所。

根据混合学习理论,一些良构性、基础性的知识适合于用课前接受学习(适合应用奥苏贝尔的有意义接受学习理论进行指导),一些劣构性、复杂性的知识则适合课堂上建构学习(适合应用建构主义学习理论进行指导),因此翻转课堂被认为是接受学习理论与建构主义学习理论的混合应用。

2. 教育理念的变更

翻转课堂的教育理念是由"以教为中心"的教育理念转变为"以学为中心"。翻转课堂被看作"以学生为中心"的学习模式。一直以来,课堂都是以教师为中心,教学就是教师站在讲台上给学生讲课,即使教师将课讲得非常精彩,也总有学生不能融入其中。翻转课堂让教师下台,让学生上台,课堂变成了学生的学习中心。

3. 师生角色的转变

翻转课堂最大的障碍是教师角色的转变。很多研究者认为,翻转课堂通过"传递信息"和"吸收内化"过程的翻转,教师由知识的传授者转变为学生学习的指导者、服务者,学生由被动的接受者转变为主动的研究者。

4. 教学结构的创新

实际上,很多学者认为翻转课堂并没有翻转教学流程,依然遵守从学习知识到内化的时间顺序。他们认为,翻转课堂翻转的是教学结构,即从"学习知识在课堂,内化知识在课外"的结构转化为"学习知识在课外,内化知识在课堂"的结构。

5. 学习活动与学习环境的匹配

按照学习过程是否需要交流协作或独立思考,可以将学习分为独学和群学。独学以独立思考为特征，如知识传授；群学以协作交流为特征，如知识内化。学习环境也有两类：私环境和公环境。私环境如家里，安静、干扰少，适合独立思考，适用于独学；公环境如教室、公共场所，适合交流分享、协作探究，适用于群学。

翻转课堂将"在课堂学习知识，在家完成作业"的方式转变为"在家观看视频学习知识，在课堂讨论学习"，实现了学习方式与学习环境的完美匹配，即适宜群学的学习内容与适宜群学的环境相互匹配，适宜独学的学习内容与适宜独学的学习环境达到高度的统一。翻转课堂的最大潜力和最大特色，可以认为是实现学习活动与学习环境的完美结合与匹配。

6.育人本质与育人目标的转换

无论是教学流程的再造，还是教育观念的转变，无论是师生角色的转换，还是教学结构的翻转，改变的都是课堂教学形式和教学手段，但翻转课堂的核心是适应信息化背景下学校教育变革的需要，改变旧的育人目标并相应地改变教学的环境和形式。

二、翻转课堂与传统课堂的对接

虽然传统课堂教学有着明显的弊端，翻转课堂的优势也凸显出来，但并不是说要完全舍弃传统课堂，而是要求二者的完美对接。具体而言，主要考虑以下几个方面。

（一）学校作息时间安排问题

翻转课堂教学需要学生花费很多的课后时间展开自主学习，要求教师在教学时间上进行合理安排。在翻转课堂教学中，教师不应该占用学生过多的课余时间，应该让他们能够有时间进行自主学习。学生在课后的主要任务就是观看教学视频，进行针对性的练习。

（二）学科适用性问题

理科具有明确的知识点和概念等，因此容易实施翻转课堂。但是，对于文科来说，其讲授的内容比较广泛，需要师生之间展开思想、情感上的交流与沟通，因此这对文科类教师提出了一个大的挑战。

这就要求教师要不断提升教学视频的质量，通过教学视频，将所要讲解的知识点进行概括，将相关的理论加以阐述，让学生在课后查阅相关的资料，并主动进行思考，然后在课堂上与教师或其他学生进行讨论，直至深化对该问题的理解。

因此，对于不同的学科，教师需要采用具体的策略来实践翻转课堂，并从学生的反馈情况入手，对相应的教学情况加以改革。

（三）教师的专业能力

在翻转课堂实施过程中，教学视频的质量、与学生展开互动指导、课前学习任务设计等都需要教师完成，因此在实施翻转课堂时，要加强对教师的培训。在提升教师专业理论水平的基础上，不断提升他们的科研能力；同时，培养并提高教师的技术素质，以便于他们制作出生动活泼、丰富的视频资源。

第二节 翻转课堂模式下的大学英语学习方式

学习方式是人类基本的存在和生存方式，是人的本质体现，也是人的主体性、理性精神的集中体现。学习的过程就是人们不断探究事物本质、不断展开人的理想生活之域、不断升华人的价值和意义的过程。此外，学习方式是学生"致知"的一种手段，学生学习方式的习得和运用是否科学、结构(不同学习方式的分配和组合)是否合理，将在很大程度上影响甚至决定其思维方式的习得和运用，从而影响其实践方式，影响其人生价值和意义的实现程度，并影响其生存方式。由此可见，培养学生的学习方式十分重要。

一、翻转课堂模式下的大学英语自主学习

(一)自主学习简述

1.自主学习的内涵

自主学习的成分主要包括态度、能力和环境三个方面。态度即学习者自愿采取的对待自己学习的态度；能力即学习者应该培养的用于完成自己学习任务的能力与学习策略；环境即为了锻炼自己负责自己学习的能力而提供给学习者的大量机会。还有学者认为，自主学习是独立掌控自己学习的能力，而影响自主学习的因素主要有学习动机、学习策略等。

确切地说，自主学习并不完全是要求学习者自由地学习或者绝对独立地完成某一学习任务，其强调的是学习者发挥主观能动性与自主意识，在教师的主导下有效地利用各种资源管理自己学习的能力，是一种与"他主学习"对立的方式。

2.自主学习的要素

从现代心理学的角度看，学习者要实现自主学习，必须满足三个条件：一是学习者的心理要达到一定的发展水平；二是学习者必须具备内在的学习动机；三是学习者必须已经掌握了一定的学习策略。这三个条件概括起来就是能学、想学和会学。

(1)能学

自主学习要以一定的心理发展水平为基础。在某种程度上，学习者自我意识的发展对其形成和提高自主学习能力有一定的促进作用。

(2)想学

自主学习应具备内在的学习动机。根据现代学习心理学可知，与自主学习相关的内在学习动机的成分具体涉及自我效能感、目标意识、价值意识、内归因倾向和兴趣等。自我效能感是学生对自己是否有能力从事某种学习的判断，是学习自信心在某项学习任务中的具体化。

(3)会学

自主学习应该以一定的学习策略为保障。学习策略大体有两类：一般性的学习策略和具体的学习策略。一般性的学习策略适合于任何学科的学习，如设置学习目标、做出学习计划、管理学习时间、理解学习内容、评价学习结果和调控学习时的情绪等。具体的学习策略适用于具体的学习内容，如做笔记、复述、背诵、划重点、列提纲、做小结、画示意图等。要进行自主学习既离不开一般性的学习策略，又离不开具体的学习策略。

(二)翻转课堂模式下的大学英语自主学习的实施

翻转课堂模式下的大学英语自主学习的实施可以从如下三个方面展开。

1. 学校对于实施自主学习给予的支持

(1)为翻转课堂提供行政保障和技术支持

要实施基于翻转课堂的自主学习，学校应该提供行政保障和技术支持，以确保课堂的系统性。学校的管理者应该建立翻转课堂的教学体系，明确相关的制度和程序，并且配备相应的硬件设施；应该确保所有学生都可以在学校获得技术访问，向全校学生免费开放图书馆内的机房，提高机房的电脑配置，保证教学视频可以在高清画质下流畅播放。与此同时，学校图书馆计算机房的电脑中应该建立一些专门的外语学习资源库，并且由专人定期增加、更新英语学习的电子素材，使学生在公共的学习场所也可以学到专业的英语知识。

(2)制定合理的评价体系

与传统教学模式有所不同，翻转课堂要求学生在课前自主地学习新课知识，课中进行小组汇报、成果展示等活动，这就需要学生除了可以较好地掌握课程内容，还要有一定的自主学习能力、同伴协作能力、自控能力和表达能力等。因此，传统的期末测试成绩不能当作翻转课堂教学模式中对学生唯一的评价方式。学校管理者在政策体制上要注重学生的评价方式、评价内容、评价主体的多元化，为学生制定一些科学合理的评价标准。学生的自我评价、课堂汇报过程中的同伴评价以及学生在网络教学平台上的学习结果均可以当作评价方式，将形成性评价与总结性评价、定量评价与定性评价、相对评价与个体内差异评价相结合。评价内容要侧重学生的自主学习能力、合作能力、英语的表达能力以及对英语学习的情感态度等。评价学生的标准也应根据个体差异而区别对待，并且结合具体情况适时进行调整。

(3)加强自主学习中心的建设和管理

近些年来，为了满足学生个性化学习与自主学习的需要，越来越多的学校关注自主学习中心的建设和管理工作，并投入了大量的时间和经费。如果自主学习中心建设和管理工作都很到位，将利于激发学生对英语学习的兴趣、动机，并在一定程度上提高学习的效率，因为这样学生可以自主选择材料并根据自己的节奏进行学习，还可以随时向教师咨询问题，是一种非常舒适、灵活的学习环境。自主学习中心的建立应该包括如下几个要素：实体环境、英语学习材料、电子设备、咨询服务人员和管理人员。自主学习中心可以设置在图书馆、专门的教室或者学校分配的其他空间。自主学习中心可以为学生提供丰富的英语学习书目、报纸、杂志、音频、视频、网络等。自主学习中心的咨询服务人员通常为兼职教师，他们可以为学生提供建议或意见、回答问题、给予鼓励、提供反馈和评价。为了保证咨询的有效性，这些咨询服务人员上岗前应该接受一系列专业的训练。当然，自主学习中心还要有一些全职教师，主要工作是维持自主学习中心的日常运作，确保中心可以在办公时间向学生开放。

2. 教师对于实施自主学习做出的调整

(1)帮助学生提前了解翻转课堂教学法

在开展翻转课堂之前，教师应向学生简单介绍翻转课堂教学方法的理论框架，使学生对翻转课堂教学方法有基本的了解，并且强调学生在这种教学环境类型中应有的角色和责任，这可以使学生在思想上做好学习方式转变的准备和心理期待。相关研究表明，当学生准备好接受这种学习方式时，将会增强他们的投入感，还会提高这一模式的有效性。翻转课堂教师可以讨论观看教学视频的时间和方式，简单介绍做笔记的方法，向学生讲解如何充分利用课堂上的合作，以及表达如何在理解课程材料方面发挥更积极的作用。这一准备工作将可能提高翻转课堂教学模式的效果。

(2)为学生精心设计课前学习活动，提高学生的自主学习意识

在学习英语的过程中，学生要想增加对探究性话题的认识，应该对教材中的生词、词组和课文进行阅读，并且观看一个 10 分钟左右的在线教学视频，视频中教师会专门解释其中的重点和难点词、句。为了提升学生在课前自主阅读的意识，教师应该在师生交流群中上传单元测验，并且将一些阶段性小测试穿插在视频中，让学生集中注意力学习视频中的内容。这类测试一般不设置难度，因为其目的是让学生自主完成课前活动，而不应给学生带来负担。学生提交完自己的答案后，系统会自动弹出正确答案，可以由学生进行自我评价。

3. 学生对于实施自主学习做出的努力

(1)增强自主学习的动机

学生学习行动的重要驱动力就是动机。动机往往可以促使学生主动为自己制订学习目标并为实现这一目标而努力学习，最终达成学习目标。增强学生的自主动机，是实现自主学习的一个重要前提。首先，学生应该充分利用网上的电子材料进行自主学习。网络给学生的学习带来了巨大的便利和充足的信息，在熟悉了基于网络的学习环境后，学生会发现基于网络的学习的优势是促进学生更加自主地学习。其次，随着社会的快速发展，学生的自主学习意识也不断增强。世界的发展、知识和信息的更新，使得学生越来越意识到自主学习的重要性。

(2)积极参加小组合作活动

在英语翻转课堂中，小组合作活动是一个非常重要的部分，每个学生都应该增强小组内的合作意识，在组内分工明确。学生之间在合作的过程中，能够彼此交流信息或者共同完成某项语言任务，从而将交际策略运用于语言实践。此外，小组活动能够缓解学生的紧张、焦虑等情绪，使学生能更加轻松地学习。通过与同伴的合作，学生的学习效果会有明显提高。

二、翻转课堂模式下的大学英语合作学习

(一)合作学习简述

1. 合作学习的内涵

合作学习是使学生在小组中从事学习活动，并且依据他们整个小组的成绩获得奖励或者认可的课堂教学策略。

2. 合作学习促成的学习结果

合作学习特别注重学生之间的互动、交流，以合作的方式促进学生共同发展，提高学习的效率。一些研究表明，合作学习可以促使学生更为积极地参与学习活动，为了共同的目标一起学习比单独学习会产生更好的成效。在合作的情况下，个体能够找寻既利于自己，也利于小组其他成员的结果，大家通过共同努力促进自己与他人学习效果的最大化。小组的合

作学习可以使小组成员之间形成一种互相促进的关系，同学之间能够互相提供帮助，互相交换学习资源，彼此进行反馈，完成各种有难度的任务，从而大大降低了学生的焦虑情绪，增加自信心，对成功有更高的期望，并且有持续学习的动力。

学生在一起学习，获得知识，并且当他们获得了一个人难以获得的成就时，他们会更加投入，也会更关心他人及他人的成就，与同伴形成和谐的关系，同学之间也会互相尊重，相互激励，将更多的精力放在学习中。所学的知识越困难、越复杂，就越需要同学之间的这种人际关系来作为支撑。

大量的研究证明，合作学习适用于如下情形：

①学习目标十分重要。

②需要深度理解。

③需要长时间记住知识。

④任务复杂或者概念化。

⑤亟待解决问题。

⑥要求发散性思维与创造性思维。

⑦需要高水平的推理策略与批判性思维。

一些简单的记忆性任务则更适合采用个体学习方式。

(二)翻转课堂模式下的大学英语合作学习的实施

1.制定教学目标

在正式开展合作学习之前，教师应该先制定好学术目标和社会技巧目标。其中，学术目标要与学生的水平相适应，社会技巧目标要求教师加强人际交往技巧的讲解。

2.课前准备工作

(1)确定小组的规模

当课程目标明确了之后，教师还要确定小组的规模。通常，一个合作学习活动以2～4人为一组。小组的规模往往会受材料和设备等情况的制约。时间越短，小组规模就越小；小组规模越大，为各小组准备的材料也就越多。

(2)对学生进行分组

在对学生进行分组的过程中，教师一般要考虑如下几个方面的问题：

①教师应该按照学生的能力进行分组，一般将能力水平各不相同的学生安排在一组，也就是同组异质。只有在这样能力有差异性的小组中，学生才可能更全面、深入地习得知识。

②教师应考虑是否将任务导向学生与非任务导向学生安排在一个学习小组。为了保证非任务导向学生参与任务，将他们与任务导向学生放在同一合作学习小组中，这样利于其发挥水平。

③教师应该考虑究竟是由学生自己选择合作伙伴还是教师指定。通常，教师组织的小组都比较理想，当然，这里的安排也可以是随机进行的。由学生自己组成的小组往往有更高的同质性。此外，自由组合小组也是一种可以选择的方式，即先让学生列出他们理想的组

员,然后从组员中选出一个人与教师选的其他两三个人组成一个学习小组。

④教师应该考虑小组活动持续的时间。显然,这一问题并没有统一的标准。合作学习小组成员可能在一个学期或学年都不变,也可能仅维持到某个课程、单元或章节结束。最好的办法是让学习小组成员关系维持到他们能够成功地完成任务为止。

3. 安排活动空间

活动的场所往往决定了小组的活动方式,也影响着小组作用的发挥。在活动空间上,学习小组成员之间要尽量接近,以便交流和共用材料;小组与小组之间应彼此保持一定的距离,以免互相干扰。

4. 为学生分配材料

教师分配材料主要可以采用如下三种方法:

①教师将材料分配给学生,让他们以小组比赛的形式组织合作学习,以激发组员间的合作学习意识。教师宣布全部成员都表现得最好的那个组获胜。

②教师分给组员不同的参考资料,这些资料是需要各组员综合运用的;或者将资料像拼图一样切成几块,给每个学生一部分,让他们共同来完成拼图。

③只给每个小组一份材料,学生必须共同合作一起完成任务。

5. 为学生分派职责

通过为各组员分配互补的任务,让他们形成积极的相互依赖。除了学习知识的职责之外,每个组员还可以承担一些其他职责,包括叙述概念和策略的运用,复述小组的主要结论,为小组搜集资料并与其他学习小组及教师交流,纠正组员在阐述中的错误,确保组员都能有条理地阐述结论的获得过程,记下小组的决议和校订小组的报告。

6. 监督和介入

①对组内各成员的行为进行监督。在合作学习活动中,教师应该观察每个学生的学习表现。其目的有两个:一是了解学生在学习中的收获与困难;二是发现合作学习中出现的问题。在合作学习中,学生的思维会表现出来,此时教师就会发现学生是如何分析资料的。

②教师应为学生提供必要的学习帮助。在监督合作学习时,教师应明确完成任务的步骤和策略,解答学生的问题。

③教师应该向学生教授一些社交技巧。当发现学生存在问题后,教师应该向学生传授一些更为有效的合作学习方法,以及在小组合作活动中需要的社交技巧。需要指出的是,教师的介入应该适时,并且要保持耐心。

7. 评估学习和评定学生合作情况

①完成教学的收尾工作。在教学结束时,教师对当堂课的教学要点以及学生所提出的问题进行处理,对学生当堂课所学的知识进行总结,并且回顾整堂课的主旨。

②对学生的学习进行评价。为了确保合作学习的成功,教师应该有一套参考标准,用于评价学生的试卷以及在合作学习中的表现。

③对小组合作的效果进行评估。教师应该评估合作小组的学习效果,做出反馈,以促使

学生从思考过的经验中学习，考虑如何能做得更有成效。

三、翻转课堂模式下的大学英语项目式学习

（一）项目式学习简述

1. 项目式学习的内涵

项目式学习中的“项目”是管理学中的项目在教学领域的延伸与运用。具体来说，项目式学习是以学科原理为中心内容，使学生在真实世界中借助多种资源开展探究活动，并在一定时间内解决一系列相互关联着的问题的一种探究式学习模式。

项目式学习主张，通过探究不同的问题，学生能够获得一定的知识与技能，这是一种系统性的教学方式。

2. 项目式学习的特征

项目式学习主要有如下几个特征：

①项目式学习对学习环境有一定的要求，一般需要在真实、具体的环境中展开学习。

②项目式学习要求按照学习的需求设定不同的项目。

③项目式学习的内容需要以现实世界为依托，学习的问题设计时要注重实用性，要求学生在任务完成过程中了解问题解决的理论以及实际解决问题的技巧。

④项目式学习主张学习的手段可以数字化，如利用多媒体、网络等现代信息技术。通过数字化的途径，可以拓展学习资源，提高学生自主学习的意识与能力，使学生在解决问题的同时锻炼自己的实践能力与创造能力。

⑤项目式学习注重合作性。项目式学习任务十分丰富，学生需要综合利用书本知识、自身经验、创造思维以及相互协作才能完成。这就需要使学生学会在不同的任务阶段和不同层次的同学进行合作交流。

⑥项目式学习的基本主张是以学生为中心，因此，教学的重点是锻炼学生的自主性，挖掘学生的主动性，发展学生的学习能力、问题解决能力、批判性思维能力等。

（二）翻转课堂模式下的大学英语项目式学习的实施

1. 实施的原则

翻转课堂模式下的项目式学习的开展一方面要符合信息技术辅助教学的相关原则，另一方面应以项目式学习的相关原则为指导。具体来说，实施项目式学习应该遵循如下几个原则。

(1)目的性原则

因为翻转课堂模式下的项目式学习是在英语教学的总体教学目标之下展开的，所以在学习方式展开过程中，应该以英语教学的相关目标作为展开依据。基于目的性原则，教师应该科学设计项目，保证从总体上项目是在教学目标的大范畴内，从微观上保证每个项目都包括明确的教学目标。

因为信息技术资源具有繁杂性的特点，所以教师应该事先对信息技术资源进行筛选，将

其中利于完成项目的教学资源传递给学生，调动学生完成项目的积极性，并且在总体教学目标的指导下展开项目。

(2)以学生为中心原则

翻转课堂模式下的项目式学习应该坚持以学生为中心的原则。语言能力的提高必须以大量的练习为支撑，而这种练习必须以学生为中心，发挥学生的主观能动性。教学模式、教学手段、教学活动的设计均要围绕学生展开。

翻转课堂模式下项目式学习可以使学生以更加积极的心态参与学习活动，主动建构自身的知识体系。学生只有有了一定的学习主动性，才能根据自身的学习水平与特点进行学习内容的选择，从而更加合理地安排学习进度。

(3)系统性与最优化原则

语言能力的提升离不开大量的练习和积累，是一个循序渐进的过程。基于信息技术的英语项目式学习要遵循系统性与最优化原则，不断丰富学习内容，实现识记、感知、理解、运用、创新的递进。

当前，我国信息技术系统可以为师生提供丰富的具有渐进性和系统性的教与学的资源。教师应该在考虑学生当前学习水平和学习需要的基础上科学设计学习项目。

(4)情境性与交际性原则

学习语言的目的是更好地应用。利用信息技术为学生创设真实的语言交际情境利于发散学生的思维，使其利用已知经验建构新的知识体系。如今，信息技术已经渗透到了英语教学的不同方面，利用信息技术资源可以为英语项目式学习创设真实的语言情境与交际情境。

2. 实施的步骤

翻转课堂模式下的英语项目式学习主要有如下几个步骤。

(1)项目设计

项目设计是翻转课堂模式下英语项目式学习展开的基础，需要教师在研究教材、搜寻资料等基础上科学设计。教师应利用信息技术教学资源，进行线上、线下的项目重构，并且基于教学内容进行学习资料的组织与加工。

(2)项目实施

项目实施是翻转课堂模式下英语项目式学习的中心环节，师生应以信息技术资源为平台进行交流和沟通，不断扩展学习资源、认知工具等。学生应该充分发挥自己的主观能动性和综合应用能力，对信息资源进行查询和重构，以便更好地完成学习项目。项目的完成不但是对学生学习能力的考验，也能进一步扩展学生的思维，从而提高学生的学习能力。

确定项目需要教师充分利用信息技术资源创设真实的语言场景，从而激发学生对学习项目的探究兴趣。学生通过教师的引导初步感知项目，明确项目的要求，从而为下一步骤的实施打下基础。

(3)制订计划

在制订项目计划的过程中，学生已经通过自由组合形成了学习小组。教师可以向学生介绍项目完成的要求与形式，指导学习小组分析项目中包含的英语知识。

在交流与总结的过程中，师生可以共同确立项目完成的计划，分析项目完成所需要的步骤，并明确不同阶段的任务、时间等具体细节。

(4)活动探究

在此环节中，教师的角色为资源提供者和指导者，需要在项目进行中适当给学生提供一些学习资源，并且根据不同学生的表现给予一定的指导。学生通过运用信息技术进行学习资源的浏览，并且与小组成员进行探索完成阶段性项目。在活动探究阶段，教师需要对学生的学习状况进行观察，为后续的评价做准备。

(5)作品制作

在作品制作环节，教师可以提供一些合适的信息技术工作，指导学生利用信息技术制作项目产品。通过运用信息技术资源，项目式学习的成果可以以不同的形式体现，如情境剧、微电影等。

(6)成果交流

成果交流就是教师组织项目小组进行学习汇报展示。小组成员应该汇报项目完成的计划、合作情况和成果等。在信息技术的支持下，成果交流的方式更为多样，既可以进行 PPT 演示文稿展示，也可以动态展示。通过成果交流，各个小组可以取长补短，共同进步。

(7)总结环节

在项目式学习中，教师也发挥着重要作用，需要在完成项目后对活动进行总结。例如，指导学生进行自我评价；指导学生进行小组互评。通常，基于信息技术的英语项目式学习模式的成果评价涉及个人、小组和教师三个方面。

第三节　翻转课堂模式下的大学英语知识教学

在传统大学英语教学中，“教师讲、学生听”是一种普遍的知识教学方式。教师向所有学生传授知识，但是不同学生吸收知识的程度是不同的。课堂教学的时间是有限的，有的学生还未消化完前面一个知识点，可能下一个知识点的讲解就开始了。翻转课堂可以避免这种弊端，它颠倒了知识传授和知识内化的程序，使得大部分学生可以通过自主学习理解新知识。

一、翻转课堂模式下的大学英语词汇教学改革及创新

将翻转课堂模式用于大学英语词汇教学，真正实现了学生在英语词汇学习中的主体地位，将课前学到的英语词汇最大限度地在课堂上加以应用，加速词汇的内化。学生在整个过程中，承担着“演员”的角色，而不是“观众”的角色。

(一)大学英语词汇教学综述

1. 大学英语词汇教学基本理论

(1)对词汇的界定

每种语言都有着自己独特的词汇系统，这个词汇系统是动态发展的。词汇的领域是非常广阔的，不仅仅是指某一单独的个体。词汇是一个集合概念，就英语这门语言来说，英语

词汇系统包括了英语语言中的全部词与固定词组。所以，词汇并非代表着某一具体词或者某些固定词组，而是代表一种语言中全部的“词”和“语”。

另外，我们可以从历时和共时的维度来界定词汇。从历时的角度来看，词汇可以包括某种语言在各个时期生成的全部词汇。从共时的角度来看，词汇包括某特定时期所有语言变体中的全部词语，如古英语词汇、中古英语词汇、现代英语词汇。

那么词和词汇是什么关系呢？可以很明确地说，词汇和词是包含与被包含的关系，也就是说，词汇包含词的范畴。因此，我们可以从以下四个方面来界定词的内涵。

第一，就成分和组合来看，空白段和间隙中的字母或者音节段落都可以被视为词。

第二，从语法的角度来讲，因为语法包括很多等级和层次，在这个等级和层次的系统里，词是一种介于语素和词组之间的语法单位。

第三，从术语的角度来看，每种术语都有各自的属性，而词这个概念既具有普通术语的属性，也具有专门术语的属性。例如，当人们看到 man 与 men 这两个词时，如果将其当成两个词，那么就将词看成一个专门术语；如果将其当成一个词，那么就将词看成一个普通用语。

第四，既然很多学者都对词做过研究，那么词一定是一种可以概括和归纳的语言单位。

由以上可知，词汇与词是整体与个体的关系。

(2)词汇能力

词汇能力主要包含如下九个层面的内容：

第一，运用词语进行造句的能力。

第二，理解词汇的内涵意义的能力。

第三，准确辨别同义词、近义词的能力。

第四，了解单词使用的机会和可能性有多大，在哪些场合可以使用，以及在哪些情况下不可以使用。

第五，对于多义词而言，要了解它的所有含义。

第六，弄清一定数量的词汇。

第七，理解词汇的连贯性，以及如何将词汇连接成一段语篇。

第八，理解词汇的搭配意义。

第九，理解词汇的构造机制。

词汇能力不仅包括对词汇含义的理解，还包括其他知识，如同义词的区别、派生词的含义、词汇与句法的意义、在不同语境下词汇的使用范围等。简言之，就是要弄清楚词汇的运用能力。

(3)英语词汇习得机制分析

①动机

动机分为内部动机和外部动机。内部动机是自己的主观需求、情感和兴趣导致的内部驱动力。外部动机是外在的客观要求导致的一种外部的作用力。有的学生有学习英语词汇的动机，而有的学生没有学习英语词汇的动机。

对于没有英语词汇学习动机的学生而言，他们是迫于学校课程设置的压力和要求，为了通过英语课程考试才学习英语，自己在主观上没有学习英语的兴趣和愿望，对英语没有任何实际需求，因此也不会花太多时间和精力学习词汇。

有英语学习动机的学生又分为两种情况:第一种是学生有着学习英语的兴趣和愿望,那么他们就有着学习英语的内在动机。第二种是学生是由于客观要求才努力学习英语的,如看英语电影、去英语国家旅行、与外国人沟通、玩英语版游戏或者为了通过英语考试等,他们也会用很多的时间和采用各种方法学习词汇。从理论上讲,内部动机比外部动机能够更好地促进词汇学习。

②认知因素

词汇学习是一个复杂的认知过程,涉及注意、判断、加工、记忆等认知活动。当学习者用于学习某些词汇的认知能量足够大的时候,他们就更容易记忆和运用这些词汇。换句话讲,如果学习者在某些词汇上投入的注意、思考、加工、记忆越多,那么保存和可提取的词汇信息量就越大,也就越能提高保存和提取的准确度和流畅度。

1)注意

要想进入学习的过程,首先需要注意学习的对象。也就是说,注意是学习必不可少的前提条件。

对于词汇学习而言,学习者需要首先注意到输入的未知词汇或已知词汇的未知信息。学习者不是在真空的环境中进行学习的,通常外界干扰的存在、视觉与听觉局限、对词汇输入兴趣的不足,会导致学习者只是对输入的未知词汇或已知词汇的未知信息获得了一个模糊的印象,甚至根本没有注意到输入的未知词汇或已知词汇的未知信息,前者是部分注意,后者没有发生注意,也就没有产生学习。注意意味着学习者真正意识到输入的未知词汇或已知词汇的未知信息。具体来讲,当一个学习者面对未知词汇时,感觉到"我遇到了一个不认识的词",或者感觉到"这是个认识的词,但我好像不知道它在这里的意思或用法",这就说明这个学习者发生了真正的注意。

2)判断

当学习者产生注意之后,可以到此为止,也可以继续进行下一步的认知活动,也就是判断是否需要处理遇到的未知词或未知信息。在对未知词汇有一个基本的判断之后,学习者会做出相应的处理。如果未知词或未知信息极大地影响着对输入的理解,学习者又不能够通过上下文正确推断词义,那么他可以通过第三方工具的帮助来达到理解的目的。但是,在以下两种情况下,学习者可以选择忽略未知信息,也可以选择学习它们。

一是未知词或未知信息不影响对输入信息的理解。

二是学习者可以通过上下文正确推断出未知词的词义或者未知信息。

3)加工

当学习者想要学习输入的未知词汇或已知词汇的未知信息时,他们会采用各种方式对目标词进行不同层次的加工。

加工从浅加工到深加工有不同的层次。浅加工着眼于词的发音、拼写等词的表层特征。深加工关注的是意义。深加工比浅加工需要学习者付出更多的注意力、努力和脑力。深加工较之于浅加工的一个明显的提升方面是细化,即增加与学习任务有关的联想的数量与质量。加工的程度越深,学习的效果就越好。在此,还需要区分有意义加工与机械加工。有意义加工是深加工,有助于掌握词的形式,并且强化词的形式与意义之间的联系。机械加工是浅加工,仅有助于掌握词的形式。以下是学习者进行的一些不同层次的加工方式:

第一，反复朗读目标词或者反复朗读目标词所在的句子。有的学习者还会在纸上重复书写目标词。研究显示，朗读含有生词的句子比不朗读更有利于学习者的记忆。朗读或书写的时候不联想词义是机械加工；朗读或书写的同时联想词义是有意义加工。

第二，查看目标词的一些基本特征信息，如发音、词性、词义、例句以及目标词与其他词的搭配等。有的学习者会将查到的信息写在纸上，不断查看纸上的信息，这在加工深度上又进了一步，有助于更好地掌握目标词。

第三，分析目标词的构造和结构，如分解出目标词的词根部分与词缀部分，这种方式也可以反向操作，即分析一个词是否可以加上某种词缀构成派生词。

第四，采用归类方式对目标词进行加工，如按词形、词性、语义场进行归类。归类其实也是一种建立词与词之间联系的方式。他们可以将具有相同词缀的词归为一类，或者将既有相同词缀也符合相同规则的词归在一起；也可以按照词性将目标词归类，如将介词或连词列在一起；还可以将与某一概念紧密相关的词放在一起。

第五，将目标词与其他词通过以下方式联系在一起：语义联系，即同义词或反义词之间的联系；搭配关系；二语词与母语词之间的联系。

第六，辨析目标词的多个意义与多种用法。学习者首先将某个目标词的多个词义与多种用法罗列出来，配上各种例句，记在纸上。然后，对目标词的各个意义或用法进行深入分析，尤其注意辨别那些只有细微差异的意义与用法。他们还会将该词与其他意义或用法相近的词放在一起分析与辨别。这是高水平学习者善于使用的加工方式。

第七，有目的、有意识地使用目标词。学习者对目标词进行一些基本的加工之后，会专门用目标词造句，还会有意识地在二语表达中使用目标词。这也是高水平学习者善于使用的加工策略。

4)记忆

词汇学习尤其需要记忆。学习者是否成功地学习了某些词汇，最终是要看这些词汇是否进入了记忆系统，尤其是进入长时记忆。进入长时记忆的词汇，可以被学习者熟练、流利地提取与使用。

被注意到的信息首先会进入短时记忆，短时记忆存储的信息在大脑中保留的时间非常短暂，大概只有几秒钟的时间，短时记忆的容量也非常有限，大约为 7±2 个单位。如果不采取进一步的行动，短时记忆中的信息会很快被忘掉，只有通过复述才能继续维持并且与长时记忆中已被激活的信息建立联系。长时记忆的容量是无限的，长时记忆中的信息可以长久地乃至永久地保存在大脑之中，当出现某些线索时，这些信息可以被激活。

5)输入

输入是英语词汇习得的先决条件之一。但是，并不是所有的输入都可以产生有效的词汇学习，只有输入符合一定的条件，学习的效果才是最好的。

输入假设认为，输入的信息必须稍微超出学习者目前的语言水平，如此才有利于二语习得。从词汇的角度来说，输入的可理解性意味着输入中要包含大量学习者认识的词汇，足以使学习者可以充分理解输入。如果输入中含有太多的生词，学习者会因为难以理解而失去学习动力。输入中生词所占的比例不但不能影响对输入的理解，而且应该有助于生词的间接习得。研究表明，可理解输入中生词所占据的比例不能超过 2%，学习者熟悉的词至少要占98%的比例。

学习者通过接触含有新语言知识的可理解输入,从目前的水平向习得顺序的下一个水平发展。这意味着输入不但要可理解,而且要恰当。输入的恰当性意味着输入中不但要包含大量学习者认识的词汇,还要包含学习者在词汇习得的下一个阶段需要学习的生词。可以通过以下三种途径来确定词汇学习的阶段性:一是了解学习者习得词汇的路径;二是按照词汇在语言使用中出现的频率,从高频率词到低频率词的顺序分段;三是按基础词汇、学科基础词汇和学科专业词汇分阶段,以满足学生的学习需求。

输入除了可理解性与恰当性之外,还要有足够的量,一方面给学习者提供接触大量词汇的机会,另一方面给他们提供频繁接触一个词的机会和接触一个词的各种特征的机会。大部分词需要多次接触才能习得,尤其是对于低频词来说更是如此。一个词也需要多次接触,才有可能遇到并掌握它的各种特征信息。

6)母语的影响

在母语词汇习得过程中,概念和表达方式的学习是同步进行的。而外语学习者是在已有概念系统外学习一个新的语言符号来表达某一概念。母语与外语的相似度越小,外语学习的困难就越大。母语对英语学习的影响主要体现在以下几个方面:

第一,词法方面。英语具有很多种构词方法,并且英语单词的形态变化多种多样,这也对外语学习造成了障碍。

第二,书写方面。汉语和英语的拼写属于完全不同的体系,学习者可能先在视觉上适应了属于表意文字的汉语,再来学习属于表音文字的英语,再加上阅读习惯的不一致,就可能出现词汇学习上的困难。

第三,语音方面。汉语的语音和英语的语音由不同的符号组成,并且组合方式也是大相径庭,因此汉语语音的学习会对英语语音的学习造成一定的障碍。

7)附带学习

无论是在母语学习还是在英语学习中,大量的词汇都是通过附带学习获得的。附带词汇学习指在不是以词汇学习为目的的语言活动或语言教学活动中习得词汇的方式。这些方式可以包括看各种读物、与人交谈、收听广播节目等。例如,人们在从事旨在获取信息的日常阅读时,或在进行旨在交际的日常交谈时,可能都会学到单词,那么这种学习就是附带词汇学习。因此,附带词汇学习是以理解或表达为目的的语言活动的伴生物或副产品。可见,附带学习往往是间接的。

附带词汇学习既可以是无意识的,也可以是有意识的。如果学习者在从事语言理解与表达活动过程中无意识或下意识地习得了未知词或未知词信息,那么这样的学习是无意识学习。这样的学习是隐性的、不可直接观察的,学习者难以清晰陈述。如果学习者在以理解或表达为目的的语言活动过程中有意识注意或收集未知词与未知词汇信息,那么这样的词汇学习称为有意识词汇学习。这样的学习应该是显性的、可直接观察的,学习者可清晰陈述。

附带词汇学习的效果取决于一定的条件。第一,学习者要有大量的输入与接触。大量的词汇是通过在各种话语语境中不断接触而逐渐习得的。对于将英语作为外语的中国学生来说,间接词汇学习需要的输入与接触主要来自阅读。第二,输入要是可理解输入。第三,输入中的目标词汇要恰当间隔地多次出现。第四,学习者在接触这些输入时能够注意到目标词汇并且通过一系列认知活动将这些词汇纳入长时记忆系统。这是最重要的条件。

2.大学英语词汇教学的基本原则

(1)音、形、义相结合原则

如果将一个单词看作一个独立的成分,那么它还可以细分为几个层次。它既包括音节的层次,也包括形式的层次,还包括意义的层次,并且这些层次之间是相互联系和相互作用的。从这个角度来看,教师在教授词汇时就应该将词汇的音、形、义等层次结合起来,充分挖掘它们之间的联系,进而促进词汇学习的效果的提升。如果按照传统英语教学方法,教师可能只是关注单词发音的准确性,却忽视了单词的其他一些语音特征,如拼读、节奏、重音、语调、连读、音变等。只有学生明确了词汇的这些层次之间的联系,他们才更容易学习词汇。

(2)区别对待积极词汇与消极词汇原则

积极词汇指向输出,是可以在口语和书面语中应用的英语词汇;消极词汇指向输入,是能听懂或读懂的词汇。这两种词汇有着不同的语用功能和交际价值,分别有各自的适用场合,不可相互取代。教师应根据不同的场合和情况,对积极词汇和消极词汇的学习提出不同的相适应的要求。另外,消极词汇向积极词汇的转化也是可以努力进行的,转化的途径有两种:一是当学生的练习实践达到一定程度时,这种转化就自然而然地实现了;二是当学生的课外阅读量有了足够的积累时,这种转化就无意识地进行了。

(3)重复原则

根据艾宾浩斯遗忘曲线,遗忘规律呈现先快后慢的趋势。也就是说,在学生刚开始学习词汇的那段时间,是最容易忘记的。这就表明了及时复习的必要性和重要性。如果学生不能及时巩固和复习所学习的词汇,那么他们所学的词汇知识就只能剩下25%左右。但是,如果学生在学习了新词汇之后进行了不间断的复习,随着复习次数的增加,复习的间隔时间就会延长,遗忘的速度会减慢,甚至终身都不会遗忘。所以,学习是一个不断重复的过程,单词重复出现的频率越高,就越容易被记忆。因此,教师可以提高单词的复现率,及时督促学生对所学词汇进行巩固和复习。

(二)翻转课堂模式下的大学英语词汇教学改革的意义

翻转课堂翻转了教师和学生的角色,教师不再是传统意义上的知识传授者,而是转变为学习活动的促进者与推动者;学生不再是学习活动的被动接受者,而是转变为积极主动的参与者。传统的词汇教学模式已经跟不上时代步伐,线上线下教育一体化格局已经形成。在新时代的教育格局下,学生成为学习的主体,可以决定学习的广度、深度和速度;教师成为教学新方法的研究者和实践者,致力于提高词汇教学的效率,更进一步为学生获取资源、利用信息、应用知识提供便利。

1.提高了课堂效率

建构主义理论作为翻转课堂的理论依据,认为学生是学习和建构知识的主体,教师在这一过程中起着引导作用。传统词汇教学注重词汇的发音、构成和词性,教学的基本过程是“领读单词、翻译单词、造句”,词汇的搭配和例句时代感不强,教学方法比较单一、机械,教学过程枯燥乏味,学生学起来没有任何兴趣可言。翻转课堂要求教师把知识的讲解和激发学生的兴趣有机结合。一方面,教师可以准备更加丰富多彩的词汇教学资源,有利于吸引学生的注意力；另一方面，教师可以利用信息技术使教学资源的呈现方式更加有趣，如和图片、视频、动画等结合起来；与此同时，教师利用“最近发展区”理论解决学生的词汇能力发展问题。这样就大大提高了词汇教学效率。

2. 增加了学生的兴趣

传统的词汇教学模式过分强调词汇的输入，忽视对学生口语和写作等语言输出能力的培养，教师主要为学生获取信息、利用资源提供必要的支持。基于信息技术发展的翻转课堂，使学生在课前通过自学掌握词汇知识，然后在课中通过与师生讨论以及语言运用活动来内化词汇知识。可见，翻转课堂更加注重的是学生的语言输出能力。随着学生语言输出能力的提高，他们运用英语进行日常交际的信心也增加了，从而增加了学习英语的兴趣。教师可以通过词汇抢答游戏和 PK 比赛等来检测学生的课前学习情况，既避免了学生“浑水摸鱼”，又活跃了课堂气氛，提高了学生的学习兴趣。

（三）翻转课堂模式下的大学英语词汇教学创新方法

1. 科学安排教学顺序

在翻转课堂模式下的词汇教学中，教学顺序涉及课前教学顺序和课中教学顺序。

在课前，学生主要是吸收词汇，教学顺序可以进行如下安排：

第一，呈现单元主题，告知学生学习目标。

第二，围绕单元主题创设情境，提出问题，呈现单元词汇。

第三，在完成词汇释义之后，介绍相关句型，对句型进行释义。

第四，交代词汇和句型的应用情境，给出具体事例，帮助学生领会知识。

第五，总结知识要点，帮助学生形成完整的知识框架。

在课中，教师主要是引导学生进行知识内化，因此教学顺序可以进行如下安排：

第一，让学生展示自己的学习成果。

第二，对学生遇到的困难进行答疑解惑。

第三，让学生通过合作探究进行知识拓展。

第四，引导学生总结所学知识，综合评价学生的课堂表现。

2. 精心设计教学程序

基于翻转课堂的词汇教学由课前自主学习、课中面对面学习以及课后学习三个阶段组成。

(1)课前自主学习阶段

在课前，教师要根据各单元的词汇教学目标来安排教学资源，包括微视频、导学案、学习自测卡和练习等不同类型的学习素材，其中的关键资源是微视频。然后，教师向学生公布每一单元的词汇学习目标，让学生通过微视频学习每一单元的核心词汇，并完成配套练习。学生在学习微视频时，可以根据自己的理解程度，自由决定观看的次数，并在需要的时候向教师和同学请教。在自主学习结束之后，学生将学习问题反馈给组长，组长综合所有问题后传达给教师。这样，教师就及时了解了学生自学的情况，并在课堂上进行针对性的讲解。

(2)课中面对面学习阶段

在课中，教师主要负责组织课堂活动并引导学生交流，在学生的交流过程中进行个性化指导，完成答疑并布置作业，帮助学生完成知识的内化。本阶段可以分为以下几个程序。

①自主学习情况反馈

在课上，自主学习情况反馈的办法主要是教师对学生的学习成果进行考核，考核方式是由教师考核小组组长、组长考核成员。教师还对这种考核设置某种激励机制，以激发学生的学习动机。

②答疑解惑

在这个过程中，教师根据不同的教学主题，灵活地采用提问、游戏、练习等形式，帮助学生回忆所学的词汇知识的重点与难点，并且对学生课前学习遇到的问题进行答疑解惑。

③合作探究

小组成员就某个问题或者学习任务展开讨论，教师对这一过程进行指导，以此实现小组成员对知识的延伸。

④总结评价

教师要帮助学生梳理课程的知识脉络，总结学生的课堂表现，对词汇教学进行整体评价。评价要以激励为主，注重多元化和公平性，帮助学生进行反思。

(3)课后学习阶段

在课后，学生完成教师布置的词汇练习，词汇练习可以来自课后习题，也可以来自其他渠道，还可以是教师自己制作的。教师要及时评价学生的作业情况，帮助学生更好地巩固知识。

二、翻转课堂模式下的大学英语语法教学改革及创新

在翻转课堂模式下的大学英语语法教学中，教师主要是指导学生的思维方向，而不是传统的演绎灌输，并且非常重视知识的使用。在这一过程中，语法的工具性特征表现得更加明显，学生更加清晰地认识到语法学习旨在运用，并且能够了解每种语法适合使用的场景。

(一)大学英语语法教学综述

2.大学英语语法教学的基本内容

(1)词法、句法、章法

初级阶段的语法教学包括两大部分：词法和句法。词法又能分为构词法和词类。构词法具体涉及词缀、词的转化、派生、合成等。词类包括静态词和动态词。句法主要有三个部分：句子成分、句子分类、标点符号。其中，句子成分涉及主语、谓语、宾语、定语、状语、表语、同位语、独立成分等。对于句子的分类，按照句子的目的，其可以分为陈述句、疑问句、祈使句和感叹句；按照句子的结构，其可以分为简单句、复合句和并列句。此外，与句子有关的还包括主句、从句、省略句等。标点符号也是句法中的重要组成部分。

随着社会经济的发展，英语教学的内容在不断扩展，语法教学的内容也更加深化，除了包含词法、句法外，还包含章法。章法是语法教学在高级阶段的主要教学内容。学习者对于词法和句法进行一段时间的学习之后，已经打下坚实的语法基础，此时再进行章法的学习就比较容易。章法的教学内容主要涉及句子之间的逻辑关系、篇章的逻辑结构等。

(2)向心结构与离心结构

从功能上说，向心结构的分布与其成分的分布具有同一性，这成分既可以是一个词，也可以是一组词。一般来说，名词短语、动词短语等通常都属于这一结构形式。

(3)直接成分分析

在英语语法学中,成分是一个大的语言单位,其是在句子结构分析中针对各种语法单位而产生的术语。例如,"The boy ate the apple."这个句子中,句子用A替代,the boy用B替代,ate the apple用C替代,这三者分别代表一个成分,而B与C可以被认为是A的直接成分。

(4)句法关系

①替代关系

所谓替代关系,指的是在同一个语法位置上,有些词或词组可以相互替换。例如,"The girl smiles."这个句子中的girl可以替换为boy、woman、man等。

另外,替代关系并不仅指代词与词的替换,还可以用特定集合的由多个词构成的词组来进行替代。

②同现关系

所谓同现关系,是指不同组分句中的词语可以要求或者可以准许与另一组词语同现,构成句子的某一部分,如名词短语前可以设置形容词或限定词,后跟动词短语等。

(5)语法层级

①短语

短语通常是由一个或多个词构成的单一成分结构。短语在结构等级中位于小句和词之间。

短语往往围绕一个中心词展开。中心词是在短语中起着语法作用,同时受其他词所修饰的词。根据中心词词性的不同,英语短语可以分为名词短语、动词短语、副词短语等。

②句子

在传统意义上,句子是语言中可表达思想的最小语言单位。传统分法从结构上对句子进行二分,将句子分为简单句与非简单句。

2.大学英语语法教学的基本原则

(1)层次性和系统性统一原则

一个语法项目通常会将多个内容包含在内,如果要想全部了解这些内容,几乎不可能,因此教师在授课时需要注意层次性,讲解的内容要从简单到复杂,从表面到深入,对语法教学的顺序进行合理安排。

同时,英语语法教学需要注意系统性,因为大部分教材对语法现象的安排都比较分散,如果教师看到什么讲什么,那么教授给学生的知识也都是分散的,学生很难形成系统性,也很难在以后的实践中恰当运用。因此,在语法教学中,教师应该做到从点到面,以成系统。

(2)形式、意义和语用统一原则

在英语语法学习中,一些学者主张应该让学生先接触语言形式,然后为学生解释语法规则,并通过一些真实的交际活动对语法规则进行运用。虽然语言教学对语言形式给予了过多关注,但是语法教学不仅要对形式有所关注,还应该让学生在具体的交际场景中做到灵活运用,即不断培养学生的语用能力。

在形式、意义与语用三者的关系中,形式是最基本的部分,意义是语法学习的关键,语用则是语法学习的目的。

(3)综合性原则

英语语法教学要坚持综合性原则,即做到内容、方法与技能的综合运用,避免单一的情况,力求实现显性与隐性的结合、语法与五项技能的结合。在实际的教学中,教师应该遵循语法学习规律,将隐性教学作为主要层面,并结合显性教学形式,从而逐渐培养学生的语言运用能力与语法意识。另外,语法的学习是为听、说、读、写、译技能的提升服务的,因此在教学中需要与五项技能相融合,在五项技能培养活动中提升语法能力。

(4)针对性原则

英语教学中的针对性原则要求教师在教学中要考虑学生的实际情况,对学生的薄弱部分展开教学。由于学生的学习能力、基础水平等存在明显的差异性,因此教师的教学要有针对性,从学生的基本情况出发进行教学。如果学生的语法基础较好,那么不必要按照讲解—操练等顺序展开,可以直接进行巩固性交互活动。如果学生的语法基础较差,那么教师应该清楚学生差的地方,对普遍性弱的部分展开重点教授,尤其是处理个别语法问题。只有进行针对性教学,教师与学生才能真正地提升教学与学习效率。

(二)翻转课堂模式下的大学英语语法教学改革的意义

1.提高语言应用能力

在传统语法课堂教学中,教师更注重语法知识的讲解、规则的记忆和句型的反复练习,课后再布置大量的习题进行巩固,缺少对学生语言应用能力的培养,因此学生并不会真正地运用语言。如果学生无法准确无误地运用所学的语法知识,那么他们在写作时就会出现各种或大或小的错误,如主谓语不一致或者时态混乱等。但是,实施翻转课堂后,学生在课前自学的语法知识可以在课中得到运用,因此就内化了语法知识,使得语法知识真正变为学生的语言运用工具。

2.增强自主学习能力

在课前,学生通过观看教学微视频独立完成语法知识的学习。在课中,学习小组在教师的指导下通过合作探究的方式完成相关语法知识的学习任务。在这个过程中,学生要灵活运用课前所学的语法知识,充分发挥自身的自主学习能力。可见,无论是课前还是课中,学生所有的学习活动都体现了自身的学习状态和学习愿望。可以说,翻转课堂满足了学生的个性化学习需求,能够充分体现出学生的主体地位,是学生增强自主学习能力的良好契机。

3.有助于师生互动

传统的英语语法教学模式是“教师讲、学生听”,课堂沉闷、呆板。但是,在翻转课堂模式下的语法教学课堂中,教师根据学生的实际学习情况组织学生开展小组学习,小组进行的合作探究等综合实践学习活动为教师和学生之间的交流提供了良好的平台。学生通过讨论可以解决自身在课前学习中遇到的问题,然后教师通过学生的反馈收集现存问题,并据此调整教学安排。

(三)翻转课堂模式下的大学英语语法教学创新方法

将翻转课堂模式用于大学英语语法教学,主要包括以下六个环节。

1.教师课前准备

教师根据语法教学目标来设计课前和课中的学习材料,其中的主要部分是微视频,目的是提高学生学习的主观能动性。教师根据学生的完成情况和提出来的疑难问题,设计相应的教学课件。

2.学生课前学习

在新单元讲解之前,学生可利用周末时间认真观看教学视频,并通过完成学习任务单来掌握自己的学习进度,对存在疑问的知识点进行自主思考,并认真做好笔记,记录下自己发现问题、思考问题、解决问题的过程和结果,以便在课中与同学进行充分讨论,互相分享学习经验。

3.教师与学生课前互动

学生可以将在课前学习阶段中遇到的困惑放在师生交流群中讨论,教师要对讨论的情况进行观察,对讨论的过程进行监督指导。讨论结束后,教师收集学生仍然存在的问题,并据此调整课堂教学内容。

4.学生课堂检测

由于学生已经在课前进行了语法知识的学习,因此教师只需要在课堂抽出3～5分钟的时间用于检测。课堂检测不仅能进一步了解学生的掌握情况,还能帮助学生归纳、总结所掌握的语法知识,为小组活动的顺利进行奠定基础。

5.学生知识内化

学生主要通过小组活动的方式进行知识的内化。每个小组的人数为4～6人,每个小组选派一个组长、一个汇报发言人、一个记录员,组长一般由英语基础较好、有领导能力的学生担任,督促小组成员积极参与学习和讨论,尽量为小组内的每一个成员都分配适当的角色和任务,这样可以提高小组成员参与讨论的积极性,从而避免小组讨论流于形式。分组的原则是“组间同质、组内异质”。在小组成员的英语能力互不相同的情况下,同伴间可以取长补短,实现“以强带弱、以弱促强”的目的。

6.学生知识巩固

在小组讨论结束后,每个小组选派一名同学发言总结,最后教师做点评。点评结束后,教师对本节课所涉及的语法知识及学生遇到的问题进行总结,旨在巩固学生习得的语法知识,并加深其对语法知识的记忆。

第四节 翻转课堂模式下的大学英语文化教学

一、文化教学综述

(一)外语教学中开展文化教学的必要性

在学习母语的过程中,文化学习与语用规则学习是与母语语言学习平行发展的。换句话说,人们在学习母语的过程中,也在逐渐学习着本民族的文化。语言的交际功能与传承文化的功能极其自然地融合到一起,让人们几乎察觉不到二者的关系。然而在学习外语时,人们经常忽视文化这一重要因素。在学习外语的过程中,语言的这两种功能的差别就显现了出来。

儿童在学习母语时,也会学习母语文化。外语学习者在学习外语的过程中,还要学习目的语文化。因为语言、文化、交际有着密不可分的关系,所以在外语教学中,始终都进行着文化教学。语言并不仅是一些语言形式或语言规则的排列组合，学习与使用外语的过程，更是一个跨文化交际的过程。影响跨文化交际的重要因素就是文化。交际者与外国人的交际的能力不但取决于其外语技能，而且取决于其对目的语文化习俗的理解，并且跨文化理解是在现代国际社会中教育的目的之一。因此，应该在大学英语教学中进行文化教学。

文化教学对语言教学有着重要作用。文化教学可以使语言学习者在学习语言的过程中理解和接受异域文化，达到良好的跨文化交际的效果。国内外语言教学界达成了这样一个共识：文化教学是语言教学中不可或缺的一个部分，语言教学就是文化教学，文化教学中的文化主要涉及历史、传统、价值观、世界观、风俗习惯、社会组织和社会制度等。

然而，并不是说一个人没有外国文化的知识就无法进行交际。交际是可以随时进行的。甚至没有接触过目的语的人也能进行交际，如通过翻译、手语或他人的帮助实现沟通。确切地说，完美的翻译在世界上是不存在的。或许物质名称可以对应，但感情与信仰等就很难完全对应，甚至无法实现翻译。仅具备语言结构上的知识，是难以对目的语文化中的社会、政治、经济等有着独特洞察力的。可以说，这种交际仅是从单一角度感知、理解、形成和表达思想的，相应的理解也是间接的。

对于我国大学英语教学的对象来说，在学习目的语的过程中，肯定会伴随着学习目的语文化的过程。这一过程可以开阔学生的视野，帮助其建立文化身份，培养其批判性思维，学会包容和审视目的语文化与母语文化。

（二）文化教学的本质及过程

1. 个体心理情感的变化过程

不同的文化之间常常会发生各种冲突，造成冲突的根本原因就是人们价值观念的不同。人们对这种冲突往往有着极强的生理和心理反应，这种现象就是文化冲撞。个体在学习目的语文化的过程中，常常会遇到文化冲撞的问题。由于文化冲撞会对个体的心理造成巨大冲击，让他们的情感受到重创，因此其主要属于心理层面上的问题。

通常，焦虑、紧张、孤独、沮丧等情绪会导致压抑、退缩、封闭，甚至放弃，这些文化冲撞在心理和行为上的特点在目的语文化学习的初始阶段最明显，但其给个体心理上带来的冲突存在于任何目的、任何环境、任何阶段的文化学习中，只是个体感受的强度和表现出来的特点不同而已。随着个体对目的语文化的了解不断增多，个人阅历也越来越丰富，文化冲撞的感受将会慢慢减弱。但是，文化冲撞除非被目的语文化完全同化，否则其带来的疲乏感始终都会存在，既会使学习者感到迷茫、痛苦，又会使他们将文化学习进行到底。

对于中国的外语学习者而言，尽管学习外语文化极为重要，但其仅是文化学习的一个层面。要成为一位真正的跨文化交际者，外语交际能力与跨文化交际能力的培养同等重要，此时就需要学习者通过参与跨文化交际实践，通过与来自不同文化背景的人进行广泛接触，通过自己的亲身体验，增强跨文化意识和跨文化交际能力。此过程称作“体验式或发现式学习”，即让学习者在文化冲撞中得以学习、了解目的语文化。但是，如果在目的语文化环境中的学习者很难摆脱文化冲撞带来的痛苦，那么文化学习者会竭力寻找本民族文化氛围的慰藉，会找机会逃避和放弃这些文化冲撞。

需要指出的是，这种想方设法逃避文化冲撞的做法对于文化学习是极为不利的，因为如果缺少这种体验就会使外语教学环境中的文化学习效果不如目的语文化环境中的文化学习。由此可见，文化冲撞是文化学习的必经阶段和重要手段。文化学习者要正视文化冲撞，消除恐惧、退缩和放弃的消极心理，积极应对和有效利用文化冲撞，使那些经历转换成自己文化学习的宝贵财富。

有的学者为了避免或减弱文化冲撞给学习者带来的负面、消极的影响，试图用“文化疲乏”来指文化学习与调适过程中人们所经历的生理和心理的冲击。一些学者认为，文化疲乏是有效调适的必要前提，因为假如学习者原有的本民族文化参考框架没有被部分打破，跨文化学习就不可能达到一定的高度。事实上，跨文化交际领域已经出现了很多利用文化冲撞进行文化教学与培训的研究，它们均强调文化冲撞对增强学习者跨文化意识、培养移情和文化相对论思想、提高自我认识的教学功能。

尽管在学习目的语文化的过程中，文化冲撞发挥了重要作用，具有无可替代的教学功能，但我们不应因此而一味地强调其积极的作用，从而忽视其对文化学习带来的消极影响。文化冲撞可能给学习者带来巨大的压力和打击，会让他们失去信心，削弱他们学习的热情和动力。因此，学习者经历的文化冲撞不是越多越好，教师和培训者要尽可能地减轻文化冲撞给学习者带来的紧张和压力，为他们提供心理上的安慰和行为上的引导。

随着学习者更加深入地学习文化以及文化体验的增加，他们对文化冲撞的感受也逐渐减弱，从而有了一定的情感变化，先前的焦躁不安逐渐变得平和，从而发现目的语文化的价值与作用，开始逐渐欣赏各种习俗，重新对自己的价值观进行审视，甚至逐渐放弃本民族文化的价值体系，接受目的语文化的价值观念，最终被目的语文化同化吸收。这些变化均是学习者在学习目的语文化的过程中可能发生的心理和情感变化。当然，这也不是所有学习者都必须经历的过程，特别是最后被同化的阶段仅仅适用少数希望融入目的语文化的学习者。

2. 个体文化学习的认知过程

在社会化的过程中，成年人乃至整个社会环境均有意或无意地将相关的价值观和社会规范等传递给儿童，所传递的信息经过儿童的过滤、选择和分类，以认知结构的形式存储在儿童的大脑中，所以学习的文化知识就成了他们的认知图式，即先验图式。要特别强调的是，所有先验图式都具有开放性，均可能被修改，文化图式也是如此。修改文化图式一般可以采用如下两种方式：

第一，在同一个文化环境中继续学习，让自己的文化图式形成个性化的特点。尽管社会化的过程大概经历了十年的时间就告一段落，学习者也已经成为有着该社会文化身份的人，个人生活与社会交往基本遵循该社会文化的规范。然而，从某种层面上说，社会化过程是不会结束的，因为文化学习是一种没有止境的活动，其可以是对客观文化的学习过程，也可以是对主观文化的学习过程。与此同时，主观文化的学习者在具体生活、工作和社会交往实践中要不断完善对社会规范和文化价值观念的理解。

第二，由于社会规范和文化价值观念会随着社会的发展和文化交流的影响而不断发生改变，所以文化学习应继续下去。另外，社会化（或第一文化）的学习不但是为了习得有着普遍意义的社会文化身份，而且是促进个性发展的有效手段。除了较为宏观的民族、社会和文化身份之外，人们还有很多其他的身份特点，如性别身份、职业身份、地域身份和政治身份等。这些身份的获得和发展成熟离不开学习者的不断体验，而非短期内一蹴而就的。所有身份综合起来就形成了学习者的个人身份和个性特点，是文化图式不断发展变化的重要产物。

在社会化的过程中，儿童文化学习与第一语言学习是不可分割、相辅相成的。由于这一过程是从儿童出生时开始的，出生之前儿童大脑中没有认知图式，因此在社会化过程中的文化与语言学习基本属于图式建构和创造模式。尽管在这一建构和创造过程中学习者也在不断修改、调整已形成的认知结构，但总体上以第三种学习模式（图式创造）为主。相对来说，第二语言与第二文化的学习过程更为复杂，因为二者涉及三种学习模式。另外，基于语言与文化的差异，第二语言学习与第二文化学习过程也形成了自身的特点。其一，第二语言学习既是一个图式再创造的过程，又是一个图式增加与调整的过程。不同语言的个性与语言之间的差异决定了不同语言具有不同的句法、语义和语用系统，所以，正如英汉是有着巨大差异的语言，外语学习者显然会认为这是一个全新认识和学习语言的过程。因此，第二语言学习就是一个有关语言符号与语言使用认知结构的创造过程。其二，语言的共性决定第二语言学习者能利用第一语言的学习经验，并且借助第一语言进行思考，帮助他们理解第二语言的规律，这是第一语言或母语对第二语言学习的积极作用。母语干扰研究表明，第一语言对第二语言学习也有一定的干扰和妨碍作用，学习者尤其是初级和中级阶段的学习者往往有意无意地将母语的使用规则搬至第二语言学习中，让他们的第二语言中介语有着浓厚的母语特点。不论从母语对第二语言学习所起的积极作用还是消极作用来看，都说明第二语言学习不同于第一语言学习，这不是一个图式的创造过程，而是一个图式的调整、修改和增加的过程。

与第二语言学习一样，第二文化学习也需要经历一个不断调整、修改和增加认知的过程。普遍文化的研究说明，人类的语言文化具有很多共同的特点，这也使文化交流成为可能，所以对第二文化的学习无须建立在新的文化图式上，而是可以通过文化对比，了解文化差异。此外，文化始终都会对人类的思想、行为有着重要影响，并且潜藏于人类头脑中。通常人们会有一个主要的文化身份，也会遵循这一文化的价值观念和行为准则。学习者可以了解诸多不同的价值系统，但总体上他们的世界观和价值观不存在多重性，不可能除本民族文化价值观和世界观之外，习得并自动使用另外一种截然不同的文化系统。也就是说，没有绝对的有着双重文化身份的人，人们一般仅会掌握两种或多种文化，会擅长规避跨文化交际中的一些文化冲撞。

由此可见，人们在学习第二文化时会出现三个结果：其一，学习目的语文化，逐渐取代本民族文化；其二，放弃目的语文化，保持本民族文化；其三，学习目的语文化，丰富本民族文化，成为具有跨文化交际能力的跨文化的人。只有最后这种结果才是人们学习第二文化的目标，其在现有的参考框架与认知图式的基础上，通过学习不同的文化，了解文化差异，增强跨文化意识，培养宽容、移情的态度以及灵活机动的跨文化交际能力。也就是说，这种结果才是对现有认知框架和图式的一个增加、修改和调整的过程。然而，这并不能说明第二文化学习不涵盖图式再创的过程，而是每种文化均有一些特定文化，学习它们就属于一个再创过程。但从文化学习的整体上说，文化差异的学习远远大于特有文化内容的学习，所以其主要是一个图式增加、修改和调整的学习过程。

综合上述观点，第一文化、第二文化的学习与第一语言、第二语言的学习具有密切的关系，但从认知的过程上看，其主要是对现有认知图式的丰富、修改和调整过程。

文化学习的认知过程主要有五个阶段:信息的获取、分析、综合、理解和洞察。作为文化学习认知过程的第一个阶段,获取信息时,学习者面对一些没有系统、没有组织的文化事实时的感知,尚未形成理解和系统。分析是文化学习的第二个阶段,其是理解的第一步。分析是对文化信息的整理归类,其让这些杂乱无章的信息形成可操作化的过程。综合是将经过分析的文化信息组织成一个整体结构,不同要素及它们之间的关系一目了然。综合让人们看清文化的连贯性和整体性。经过分析和综合,学习者对目的语文化的具体信息和整体文化模式就有了初步的理解。达到这一水平的学习者可以发现和解释该文化模式中一些新的行为和事件,能够根据文化线索,预测文化行为,无须局限在对接触过的信息的理解层面上。洞察力就是学习者可以从目的语文化内部看到这个文化,即具备这一文化群体成员之间惯有的默契,熟知目的语文化行为的原因与动机。此过程清楚地阐述了文化学习的认知过程,对于文化教学具有重要的意义。

3.个体文化学习的行为表现

学习者在文化学习过程中,其在心理情感和认知结构方面的变化通常与外部行为不同时进行。首先,因为认知心理通常能通过行为体现出来,二者往往不可分离。其次,尽管获取文化信息和积累文化知识都很重要,但如果文化学习仅限于此,将很难实现文化学习的目标。

如果文化学习者坚持以信息和知识为中心,认为文化是一个封闭的、终结的、完整的系统,那么就容易忽视文化的发展性和开放性。应该说,文化的发展通常离不开不同文化的交流、影响、借鉴,以及科技的发展、社会的进步和人们生活水平的提高。因此,如果文化学习者将文化看作一个固定不变的知识体系,就违背了其发展的规律。

文化学习者如果以信息和知识为中心,那么就会对目的语文化产生成见或偏见,从而忽视文化内部亚文化以及个体个性的特点。

只学文化知识,不注重能力的培养,学习者面对以前没有接触过的环境会措手不及、难以应对。

总之,具备大量相关目的语文化知识的人可能无法与这个文化群体的人们进行有效的交际,更不可能理解和学习新文化的技能。学者们最终得出了这样一个结论:文化学习者应清楚文化学习的本质,将其作为一个过程来学习,而不是作为一个事实来学习。

获取信息和知识不应成为文化学习的重点,认知发展和行为调整的过程才应该成为文化学习关注的焦点。在这一过程中,学习者应努力获取文化信息,积累文化知识,并且要通过参与、体验和实践,使文化信息和知识转化成能力,对所学的知识和体验进行反思,与本民族文化进行对比,以便增强学习者的跨文化意识和跨文化交际能力。学习者的跨文化交际能力既体现在心理情感方面,又体现在交际行为方面,两个方面互为条件、相互支撑。假如缺乏应有的心理素质,学习者将无法在交际中表现得自然得体;而心理和情感也会在行为中得以体现。

文化学习即学习者的交际行为会随着认知结构的调整、目的语文化知识的积累和跨文化意识的增强而发生变化。具体来说,在文化学习过程中学习者的行为大致会经历如下阶段:意识、关注、反应、实践和互动。对于目的语文化中的某些行为,学习者先是意识到它们的存在并对其加以关注和仔细思考,之后学会针对它们做出恰当的反应,且可以在各种语境中有意识地进行交际实践,最后达到在任何场合或语境中均能灵活、自由地与目的语文化群体的成员进行互动交流。此过程的特点是学习者逐渐形成可以根据不同场合和环境,灵活调整自己的交际行为的能力。交际行为主要涉及语言交际行为与非语言交际行为,所以文化学习除了要获取文化知识和能力外,还应掌握语言和非语言交际行为。学习者应在学习目的语语言与文化的过程中意识到文化对语言使用的影响。学习者应在外语交际实践的过程中,用心体会用目的语和文化进行交际与用本民族语言和文化进行交际的差异,在增强跨文化意识的基础上,对自身的语言交际行为加以调整,使其具有可变性和灵活性。

非语言交际行为涉及的范围很广,除了涵盖语言特征和体态语之外,对时空的态度与处理方式也具有丰富的文化含义,是非语言交际的重要组成部分。由于非语言交际行为一般是自然、无意识的行为,并且第二文化学习者都已经习得了本民族文化的非语言交际行为,因此要学会目的语文化中的非语言交际行为是非常困难的一件事。

实际上,文化学习并不要求学习者掌握目的语文化中的所有非语言交际行为,他们只需了解该文化的非语言交际行为的特点和一些比较敏感的行为,在与该文化群体的人们进行交际时,理解他们的非语言行为,避免使用对方忌讳的行为,并且可以根据交际的需要,灵活地调整自己的时空观。因此,文化学习的目的不是力求习得一套完整的目的语文化的非语言交际行为系统,而是在学习和了解目的语文化的非语言交际行为的基础上,对现有的非语言交际行为系统进行调整,使其更具灵活性,能够适用不同的文化环境。

二、翻转课堂模式下的大学英语文化教学创新方法

(一)为学生制作学习单

为了使学生适应自主学习的模式,教师可以根据具体的教学内容为学生设计一套学习单,引导他们按照教学大纲和教学目的开展有意义的自主学习活动。在所设计的学习单中,教师应该详细列出本单元涉及的教学内容、学生要事先完成的自主学习内容、相关的语言学习材料目录、相关的文化积累材料目录。学生可以在完成学习单中的这些内容的过程中,逐渐了解自己要知道什么、想学什么、发现了什么,从而实现自主学习过程的建构,为英语文化教学的课堂活动奠定基础。

(二)要求学生进行课外自主学习活动

教师应该先将全部教学内容分解为若干个阶段性、模块性的学习目标,将制作好的短小精悍的微课材料传到网络平台上,并且指导学生制订出相应的学习计划。学生既可以利用学校提供的网络自主学习平台,也可以在家自主完成学习任务。对于学习内容的选择,学生应该根据自身的文化知识掌握情况以及语言水平等进行适当选择,既要保证其与自身实际需要相符,又要确保其可以满足对新知识吸收的需求,还应达到通过语言与文化知识的吸收和内化,将新知识转化为已知信息,最终在特定的情境中与他人展开交流和分享,并且可以用目的语进行有效的交际。

(三)组织学生完成课内展示和讨论

当学生完成了自主学习,教师可以将原本是教师主讲、学生听讲的课堂翻转成教师指导、学生展示学习成果、相互交流学习成果和经验的课堂教学模式。教师不再是课堂教学的主体,身份也从之前的知识传授者转变成知识反馈过程中的指导者、支持者和评价者。与此

同时，学生的身份也由之前的听讲者、被动的知识接受者转变成主动的内容设计者、活动参与者。

课堂教学的内容与形式应具有多元化，一方面可以为学生提供机会展示自主语言学习、文化知识积累的成果，展示通过自主学习微课程和了解西方国家的文化背景知识而总结出的中西方文化差异等内容；另一方面可以为学生提供交流互动平台，组织各种形式的课堂对话活动，相互探讨、补充对西方文化的深层了解以及使用目的语进行有效交流的经验和体会等。

（四）建立科学的评价体系

翻转课堂教学模式与传统教学模式不同，跨文化教学课程与普通的语言知识课程也不同。翻转课堂式教学模式需要大量的微课程和慕课等资源以及学生较高的自主学习能力支持；文化教学课程并非单纯的语言知识传递，而是在学生完成一定量的文化知识积累后展开的文化对比与文化交际。

想要将翻转课堂教学模式融入文化教学课程中，需要学生自主、自觉地完成文化知识积累，再经过翻转课堂上的展示与交流，将自主的信息输入转化为适当、有效的信息输出。其中，自主学习过程、学习效果、课堂活动参与程度等均需要一套完善的评价体系。

评价体系主要针对学生的自主学习过程以及学习效果，通过不同方式，如跟踪统计、各种测试手段、成果展示、信息反馈等，让师生共同对学生的自主学习的具体情况有所了解，并且可以逐渐培养学生的自觉性，使学生养成自行构建学习过程并对整个学习过程负责的良好习惯。另外，建立科学的评价体系也可以帮助教师及时了解学生在自主学习过程中存在的问题，为教师更好地开展文化教学提供参照信息。

第六章　OBE 理念下的大学英语教学

第一节　OBE 理念下的大学英语阅读、写作与语用能力培养

一、OBE 教育理念与大学生英语阅读能力培养研究

(一)OBE 教育理念简介

OBE 是英文 Outcome-Based Education 的简称，中文常译为成果导向教育。成果导向教育理念于 1994 年由斯巴迪等人提出，强调教学围绕学生得到的学习成果展开，是一种以成果为目标导向，以学生为本，采用逆向思维的方式进行的课程体系的建设理念。

OBE 理念的核心主要包括三个方面：①以学生为中心。也就是说，教学的组织、实施和评估要紧紧围绕达成学生的预期学习成果来进行。教学要考虑到学生的具体情况，做到以学生为本。②以成果为导向。"成果"是指学生的预期学习成果，是学生完成某阶段学习过程后所应达成的知识、能力和素质等目标，是可以描述的、可以测量的并可以实施的。以学习结果为导向来驱动课程活动和学生学习以及成果评价是 OBE 理念的核心内容。③持续改进。即建立评价机制、设定评价周期，对成果目标、教学过程以及学生的学习状况进行持续的评估，并根据评价结果进行不断改进。

OBE 教育模式的实施原则要求聚焦于学习者预期的产出成果，围绕预期成果进行反向设计，扩大学生成功机会并给学生提供帮助。OBE 理念教学要遵循反向设计原则，教师应当按照预期学习成果→知识单元→教学策略→成果评估→反思改进的逆向路径进行设计课程教学。

OBE 教育理念为培养学生的英语阅读能力提供了新的思路，把 OBE 的理念引入英语阅读教学中是十分必要的。

(二)OBE 理念下的英语阅读能力

基于 OBE 理念，教学前要有一个清晰的框架，必须清楚地描述预期成果，然后才能根据"最终的结果"制订教学和学习计划、开展教学活动和评估。在教学和学习过程中，教师和学生要时刻知道正在努力达到什么结果。因此，在 OBE 理念指导下培养学生的阅读能力，首先要清楚阅读能力的具体内容，也就是之后教学和学习所围绕的预期结果是什么。

1. 阅读行为与阅读理解的过程

阅读行为对任何人来说都是司空见惯的，但是实际上它是一个复杂的过程，不只是简单地识别字词、串联语义。阅读理解是一个高度积极的过程，包括高级思维活动中的组织和分

析活动。阅读是一个复杂的知觉和认知过程,包括操控眼球的移动、字词层次的视觉编码、从记忆中提取字义和篇章层次的整合。

2.英语阅读能力

通过对阅读行为和阅读过程的探讨,我们可以看到阅读能力应包括诸多方面。认知主义认为阅读能力包含三个方面:解码的能力、信息构建的能力和情境模型构建的能力。解码能力就是获取文字的语言学信息的能力。信息构建能力就是获取文章表达的观点,构建全文的意义的能力。情境模型构建能力就是把文章的信息和已有知识相结合,与文章互动从而理解文章的能力。

阅读能力有五个水平上的理解:字面理解、重组、推断、评价和欣赏,即能够识别词义、句意从而在字面上理解文章,能识别中心、相互关系、作者意图和观点,能预测结果,进行重组推断,要能够评论和欣赏文章,针对文章内容有个人的见解。

国际学生评价项目(Programme for International Student Assessment,PISA)把阅读能力看作一种阅读素养。他们在测量阅读能力时考虑到了读者的阅读目的,如为了个人目的阅读、为了工作阅读、为了教育阅读等,同时也涉及了各种文本,如小册子、计划表、方案。认为阅读者要通过以下五个方面证实他们的阅读能力:①形成广义上的、总体的理解。读者要能够确定文章的主题、确定图表的主要涉及范围、描述故事背景的主要特点、确定文学作品的主题、解释使用地图或图表的目的、确定邮件的主题或收件人以及掌握各种类型的文本包括网络主页上的主要观点等。②寻找信息。在日常生活中,阅读者需要某些特定信息,如寻找某个电话号码、支持或反对他人的观点,就必须搜寻、浏览文本,来选择、确定相关信息,读者要具备这方面的能力。③解释原因。读者对文本进行逻辑上的理解,利用自己已经具备的知识结构来加工处理文本中的信息,阅读并得出文本中没有明确陈述的信息,推断出各种联系,包括对作者意图作出判断、从文中推断含义、了解某一特定人物的情感或意图、掌握事件的原因及其作用等。④思考文本的内容。读者要能够把在文本中找到的信息与其他知识联系起来,并用自己的知识结构来评价文本中的观点。⑤思考文本的形式。要求读者能够客观地思考文本,确定或评论文章的风格及作者的意图、态度等;能够客观地评价、鉴定讽刺的、幽默的和逻辑的组织方式。

3.以学生为中心确定预期阅读能力培养目标

考虑大学生阅读英语文章通常出于工作需要、受教育需要、社会交往需要以及日常获取信息的需要等的实际情况,大学生的英语阅读能力主要包括以下几个方面。

(1)识别词义、句意从而在字面上理解文章的能力

要求学生具备词汇、语法等语言学知识,以构建文本的表层含义。在遇到生词时能利用图式,即先验知识,与文章互动,猜测其含义。

(2)寻找所需信息的能力

要求学生能识别文本中的主要事实和有关细节,能快速浏览各种类型的文本,准确地获取所需要的特定信息。

(3)从整体理解文章的能力

具有理解文章的主题、构建全文意义的能力。要能理解各类文本的主要观点、作者的写作意图及文本涵盖的主要范围等。

(4)推理判断能力

要能够根据自己的先验知识、文章结构知识等结合文字线索进行预测、判断、推理。要能推测文本中的隐含信息、作者意图、主要观点等。

(5)理解不同形式文本的能力

了解不同的文本类型,如说明性文本、叙事文本、议论文本、新闻、电子邮件、广告等,能够了解其大致结构及篇章特点,在阅读中能够利用这些篇章知识解读文本。

(6)对文本内容和形式进行反思和评判的能力。这是阅读理解较高层次的技能。学生要具有批判性思维,在理解全文和部分信息的基础上,结合自己的背景知识和认知思维技能进行评判。

(三)OBE 理念下阅读能力的实现

在 OBE 理念的框架下,根据学生要掌握的阅读能力培养目标,可以把阅读课程分为几个模块,每个模块针对特定的阅读能力设计相应的练习,几个模块相互作用,从而提高学生的阅读能力。

1. 图式模块

这个模块的主要目的是扩充和加强学生各类背景知识,这是阅读理解中不可或缺的知识储备。图式包括语言图式、内容图式和形式图式。阅读前教师可以设计一系列活动帮助学生激活原有图式、拓宽并巩固已有相关图式、建立新图式。教师可以组织学生进行和主题相关的讨论,可以进行和重点词汇有关的头脑风暴,也可以用画语义图的方式列出与某个概念相关联的词或短语等。

2. 细节与主题思想理解模块

进入阅读阶段,教师可以训练学生结合图式来完成有关细节和主题思想的阅读任务。寻找所需要的信息、准确地理解英语文本所蕴含的主题是阅读理解的两个重要目的,也是各类英语考试中必考的两类题。要帮助学生具备这个能力,首先应训练学生掌握一些阅读策略,包括寻读和略读。寻读是一种快速阅读方式,要求从长篇资料中既快又准地找到所需信息。略读要求读者有选择地跳跃式阅读,目的是了解文章大意。其次要训练学生掌握预测方法。预测的目的是训练学生主动地和文本互动。预测过程中学生要借助已有知识寻找文章中的逻辑、语法、文化等线索,预测文章的内容、主题思想、体裁和结构等。再次要会识别指代关系。识别指代关系是抓住作者思路的一个有效手段。代词,如 it、he、them、they、that、these 等,是实现上下文衔接的手段,不重视这些词,学生容易在复杂的句子或段落中失去线索。最后要有猜词技巧。阅读时难免遇到生词,但是每个生词都查字典会影响全文的理解,猜词技巧可以帮助学生处理生词,同时可以扩大词汇量。为了培养学生掌握以上阅读策略,教师可以根据具体文本内容,设计四选一阅读题、匹配题、思考题等题型进行练习。除了阅读策略之外，教师应在阅读过程中提醒学生改正指字阅读、有声阅读、回读等不良阅读习惯。

3. 语言知识模块

学生的词汇和语法知识的多少直接影响着他们的阅读理解能力。教师可以针对文本中的语言和语法点进行讲解。但是教师讲解不应脱离语境，通过语境学习单词比孤立的教学更加有效。教师可以让学生从上下文寻找同义词、近义词或反义词，可以让学生把词汇按照某种方式归类，或画出词汇图，从而加强对词汇的记忆和理解，同时也扩充学生的词汇图式知识。

4. 推理评判模块

教师要引导学生寻找、解读文本中的各种联系并结合学生已有的形式图式和内容图式，对文中的隐含信息进行推断，如隐含的事实、作者的观点态度、写作目的等。教师应根据阅读文本讲授篇章模式知识、上下文衔接知识等，帮助学生进行思考和判断并加强和扩充形式图式。另外，为了培养更高层次的理解能力，教师可以引导学生把从文本中找到的信息与其他知识联系起来，让学生用自己的知识结构来评价文本中的观点，并且提出证据来证明、维护自己的观点。

（四）阅读能力的评价与改进

OBE 教育理念强调对教学成果的测评，并根据测评结果改进课程教学设计，进而实现预期成果。阅读能力包含多而复杂的内容，实现阅读能力也是一个长期的过程，因此对教学成果的测量要根据教学内容细化为不同的部分。教师根据不同的文本或在不同的教学实施阶段确定各自的教学重点，如强调形式或内容图式、篇章模式、猜词技巧、识别指代关系、阅读细节主题、进行推理判断等。假如教师目前阶段侧重于篇章模式的训练，那么就要根据这一内容设计测试，检查教学成果并调整教学设计，以期实现预期成果。教学过程要根据实现阅读能力的四个模块，强调不同的侧重点，一步一步地实现培养并提高学生英语阅读能力的目标。

OBE 理念注重学习成果的呈现，为教师和学生提供了良好的教育教学方式，值得我们在英语阅读理解领域学习和借鉴。在 OBE 教育理念指导下，清晰地确定学生阅读能力的培养目标，科学地进行课程教学设计并及时测评和改进，有利于从根本上提升学生的英语阅读能力。

二、以 OBE 教育理念为指导探讨大学英语写作教学改革

传统的英语写作教学模式已经无法满足当前人才培养目标的要求，针对大学英语写作教学的改革迫在眉睫。语言学习的最终目的是输出，且输出性语言教育更能激发学生对于语言的学习动力。由于 OBE 教育理念以学生的学习成果为最终目标，着眼于学生在完成学习后能否实现其学习成果，所以如果以培养学生的英语综合运用能力为导向，便于教师按照预定的目标设计教学，并根据学生的实际学习状况调整教学内容、安排和策略，最终将有助

于学生获得必备的能力。从以下几个方面探讨如何以 OBE 教育理念为指导进行大学英语写作教学改革。

第一，坚持目标导向，学校和英语教师要明确学生在英语书面表达能力方面要达到的目标，反向设计课程和教学流程，实现以能力为核心的成果导向。OBE 的“明确核心”这一原则要求学校明确学生的学习“成果”。不同的学校要根据本校学生的英语实际水平确定切实可行的英语书面表达能力培养目标，也就是学生在完成一个阶段学习后能获得的学习成果。教师在教学中尽力帮助学生实现这些成果，最终获得能力的提高。

第二，坚持以学生为中心，改变传统的灌输式授课方式，转变大学英语写作教学方法，关注向学生传授写作策略。OBE 理念的两个目标分别为学生完成一个阶段的学习后实现了学习成果，同时学校教育要确保第一个目标的达成。针对这两个目标，大学英语写作课要改变往常以教师为主体、学生被动听讲和练习的状况，不以教师灌输写作理论为主，教师的责任更多是辅助和引导学生主动地思考和实践，激发学生学习的主动性并提高学生的自主学习能力。在写作预备阶段，为激活学生的写作动机，教师根据写作话题引导学生分组讨论相关问题，并让他们记录下每个问题的要点。随后让他们根据要点写文章的提纲，列出写作提纲，形成一篇三或四段式的文章框架。这个阶段教师通过提问、头脑风暴和列提纲，把写作策略渗透在教学活动中，有助于提高学生的写作素养。在写作中这个阶段首先要求学生根据列出的提纲在规定的时间完成写作，这样有助于学生养成良好的时间观念，为将来应试做准备。然后教师引导学生从文章的整体结构、中心思想、语言表达、拼写错误等方面自己进行修改，帮助他们学会进行自我评价。也可以让学生结组，确保每个小组的学生由写作水平高、中、低三个层次组成，再让小组成员交换批改，自由讨论，互相指出彼此的问题所在。同伴批改有利于学生共同学习，取长补短，不断提升自己的英文写作水平。这种做法也符合 OBE 理念所倡导的合作学习观念，学生间互相帮助，共同提高。在写作后这个阶段，要求学生对修改后的文稿再仔细校对，这有助于培养学生的自主学习能力和良好的学习习惯。

第三，坚持不断改进创新，利用现代信息技术帮助学生最大限度地获得英语写作知识，逐渐提高写作水平。例如，教师可以更新教学方式和手段，引入英语写作微课或翻转课堂，引导学生自主学习；还可利用 QQ、微信或微博等多媒体手段，给学生布置一些写作任务，使学生在交际的过程中提升写作能力。教师评阅作文是最传统的作文反馈形式。批阅过程中，教师能对学生在写作中出现的词汇拼写、搭配、语法、句子结构等方面的错误进行直接修改，就文章是否切题、段落展开是否充分、段落衔接是否连贯等方面进行准确的判断并提出修改意见；同时，教师也能了解班里每个学生的英语写作情况。但是教师批阅作文用时长，学生得到反馈的周期长，导致学生的写作练习较少。OBE 理念强调教学要持续改进，学校和教师要持续创造条件，让学生能最大限度地获得所需的知识、技能和素质。针对上述现状，教师可以采用在线写作平台将现代信息技术手段与外语教学相结合的方式，以教师引导和学生自主学习为主要形式。它可以实现英语写作的针对性教学，对学生作文自动批改并及时反馈，可以帮助教师提高教学效率，节省批改作文的时间。同时，学生自主选择真题或者模拟题进行写作训练，能针对自身条件进行有效的自主训练，使学生朝着自主学习和个性化学习方向发展。OBE 理念强调教学评价要能满足学生的个性化需求，评价标准按照不同学生的不同能力水平来制定。在线写作平台也改变了教学评估机制，其考核方式主要包括形成性评价和终结性评价。形成性评价主要是针对学生完成自主学习和写作训练任务量的情况的考评，成绩往往被统计在平时成绩中；终结性评价主要是指对学生完成在线写作任务质量的考评，成绩往往被纳入最终的期末成绩中。

大学英语写作教学改革是一项长期的任务，需要不断地接受新的理念和教学方法，改变已经不适合时代和社会发展的教学内容和方式。OBE 理念的应用研究成果给英语写作教学的发展带来了机遇，但还需要英语教师在实践中不断探索，结合现代信息技术，通过创建多元的教学与学习环境，使教学手段实现现代化、多样化和便捷化；同时，选择恰当的写作教学方法，设计有效的写作教学活动，不断反思自己的教学，不断改进，使学生在书面英语学习中获得最大的学习成果。

三、OBE 理念下大学生英语语用能力培养研究

根据 OBE 教育理念和模式，设立教学目标和结果至关重要，这不仅是对教育者的要求，对受教育者也有着同样重要的意义。在大学英语语用教学过程中，语用意识的培养是非常重要的。培养学生的语用意识，使学生对不同场景中的语言知识的使用和语言策略的选择更加敏感和有意识，从而在交际过程中会主动考量和选择所掌握的语言知识和策略，使自己的言语交际更符合特定情境下的规约；同时，在日常的英语学习中，也会主动学习并构建语用知识体系。而在教学中，教师同样要有语用意识，语言知识和语用知识的教学应齐头并进，忽略或弱化任何一方都会对教学目标的达成产生影响。因为语法错误和语用失误都会使交际失败，但语用失误更容易导致交际失败。在外语教学中应该避免的一种倾向是先教语言知识，然后再教语言运用。语用知识的教授要根据具体场景来设计，不能简单地采取一种或几种语用模式，而是要启发学生通过考察实际生活中的交际场景，收集整理言语行为的素材，通过教师的指导，逐渐明白不同语境中所使用的语用知识和策略，加强其语用意识，从而成功地进行交际。

在教学中应该使用“立体化”的现代化教学手段和媒介使学生进行“浸入式”学习。教师应该将教材、多媒体和网络资源整合在一起，使学生“浸入”“立体化”语境中，利用英文电视、电影、新闻报道等帮助学生接触更多的真实的场景，结合培养目标进行分析和学习，提高其英语语用能力和跨文化交流能力。使学生从语言学习的一开始就身处“立体化”语境中，在交际的过程中将所需的语言知识、语用知识及策略自然而然地传递给学生，通过显性教学和交际教学方法，大量进行语言教学和场景教学的输入，再引导学生自发地对所学知识进行归纳和总结，使之能够反向指导学生，提高其对此类场景交际达成的能力，充分满足对大学生“学以致用”的要求。其中教学场景的设定可以结合基本目标和专业或职业目标达成的测试形式和内容，从而有利于培养目标的实现。

实践教学证明，大学生的英语语用能力是可以通过英语教学得到发展和提高的，在OBE 教育理念和模式的背景下进行的大学英语语用教学和测试的改革是促进大学生英语语用能力提高的有利途径，也是保证他们在学习、生活、社会交往和未来工作中能够有效地使用英语，满足国家、社会、学校和个人发展的需要的必要条件。

第二节　OBE 理念下的大学英语课堂教学评价

一、OBE 理念下的英语课堂教学评价的发展方向

OBE 理念下的英语课堂教学评价重点关注学生的预期学习成果，以学生为中心，以能力产出为导向，教学过程、教学内容、教学方法等均以学生的预期学习成果目标为基础，教学效果和学生的学习效果取决于目标的达成情况。教学过程是动态的，教师要针对每个学生的能力状况，进行灵活多样和个性化的评价，注重每个学生的能力发展。

（一）动态化评价

OBE 理念下的英语课堂教学评价是动态化的，不再以终结性的传统纸笔测验为主，而是贯穿教学的全过程，形成一个促进学生能力发展的闭环系统。在动态化的评价过程中，教育者要根据实际情况不断调整教学目标，改变教学策略，目的是让学生不断接近目标，有针对性地发展学生应用英语的能力和提高学生的学习成果。教学评价的动态化体现在其具有持续改进的功能，具体包括持续改进教学目标、持续改进教学活动等，建立一种持续改进的机制来保障教学活动和促进教学目标的达成。教学评价的结果能在一定程度上反映学生的学习成效，从而有助于学生发现学习过程中存在的问题。因此，教学评价应该有利于持续改进教学质量，动态地评价学生的能力发展水平，并根据评价所反馈出的信息进一步改进教学，以形成持续改进教学质量和促进学生能力发展的良性循环，从而促进学生英语能力的提升。

（二）多元化评价

OBE 教育理念强调对学生的学习成果进行多维度、立体化的评价，通过灵活多样和多元化的评价方式使英语课堂更有趣。为实现多元化的教学评价，可从多角度入手。首先，应从听、说、读、写等不同方面来进行教学评价，而不只是以单纯的笔试考查学生的英语能力；其次，教学评价应贯穿整个学习过程，包括课前、课中和课后，从之前的期末考试转变为教学的各个环节都渗透评价；再次，根据新课标的要求，教学评价还应该综合考查学生的语言能力、文化意识、思维品质和学习能力等方面的发展情况。这种多维度的评价需要教师将多样化的评价方式渗透到教学过程中，通过设置灵活多样的教学活动来实现多元化评价，从而使英语课堂充满活力。同时，评价主体也是多元的，动态化的教学过程需要师生共同参与，因此，教学评价不是完全取决于教师，学生也可以成为评价的主体，这样才能保证评价更加全面。学生不仅可以对自己的学习情况进行评价，还可以对同学进行评价，发挥自我评价和生

生互评的作用。

（三）个性化评价

OBE教育理念强调个性化评价即结合学生所能达到的学习成果，制定不同的评价等级，实施有针对性的评价。这种评价方式包括对不同英语基础的学生提供不同的评价标准和对同一个学生的不同方面提出有针对性的评价方式。如有的学生在听力方面能力较弱，而有的学生在口语方面能力较弱，教师就需要针对学生与学生之间的差异进行个性化评价。个性化评价尊重学生个体的差异，帮助学生更加精确地监控自身的学习情况，使学生及时获得反馈。同时，教师也能根据每个学生的差异科学地改进教学，从而更好地激发学生的学习兴趣。

（四）综合性评价

OBE教育理念下的英语课堂教学评价强调建立一种综合性评价机制，这种评价主要包括形成性评价与学生自我参照评价。形成性评价与学习过程同行，渗透在教学的全过程，能帮助师生及时发现问题并提供反馈信息，但侧重点集中在教师的教上，教师根据评价反馈的信息来对教学进行相应调整。学生自我参照评价是一种自我评价，重点是学生进行自我诊断，找到影响学习成绩的原因，对症解决问题。在英语课堂教学评价中应将二者结合起来，从教与学两个方面找到影响学生学习成果的原因，并及时改进，以提高教学效果和促进学生预期学习成果的达成。

（五）过程性评价

OBE理念下的英语课堂教学评价贯穿教学全过程，注重在教学全过程收集信息，具有互动性、灵活性和及时性。在教学过程中，教师利用收集到的信息了解学生的学习情况，针对学生的学习情况优化教学方式，适时提供评价；学生通过教师给予的评价进行自我反思，提高自身的学习能力。这种评价方式不仅能让师生及时发现问题并加以改进，而且能把教学评价拓展到教学的全过程，保证整个教学活动都能高效地开展，同时可以使整个教学评价具有阶段性，在心理上满足学生对成功的需求，减少学生的焦虑，从而使学生乐于学习。

（六）发展性评价

OBE理念下的英语课堂教学评价，其根本目的是促使学生和教师的发展。发展性评价涵盖多种评价方式，关注个体差异，注重教学过程，突破以往教学评价过于强调对错的弊端，通过整合各种评价方式反馈的信息，使教师在教学过程中不断调整和优化教学，接近预先设定的目标，在不断调整中寻找提高英语教学效率的方法，促进学生的能力发展。

二、OBE理念下的英语课堂教学评价的积极意义

OBE理念下的英语课堂教学评价有别于传统的教学评价方式，其是以学生为中心、能力为导向、持续改进为基本逻辑的，从设定目标、目标实现、评价效果到持续改进，形成了环环相扣的闭环系统，对英语教学有明显的积极作用。

（一）有利于学生学习主动性的增强

在课程学习开始前，OBE理念下的英语课堂教学评价目标就已经十分明确，学生的学习目标也因此得以明确，而且评价方式灵活多样，使得整个课程学习过程轻松愉悦，学生不再只关注分数，而是注重学习过程中自身能力的提高，进而增强了学习英语的主动性。

（二）有利于学生持续学习能力的发展

OBE理念下的英语课堂教学评价是一个循环的系统，教师先给予评价，学生再根据评价反思自身的学习，同时也能从中学会进行自我评价，学生通过反思和自我评价又能促进自身学习能力的提高。这种评价方式有力地促进了学生持续学习能力的发展，起到巩固学习的效果。

（三）有利于教师教学能力的提高

OBE理念下的英语课堂教学评价对教师的要求更高，教师不再只对学生进行终结性评价，而要在整个教学过程都进行评价，并协助学生进行自我评价。此外，教师不再完全依赖教科书，而要针对每个学生的能力状况为他们提供个性化的指导，在此过程中，以学生的能力达成为目标，不断促进学生的学习成果达成，教师的教学能力也得到了提高。

第七章 基于任务型教学的大学英语教学创新

第一节 任务型教学基础理论

一、任务型教学的理论支撑

（一）学习论基础

任务型语言教学强调学习任务的意义性、真实性，强调交际任务的设计和选择要与学习者的实际生活相关，以此来激发他们的学习兴趣和动机，促进积极的认知参与和自主学习，借助任务为学习者提供与教师、与同伴、与学习客体（语言）交流互动、意义协商的机会和条件，在完成任务的过程中建构起对于学习客体（语言结构、词汇、表达方式等）的认识，并在运用中学会使用语言。"任务"成为主体（教师、学生）与客体（语言）相互作用的中介。

1. 皮亚杰的认知发展理论：语言学习是学习者的积极建构

瑞士心理学家皮亚杰（Piaget）的学习理论是建立在对儿童认知发展研究的基础上的。该理论丰富了我们对语言教与学的认识：首先，语言学习应该成为学习者积极建构语言输入和任务的个人意义的过程。作为学习者，应以积极的态度应对语言输入，并使其潜在意义在其原有认知结构中找到合适的同化点。而对于教师来说，创造条件、帮助和促进这一建构过程是其最基本的任务，即教师要成为学习过程的促进者。第二，思维发展与语言和经验关系密切，主要依赖记忆的语言学习不可能产生深刻的思维。第三，学习任务的选择设计要切合学习者的认知水平。第四，对于学习者所犯语言错误，教师应该多观察，帮助分析造成错误的原因，而并非如行为主义所言要见错就纠。这样才能促进学习者已有的语言图式的修改重组、新图式的建立、达到新的平衡。

皮亚杰的学习理论在任务型教学中得到了体现。任务型教学认为，第二语言的学习过程就是学习者建构起对目的语系统的假设，并在不断的接触和运用中验证假设、修正假设，使自身关于目的语系统的认识不断完善的过程。任务型教学的设计以促进学，促进学习者积极的认知参与为前提。以任务为核心单位计划、组织语言教学的目的就在于为学习者提供认识、体验、实践目的语的机会、环境和条件。学习者为了完成任务积极思考，在用目的语交流互动、意义协商中，感受目的语的使用，领悟语言的规则，建构并不断完善关于目的语系统的认识。所谓验证假设、修正假设实质上也就是同化、顺化、打破平衡、达到新的平衡的过程，进而使有关目的语系统的图式更加系统化、复杂化，语言学习也因此向更高水平发展。

2. 布鲁纳的发现学习论：让学习者在语言运用的过程中发现规则

布鲁纳（Bruner，J. S.）是皮亚杰思想的重要推行者，不同的是他力图将认知发展的理论与课堂教学联系起来。他扩展了皮亚杰的认知发展理论，提出了儿童的三种不同思维形式，即行动的、图形的和符号的。它们代表了儿童理解和表达经验的基本方式。这三种思维表征是依次发展的，但逐渐变得交叉并存而不是相互取代。事实上，我们每个人一直在连续不断地使用这三种表征系统。也就是说，我们至少有三种显然不同的方式来表征我们的学习经验和思维。如果我们以此来设计教学，就能达到促进学生智慧或认知生长的目的。布鲁纳认为教育的目的在于发展学生的理解力和认知的技能与策略，而不是获得关于事实的现成信息，强调教学的最重要任务是配合学生身心发展，教学生如何思维，如何学会学习，如何从求知活动中发现规则，从而整理统合，组织成属于自己的知识经验。他所倡导的“发现法”，并不限于发现人类尚未知晓的事物的行动，而是包括用自己的头脑亲自获得知识的一切形式。因此，从本质上说，“发现法”强调的是认知主体的积极参与。其特征可概括如下：

(1)强调学习过程

布鲁纳认为，在教学过程中，学生是一个积极的探究者。教师的作用是要形成一种学生能够独立探究的情境，而不是提供现成的知识。我们教一门学科，不是要把学生变为一个活动着的小型藏书室，而是要让学生自己去思考，参与知识获得的过程。认识是一个过程，而不是一种产品。在布鲁纳看来，学习的主要目的不是要记住教师和教科书上所讲的内容，而是要参与建立该学科的知识体系的过程。所以，他强调的是，学生不是被动的、消极的知识接受者，而是主动的、积极的知识探究者。

(2)强调直觉思维

布鲁纳认为，直觉思维与分析思维不同，它不是根据仔细规定好了的步骤，而是采取跃进、越级和走捷径的方式来进行的。直觉思维对科学发现活动极为重要。直觉思维的本质是影像或图像性的。因此，教师在学生的探究活动中要帮助他们形成丰富的想象。

(3)强调内在动机

在布鲁纳看来，一般教学条件下学生的学习动机往往来自外部，诸如为了谋求好成绩，与同学竞争，为获得奖励或避免惩罚等等。布鲁纳认为，形成学生的内部动机，较之把外部动机转化为内部动机更为重要。与其让学生把同学之间的竞争作为主要动机，还不如让学生向自己的能力提出挑战。所以，他提出要形成学生的能力动机，就是使学生有一种求得才能的驱动力。

(4)强调信息的提取

若加以比较就会发现，任务型教学在相当程度上体现了发现学习的特征。首先，任务型教学强调语言学习过程，坚信有效的语言学习不是传授性的(instructional)，而是经历性的(experiential)。学习活动和语言内容一样重要。在某些情况下学习过程是第一性的，而学习内容是第二性的。任务型学习就是要让学习者体验学习的过程。其次，任务型教学不主张直接呈现或讲解语言形式、语法规则，而是提供任务，任务中包含的问题需要借助语言来解决。完成任务的过程即学习者积极地认知参与、在语言使用中感悟其规则系统，发现、归纳、掌握、内化规则的过程。因此，任务中相当一部分语言知识的加工是隐性的(implict)。再次，挑战性是任务设计的基本要求之一，以此来吸引学习者的兴趣和注意力。通过完成任务(尤其是较大任务,例如主任务、扩展性任务和课题任务等)体现能力、感受成功有利于形成内在动机。最后,就语言学习而言,信息的提取主要表现为语言的运用。任务型教学的主要目的就是要借助任务,创造运用语言的机会和环境,让学习者在交际中学会交际、学会活生生的语言,从根本上避免机械学习,死记硬背。

3.奥苏贝尔的意义学习论:死记硬背获得的语言知识难以提取

上述讨论的许多方面用意义学习理论解释也是准确的。所谓意义学习是相对于机械学习、死记硬背而言的。在奥苏贝尔(Ausubel)看来,机械学习是无效的,因为未能与学习者原有认知结构建立起联系,得到的不过是一些孤立的、凌乱的信息,难以提取,更谈不上会用,这样的学习显然是没有意义的。意义学习的实质就是要使新信息与学习者原有认知结构建立起内在的联系,使之内化为其认知结构的有机组成部分,真正成为学习者自己的东西。英语学习的特殊性容易导致机械学习,有些教学方法,如:听说法,甚至把机械的句型操练视为建立起语言习惯的法宝。因此,如何避免机械学习,促进意义学习的产生是英语教学特别需要关注、解决的。布朗对此认为,首先,教学要设法吸引学生兴趣,努力使新论题、新概念的引入与学生已有知识背景建立联系;与此同时,教学还应尽可能避免:过多的语法解释,过多的抽象原理、理论,过多的操练,无明确目的的活动,无益于实现教学或课程目标的活动,机械的、把学生注意力引向语言的结构而非意义的教法或技巧。显然,上述导致机械学习的因素在任务型教学中是无立足之地的。

(二)教学论基础:活动教学

若从教学论的角度进行分析,任务型教学实践着活动教学的理念。

任务,是任务型教学的核心概念。之所以称之为任务型教学是因为从教学内容的选择到课堂教学的组织、实施、评价都是围绕任务进行的。这里的所谓任务,本质而言就是用目的语做事。任务型教学的交互性、真实性、过程性、学用结合、学习者的个人体验与主动参与等特征都是通过让学习者完成交际任务,即通过开展有目的的交际活动体现出来的。可见,活动是实施任务型教学的主渠道,活动贯穿于任务型教学的始终。

1.活动教学

那么,什么是活动教学呢?

活动教学思想有着悠久的历史。从历史上看,活动教学思想经历了一个长期演变、发展的过程,它是在不断批判以灌输、记诵、被动接受为特征的旧教育体系的过程中逐步确立起来的。卢梭、裴斯泰洛齐、杜威是活动教学思想的发展者和积极实践者。教育教学研究对活动教学进行了现代诠释,认为:活动教学涵盖的"活动"是一个具有特定内涵的概念,主要指学校教育教学过程中学生自主参与的,以学生学习兴趣和内在需要为基础,以主动探索、变革、改造活动对象为特征,以实现学生主体能力综合发展为目标的实践活动。这一界定表明:传统教学中学生在被告诉、被教导、被演示的情况下被动参与的活动,以及观念活动与实践活动相脱离的活动不是活动教学意义上的活动。

再来看看什么是活动教学。所谓活动教学,主要指以在教学过程中建构具有教育性、创造性、实践性、操作性的学生主体活动为主要形式,以鼓励学生主动参与、主动探索、主动思考、主动实践为基本特征，以实现学生多方面能力综合发展为核心，以促进学生整体素质全面提高为目的的一种新型教学观和教学形式。可以看出，活动教学具有两种存在形态，它既是一种教学观，又是一种教学形式。作为一种教学观，它视教学过程为一种特殊的活动过程，强调活动在学生认知、情感和个性行为发展中的重要作用，提出教学认识的关键就在于建构学生的主体性认识活动，在于通过活动促进学生的主动发展。这一教学观具有普遍适用性，可用于指导一切形式的教学活动。作为一种教学形式，活动教学的基本主张及其规范要求可概括如下：

第一，活动教学是坚持"以活动促发展"为基本指导思想的教学。

活动教学对现代教学理论和实践的突出贡献之一就是它将"活动"的概念引入教学领域，并将"活动"与"发展"紧密联系起来。"以活动促发展"意味着"活动"与"发展"是教学的一对范畴，"活动"是实现"发展"的必由之路。学生的认知、情感、行为的发展是通过主体与客体相互作用的过程实现的，而主客体相互作用的中介正是学生参与的各种活动。教育教学作为一个特殊的活动过程，其直接任务是要为学习者创造活动，提供适宜的活动目标和活动对象，以及为达到目标所需的活动方法和条件，让学生作为主体去活动，在活动中完成学习对象与自我的双向建构，实现自我发展。

第二，活动教学是倡导以主动学习为基本习得方式的教学。

活动教学认为，学生的学习过程是学习主体对学习客体（包括现实客体和知识客体）主动探索、不断变革，从而不断发现客体新质，不断改进已有认识和经验的过程，而不是如传统教学所认为的是学生通过静听、静观接受现成知识结论的过程。因此，在教学实践中，活动教学倡导以主动学习为基本习得方式。主动学习是一类学习方式的总称，它具体包括探究发现学习、问题解决学习、技能操作学习、交往学习、合作学习、体验学习等多种学习方式，也包括有意义的接受学习，因为如奥苏贝尔所说，有意义的接受学习与被动接受学习有本质的不同。它要求学习者积极主动地把新知识纳入原有知识结构，并不断改组重建已有的认知结构，实现知识的同化。知识的同化过程也包括了问题解决和创造。主动学习的共同特征是：以学习者的兴趣和内在动机为基础，在对学习对象的主动操作、探索、加工、体验、变革的自主活动过程中实现完成，学习目的不仅在于掌握知识，更在于通过过程掌握方法、发展能力。

第三，活动教学是侧重以问题性、策略性、情感性、技能性等程序性知识为基本学习内容的教学。

以学生的主动学习为特征的活动教学受知识本身的特点制约，因此活动教学有特定的对象内容和适用范围。现代认知心理学的广义知识观，将知识划分为陈述性知识和程序性知识。陈述性知识是有关"是什么"的知识，它主要体现为事物的名称、概念、命题、事实等方面的知识，例如："中国的首都是北京"。学习这样的单个命题所获得的就是这种知识。这类知识通过教师的讲解就可以为学生所掌握和记忆，通常又被称为记忆性知识。程序性知识是有关"为什么"和"怎么办"的知识，主要涉及概念、规则和原理的理解和应用，解决问题的技能、方法、策略的形成，以及情感的体验等。这类知识具有较强的特殊性、个体性和活动性，它关心的是在教学实践中如何通过学生的主动活动促进对概念原理的理解，以及如何将储存于头脑中的原理、定律、法则等由静态的命题知识转化为动态的应用操作技能，解决问题能力，实现由储存知识向探究知识、运用知识的转化，促进学习能力的发展。因此，掌握这类知识不能单靠讲授、告知的方式，还必须通过操作、探究、体验。从知识的内在特征来看，程序性知识客观上要求必须以活动的方式来实现知识的内化，因而是非常适合以活动教学方式进行教学的知识类型。

第四，活动教学是强调以能力培养为核心，以素质整体发展为取向的教学。以能力培养为核心，以素质整体发展为取向体现了一种新型的教学目的观，它以“活动”与“发展”关系的基本主张为认识和实践的基础，是由活动教学的基本宗旨和实践特点内在规定的，集中概括了活动教学对于教学价值、教学功能的认识，意味着活动教学不仅在认识上突出了能力培养和素质整体发展的重要性，更重要的是它找到了促进学生能力及素质整体发展的基本途径——学习者的主体实践活动。这一目的观表明，只有在丰富多样的主体实践活动中学生的认知、情感、能力才有可能得到整体发展。

2.活动教学思想在任务型教学中的体现

以上我们对活动教学及其本质与特征进行了分析阐述。当我们用活动教学观来衡量审视任务型教学的时候，完全有理由说任务型教学是活动教学观在语言教学领域的实践形态。

首先，任务型教学以“任务”即“用语言做事的活动”为其基本教学组织形式。之所以如此是基于这样的认识：有效的语言学习不是传授性的，而是经历性的，让学习者参与有目的的交际活动，在交际中认识、掌握、学会使用目的语是习得第二语言的最有效途径。因此，课堂教学的任务首先是要为学习者提供认识、体验、实践目的语的机会、环境和条件。任务型教学把贴近学生实际生活的、有待他们借助目的语完成的任务作为教学组织的基本单位的目的就在于此，任务成为蕴含教学目的，创造机会、环境、条件，体现教师作用，引导学习者主动参与，从而认识、体验、学会使用目的语的中介。其次，从学习方式来看，任务型教学积极倡导合作学习、交往学习、探索发现学习、体验学习等学习方式。任务型教学的主要实践原则就是互动性。“互动”不可能单向，必然包含合作协商。通过用目的语交流、沟通、协商，完成任务的过程，促进交际各方在目的语的掌握使用上相互取长补短，促进各方中介语系统的扩展、修订、重构。最后，从发展能力、提高素质的角度看，人作为社会个体，交际能力是最基本的生存能力之一。仅从这一点看，语言教学注重培养交际能力的意义不仅在于学习语言，也是为了人的发展需要。任务型教学所强调的互动性在促使学习者学会用目的语交际的同时，又学会了沟通，学会了合作，学会了共同学习。因此，它也是以“活动”促发展的。

特别能够引起人们思考的是，前述关于活动教学的认识基础和实践基础的分析阐述为任务型教学以任务为本的合理性提供了新的理论解释。作为第二语言习得的教学途径，任务型教学主张语言输入与输出并重，即使语言的输入也认为应在完成交际任务，即有目的的交际活动中获得，因此，可以说它更强调输出。若用广义知识划分来解释，语言的规则系统属程序性知识的范畴，因此，不能像陈述性知识那样通过教师的讲解、告诉而掌握会用。依据活动教学的理论解释，程序性知识客观上要求必须以活动的方式来促进对知识的理解，实现知识的内化。同时还应看到，语言学习是情感的体验，因为语言文字是传情达意的，必定负载着思想和文化信息，体现一定的价值观，给学习者以情感的触动。因此，可以说，任务型教学重视活动，强调让学习者在用目的语交际中领悟目的语的规则，并在使用中掌握、内化规则。可见，这一做法是将语言规则作为程序性知识来看待的，其中蕴含的合理性得到了新的解答。认识到这一点的重要意义在于：知识的内在特性本身也揭示了在英语教学中给予活动以应有地位的极端重要性。这就不难解释为什么传统教学中老师辛辛苦苦地讲，学生花费了大量时间精力背单词、学语法、做习题，但由于缺少在语言情境活动中的交往实践，未能将语言知识转化成语言运用能力，把语言当成静态的知识来学，其结果可想而知。

二、任务型教学法的类型与原则

（一）任务型教学法的类型

1. 任务类型

①目标性任务或真实世界的任务：学习者离开课堂在生活、学习、工作中可能遇到的各种事情，例如收听天气预报、预订机票等。它们是学习者学习英语的最终目的。

②教育性任务：包括激活式任务和演练式任务。激活式任务激活学习者新学习的语言技能，例如角色扮演、信息交换等。演练式任务与真实生活中的任务相似，例如在报纸上寻职并模仿求职过程等。在完成这些任务的过程中，学习者从模仿性地运用语言逐步过渡到创造性地运用语言，从而习得语言。

③单元任务：为了达成单元教学目标，结合单元功能话题以及语言形式等内容，教师为整个单元所设计的一系列任务。每个单元任务都可能具有激活式任务，演练式任务的特征，而任务之间又存在着相依性，涵盖性的特征，并由此形成由易到难，由简到繁，层层深入，由初级向高级，高级又涵盖初级的链式循环结构——单元任务链。

④课时任务：单元教学目标被分解为更加具体的课时目标，为实现课时目标，教师为具体一节课所设计的一系列任务。任务之间同样存在着相依性，涵盖性的特征，并由此形成课时任务链。单元任务与课时任务之间的关系是单元任务链中的每个单元任务分别是各节课时任务链中的高级任务，单元任务涵盖课时任务。

2. 任务、活动、练习

从任务的定义不难看出任务就是活动。任务型课堂教学就是把课堂活动任务化。在实际课堂教学中，一个一个的任务串起若干活动，这些活动既有任务的特征又有练习的特征；有些活动可能有多个步骤，其中有些步骤更接近任务，而有些步骤可能更接近练习。采用任务型语言教学途径不能否认练习对语言学习的作用。练习是完成任务所开展的系列活动中的某一个步骤，是围绕语言项目本身进行的一些复习、巩固语言知识的活动，只有语言的结果。而在完成任务过程中，学习者围绕一个具体的目标，分步骤做事情，任务有一个非语言结果。

（二）任务型教学法的原则

任务型教学法在大学英语教学中应用十分广泛。在明确了任务型教学法的兴起背景，类型、原则等理论知识的基础上，为了在大学英语教学中更好地应用和实施任务型教学法，教师应该在实施任务型教学法时明确任务型教学法的原则，下面对其进行具体分析。

1.强调真实性

在具体应用和实施任务型教学法中，教师应该保证教学任务设计或教学活动设计的真实性。具体而言，就是教师要明确语言交际应该在怎样的情境中发生，或需要什么样的情境进行交际。可见，真实性原则是教师在教学中实施任务型教学法必须遵循的原则。只有使语言与情境有效融合，才能实现交际的目的。如果没有真实性的情境，交际也很难顺利进行，语言知识与情境也很难融合在一起。

另外，教师应该从思想上意识到真实性原则在任务型教学法实施中的重要性，应该重视语言知识的情境性设计，鼓励学生在不断适应新的情境，同时引导学生利用各种手段和途径来理解语言知识情境。在此基础上，学生还应该学会将自己学习的语言知识与新的情境有效融合，从而实现知识中有情境，情境中有知识的多元化体系。

除此之外，需要强调的一点是，在大学英语教学中，绝对的真实性情境并不容易实现，这里强调的真实性原则并不是绝对的真实性，而是要求尽可能地真实，尽可能地与现实生活贴近，或尽可能地为学生提供真实的教学情境，学习情境和交际情境。

2.关注信息差

信息差，简单理解就是交际双方之间各自拥有的新信息。信息差的实施必须有共享信息作为基础。只有交际双方在共享信息的基础上，才能通过交流和交际来获得各自所需要的新信息。这也就是交际双方交际的最终目的。

在进行交际或理解任务的过程中，交际双方十分重视任务的内容、意义等，并不重视语言采用的形式以及语言的表达、语法的准确。交际双方只要理解了任务的内容和表达的意义，就可以称得上交际的成功或任务执行的成功。

因此，教师在教学中实施任务型教学法的过程中，应该关注信息差，了解共享信息的基础作用，理解双方的交际需求，明确任务本身所要表达的意义或价值。

3.注重互动性

语言教学需要互动性。大学英语教学也不例外。在任务型教学法实施过程中，也应该注重互动性。互动性强调的是交际双方在交际过程中的双向性，无论是对话、会话，还是讨论都是互动性的。具体到日常生活的交际中，最为常见的交际方式也是双向的。不可否认的是，在日常生活交际中，也存在着一些单向的交际方式，例如话剧中的独白就是常见的单向交际方式。

在交际过程中，互动性是语言输出的基础，是信息交流的前提，是意义协商的保障。在互动中，必然有合作，必然有交流。需要指出的是，互动还需要一定的条件，例如，话语常规、人际关系、交际需求等，只有这样，才能保证互动是有意义和有价值的。同时，在互动过程中，为了能够保证互动的顺利性和有效性，互动双方还应该选择不同的语言交际形式。另外，互动的过程也就是交际双方互相了解对方的过程，也是获得交际需求的过程。可以说，互动能够使交际双方更好地认识语言、了解语言、理解语言和使用语言。

具体到大学英语教学中，英语教师在应用任务型教学法的过程中，也应该遵循互动性原则。例如，在大学英语教学过程中，教师可以通过对话、提问、交流、讨论，合作等形式来实施教学。同时，教师应该充分发挥互动的作用，采用多种方式鼓励学生主动发言、主动交流，积极提问，主动辩论等，这样有利于学生从中感受到互动的乐趣，激发学生学习英语的兴趣。另外，教师应该将互动性贯穿于教学的整个过程中，多布置一些互动性的任务，鼓励学生积极参与到互动活动中，从而使学生更好地完成任务。

4. 重视做事过程

在任务型教学法实施过程中，教师还应该重视做事过程。在具体的任务设计中，教师应该多布置一些动手动脑的任务，并鼓励学生通过手脑结合来完成具体的任务。实际上，学生做任务的过程就是做事的过程。具体到语言教学中，就是用语言完成事情的过程。在这一过程中，学生不仅要对问题进行思考、分析，还要寻找各种方法解决问题。另外，教师还应该引导学生具体问题具体分析，不同的问题有着不同的语言做事技巧，从而选择科学、合理的方式来解决具体的语言问题，最终在认真做事过程中完成语言任务。

在语言教学中，究竟应该重视教学过程还是教学结果，不同的教学方法研究者有着不同的观点。任务型教学法研究者认为过程比结果要重要得多。在做任务，即做事的过程中，学生就可以思考问题、分析问题，解决问题，从而使自己的语言知识更加丰富，使自己的语言体系更加健全。

5. 注意操作性

任务性教学法在实施过程中，还应该注重任务的可操作性。如果任务或教学活动设计得过于复杂或过于难，就不利于学生顺利完成任务。同时，在设计教学活动或教学任务过程中，教学道具、教学内容、教学时间等都应该合理安排，既能够满足教学需要，又能够将教学的内容和意义表达出来。

另外，有一些教学活动或教学任务，有时间的限制，要想在注重可操作性的基础上，教师在设计教学活动和任务的过程中，应该充分考虑多种因素，将课堂教学与课后练习相结合，同时还可以借助一些道具或利用一些信息化教学手段来进行设计，进而鼓励学生积极主动地完成任务。除此之外，为了增加任务的可操作性，在设计教学活动和教学任务的过程中，教师应该使任务设计的内容更加简明扼要，可以将任务做成能够修改的方式，还可以对任务中的内容进行重复运用。

6. 组合弹性模式

在任务型教学法实施过程中，教师还应该重视弹性模式。也就是说，在设计教学任务和教学活动过程中，教师应该结合具体问题进行具体分析，不能将任务设计成固定的模式，应该将弹性模式融入具体的任务型教学，只有这样才能促进任务教学法的广泛应用。

第二节 任务型教学模式的特点与价值

一、任务型教学模式的特点

(一)教学内容的真实性

任务型教学模式注重内容的真实性,这是任务型教学模式的显著特点。具体而言,任务型教学的内容大多数都与学生的日常生活密切相关,同时教学活动也是丰富多彩和富有层次的。任务的不同阶段有着不同的任务或活动设计。例如,任务的初级阶段,主要注重的是意义的建构和机械性的活动;到了任务的中级阶段尤其是在任务的高级阶段,主要注重的是知识运用方面的活动设计。无论是任务的内容如何设计,都尽可能地贴近学生的生活,保证内容的真实性。

(二)循序渐进的任务链

在传统的教学模式中,虽然有着具体的教学程序、任务和步骤,但大多数教学程序、任务和步骤之间是孤立存在的,并没有紧密的联系。而任务型教学模式作为教学中的一种常用模式,它不同于传统的教学模式,它包含数个不同的任务,且每个任务之间并不是孤立存在的,而是相互联系,相互制约、相互促进的。具体而言,在任务型教学模式中,任务的设置都是循序渐进的,遵循着由简单到复杂的顺序,同时,任务与任务之间都是紧密相连的,具有层次性、关联性、连续性等特征。另外,任务型教学涉及的任务十分广泛,单一的、综合的、输入的、输出的,初级的、高级的等。正是这些广泛的任务形成了一个循环的任务链,这些任务之间是相互促进、共同发展的。

(三)师生角色的转变

众所周知,在传统的教学模式中,教师是绝对的权威者和传授者,处于语言教学的主体地位。而学生只能被动地接受教师讲解的知识。可见,传统的语言教学模式严重忽略学生的主体性地位。而在任务型教学模式中,教师不再是权威者,不再处于语言教学的主体地位,同时这一模式确立了学生的主体地位。教师的角色发生了一定的转变,教师负责设计任务、提供资料,组织教学活动、引导学生学习等。可见,教师由传统的权威者转变成设计者、提供者,组织者,引导者、示范者等。

相应地,学生的角色也发生了一定的转变。在传统的语言教学模式,学生的主体地位被严重忽视,学生是知识的被动接受者。而在任务型教学模式中,学生的语言项目使用不受限制,可以个人独自完成学习任务,也可以与小组内的其他成员通过合作的形式完成学习任务。学生可以自由使用语言形式和项目,充分发挥自己的特长,发挥自己的创造力等。总之,任务型教学模式以学生为中心,学生由传统的被动接受者转变为主动参与者、自主学习者、主动思考者、积极合作者、调控者。

(四)评价方式的转变

任务型语言教学模式与传统的语言教学模式在评价方式上有着很大的不同,下面从不同的方面对其进行简要分析。

从评价目标而言，传统语言教学模式注重评价的结果，最终的成绩等；而任务型语言教学模式注重评价的过程、能力的提高和发展。

从评价内容而言，传统语言教学模式注重单一语言知识的传授；而任务型语言教学模式主要重视的是语言的应用能力、语言的学习过程。

从参与评价主体而言，传统语言教学模式主要注重教师评价，评价的主体具有单一性的特点；而任务型语言教学模式的评价主体具有多样化的特点，不仅包括教师评价，学生评价、同伴评价，还包括家长评价、社会评价等。

从评价手段而言，传统语言教学模式主要采用的是单一性的评价手段，通常主要通过采用固定性考试的手段来对学生的学习情况进行评价；而任务型语言教学模式采用的评价手段也是多元化的，不仅包括测试性与非测试性评价，还包括形成性评价与终结性评价。同时，还包括教师评价、学生间互相评价、学生对自己的评价等。

从评价效果而言，传统语言教学模式受应试教育的影响，用考试和分数来衡量教学的效果，教师之间、学生之间的攀比性很高；而任务型语言教学模式注重学生合作精神的培养，鼓励学生积极主动参与学习活动。

二、任务型教学模式的价值

（一）英语教学方面的价值

1.增加语言的输入和输出

根据克拉申（Krashen）的输入假设可以知道，语言的使用与理解性输入有着直接的关系，并不是教师通过教学教出来的。由此可见，在教学中尤其是语言教学中，要想习得语言，就应该注重语言的输入。在此基础上，斯温（Swain）对语言习得进行了更加深入的研究，他认为，语言输入是语言习得的基础和前提，语言习得不只与语言输入有着密切的联系，还与语言输出有着紧密的联系。只有可理解输入与可理解输出有效融合，才有利于语言习得，也才能使学生更好地学习语言和使用语言。从上述分析可以看出，大量的语言输入与输出是一种理想情况，对于语言习得具有重要的意义。在任务型语言教学中，其目的就是采用各种手段为学生提供真实的情境，从而促进学生更好地学习和使用语言。

众所周知，在传统教学模式中，教师是教学的中心，学生只能被动地接受知识。而在任务型语言教学中，教师注重任务的设计及小组活动。这样对于课堂有限的语言教学而言，增加了语言的输入。语言的输入也使得语言的输出有了一定的增加。

除此之外，在任务型教学模式中，学生的中心地位越来越突出。学生学习的积极性、主动性也有了很大程度的提高。在课后，学生也会根据自身的情况自主搜集一些资料，同时通过互动、交流的方式分享给其他同学。在交流、分享的过程中，有利于学生理解语言，使用语言，有利于学生自主学习能力的培养，有利于学生的语言输出，同时也有利于学生交际能力的提高。同时，各种学习任务也会在一定程度上丰富语言相关的资料。

2.改变学习环境和学习方式

(1)学习环境的改变

学习环境是教学目标实现的基础,是教学效果提高的保障。长期以来,我国采用传统的语言教学模式,忽略了学生的个性、兴趣、特长、自主学习、价值观等,对学生过于严格,没有留给学生足够的学习和思考时间。这种传统的教学模式不利于激发学生学习语言的兴趣,也不利于提高学生的热情。

而任务型教学法能够为学生学习提供真实的情境和轻松愉悦的学习氛围。在此情况下,可以激发学生学习的兴趣,可以调动学生学习语言的积极性,有利于学生积极主动地参与到教学活动中,积极思考,不断努力,从而更好地完成任务,感受任务的重要性和意义。

可见,任务型教学模式与传统语言教学模式不同,它在学习环境方面发生了显著的变化。具体变化简要分析如下:

从课内学习环境而言,传统的语言教学模式严重忽略了学生的主动性;而任务型语言教学模式注重学生学习主动性的调动。

从课内语言环境而言,传统的语言教学模式不注重学生语言的运用,很少给学生提供语言运用的机会;而任务型语言教学模式注重语言的输入和输出,注重功能语言的运用,并采用多种方式为学生提供各种语言运用的机会。

从校内学习环境而言,传统的语言教学模式以教师为中心,严重忽略了学生的主体地位,师生之间是一种不平等的师生关系;而任务型语言教学模式以学生为中心,注重教师的引导作用,注重平等,和谐、融洽师生关系的建立。

从校外学习条件而言,传统的语言教学模式不注重语言的接触和运用;而任务型语言教学模式十分注重语言的接触和运用,并为学生提供大量的机会。

学习环境的改变对语言教学具有十分重要的意义,对大学英语教学也具有十分重要的意义。

(2)学习方式的改变

传统的教学模式主要注重教师讲授知识,学生被动地接受知识。而任务型教学模式十分重视学生的小组学习。将小组学习运用到外语教学中具有十分重要的意义。下面对其进行简要分析。

①为学生提供真实的学习情境,激发学生学习的兴趣,提高学生学习的积极性。

②为学生营造轻松、愉悦的学习环境,使学生更加轻松地学习和思考。

③注重学生的特长和兴趣,注重个别教学和辅导。

④注重学生目的语的使用,有效提高了使用效率和质量。

⑤学生更加倾向于使用目的语,尤其是在小组学习中。

综上所述,任务型教学注重小组学习,而小组学习有利于激发学生学习的兴趣,促进学生积极学习。尤其是对大学英语教学而言,任务型教学模式能够为学生提供真实的语言学习情境,对大学英语教学的开展和发展具有十分重要的意义。同时,任务型教学模式注重个别辅导,注重学生语言的运用和实践,为学生提供了互动和交流的平台。除此之外,小组学习还有利于学生意识到合作学习的重要性，并在小组学习中不断培养自己的合作精神。

3. 实现互动性课堂教学

从本质上而言，任务型教学具有很强的互动性。因此，任务型教学模式可以实现互动性课堂教学，有利于提高大学英语教学的效果，实现大学英语教学的目标。下面对互动性课堂教学的优势进行深入分析。

(1)角色的动态性

基于互动性的课堂教学并不是静止不变的，即使是教师、学生等课堂教学的角色也是动态性的。具体而言，可以从以下四个阶段进行分析。

第一，启动。在启动阶段，教师主要扮演的是设计者的角色。这种角色要从整体的角度来进行教学设计，需要考虑的因素有很多，例如任务形式，活动语境、学生学习情况、任务内容、语言材料等。除此之外，教师还应该鼓励并引导学生积极参与到教学设计中，并结合学生的实际情况，融入一些代表性的观点，从而使教学设计和教学活动与学生的动机不谋而合。

第二，展开。在开展阶段，教师主要扮演的是组织者、辅导者和参与者的角色。在启动阶段结束之后，学生就进入了展开阶段。教师要充分发挥自身的指导作用，并对学生进行辅导。作为参与者的角色，教师与学生共同互动，共同参与，共同营造良好的学习氛围。

第三，深入。在启动和展开阶段结束之后，就进入了深入阶段。在深入阶段，教师主要扮演的是促进者的角色。这种角色的目的是提高学生学习的热情，促进学生积极参与，不断进步。对于学生而言，学生所扮演的角色是发现者的角色，主要目的就是发现问题。在这一过程中，学生能够发现问题，思考问题，分析和研究问题，从而促进教学活动的进一步发展。

第四，结果。在结果阶段，教师的角色也发生了改变，主要扮演的角色是评价者与观赏者。教师应该结合学生的实际情况，对学生的学习情况进行综合衡量和评价，对学生表现出来的优点应该给予一定的表扬，对于学生表现出来的不足也不应该一味地指责，而要帮助学生分析，并鼓励学生不断改正，从而促进自身全面发展。对于学生而言，学生的角色也发生了改变，学生扮演的角色是评价者和观赏者。同时，教师应该引导学生自主学习，促进学生自我评价，使学生在自主学习的同时学会自我评价。

(2)互动的多维性

在传统的教学模式中，教师主要采用的是“满堂灌”的教学模式，学生只能被动地接受知识。传统教学模式强调的信息互动，其实只是一种单向的互动，即教师将信息传递给学生的单向互动。从本质上而言，并不能称得上是真正意义的信息互动。而任务型教学模式强调的信息互动才能称得上是真正意义的信息互动。同时，任务型教学模式强调的互动具有多维性的特点。具体而言，主要包括教师与学生之间的互动，教师与教师之间的互动，学生与学生之间的互动、个体与群体之间的互动、个体与个体之间的互动、群体与群体之间的互动等。

在具体的互动中，教师与学生并不是孤立的，也不是传授者与被动接受者的关系。而是教师与学生之间共同参与，共同互动，形成的是一种平等、和谐的师生关系。另外，还需要指出的是，信息的发送者接受者，加工者，不仅是教师，还包括学生。

(3)合作共享

任务型教学模式是一种互动性很强的教学模式，它具有合作共享的特点。对于这一特点的理解可以从以下两个方面入手：

一是，合作性。在信息传递中，教师与学生，学生与学生之间所拥有的信息是不同的，这就形成了彼此之间的信息差，通过任务型教学模式的互动性可以填补这种信息差。

二是，共享性。在信息处理中，教师与学生，学生与学生之间所拥有的信息并不是封闭的，而是资源共享的。

还需要指出的一点是，信息差是合作共享的基础。要想实现合作共享，就应该在教学设计过程中融入信息差。同时，合作共享的实施还与教学的组织形式有着紧密的关系。而小组活动，是任务型教学模式常用的一种形式。

(4)体验创造

学生运用已有知识进行交流和表达思想的过程就是创造的过程。具体可以从以下几个方面进行理解：

一是理解的创造性。学生结合自己已有的知识结构，经验等对信息进行编辑，加工、整理。这一过程反映了学生理解的创造性。

二是语言的创造性。学生结合实际需求，对自身已有语言知识进行整理、加工和重新组合，从而将自己的真实情感融入其中。

三是交际的创造性。交际中势必会存在信息差，即使进行不同程度的填补，也会产生新的信息差。

在语言教学中，要想使学生能够体验到语言学习中的这种创造性，教师应该注重教学活动情境的设计。任务型语言教学模式也不例外。教师在教学活动设计过程中，应该综合考虑多种因素，例如，教学因素、学生因素，环境因素等。只有这样，才能使学生在互动中体验创造。

(二)素质培养方面的价值

1.调动学生的学习积极性

任务型教学模式不同于传统教学模式，它有明确的任务，注重真实情境的创设和学生的互动，有利于激发学生学习的兴趣和积极性。

2.培养学生的自主学习意识

任务型教学模式主要分为任务前、中，后三个阶段。在每个任务阶段，学生为了更好地完成任务就应该积极主动地学习，参与，思考、交流与实践，在这一过程中，有利于学生总结语言学习的规律，培养自身的自主学习意识。

3.提高学生的语言运用能力

任务型教学模式主要以任务为中心。在具体实施过程中，教师会设置形式多样的教学任务，这样有利于学生在不同的任务中综合运用已学习的语言，提高语言运用能力与交际能力。

4.培养学生的合作意识

任务型教学模式不仅注重任务的多样性,还注重学生的互动性。学生为了更好地完成任务,就会积极参与到小组讨论中,与其他成员进行互动,这样有利于培养学生的合作意识。同时,在互动的过程中,学生不仅可以抒发自己的观点,也可以从他人观点中获得启发,这有利于学生意识到团队合作的重要性,进而有利于提高学生的合作意识。

第三节 任务型教学模式在大学英语教学中的实施

一、大学英语任务型教学模式的实施步骤

(一)任务前的实施步骤

任务前阶段是大学英语任务型教学模式实施的前提。准备阶段与呈现阶段都是任务前阶段的实施步骤。任务前阶段是任务型教学模式不可缺少的阶段,其主要作用主要包括以下两个方面:一方面是通过任务前的准备工作和呈现工作来激活学生的已有知识体系和思维,使学生能够在已有知识体系的基础上构建多元化的语言系统;另一方面是为任务实施的下一阶段做准备,使学生能够积极主动地学习,积累丰富的知识,为任务的完成奠定基础。

1.任务的准备

在任务的准备阶段,学生要积极地参与到任务中,并通过多种手段获取信息并对信息进行相应的处理,同时还要对这些信息内容进行表达,从而提高自身的语言技能和表达能力。具体到大学英语教学中,教师在任务准备阶段,还应该注意英语输入的真实性以及英语任务设置的难易程度。只有这样,才能使学生更好地为英语任务的下一阶段做好准备。

2.任务的呈现

任务的呈现,简单理解就是教师向学生介绍需要完成的任务。同时,强调完成这一任务需要学生利用新的语言知识。除此之外,教师还应该根据学生的具体学习情况,为学生创造真实的情境,从而调动学生学习语言的积极性。

(二)任务中的实施步骤

任务中阶段对学生的语言习得起着至关重要的作用。在任务中阶段,教师应该结合学生的实际学习情况,合理选择任务,避免任务的难度过高或过低。具体到大学英语教学中,一旦出现任务过高或高低的现象,教师要针对存在的现象采取具体的措施。

在任务实施过程中,学生为了更好地完成任务,可以采取多种方式,例如小组形式,辩论形式,自由组合形式等。在大学英语任务型教学模式中,小组活动的形式比较受欢迎。在小组活动设计中,设计者要明确小组任务与个人任务并不是孤立存在的,而是相互促进的,同时要明确师生之间的关系与角色转变。在小组活动开展过程中,教师要对学生进行及时指导,从而促进教学目标的实现。

除此之外,教师可以与学生积极互动,甚至主动融到小组活动中,与学生共同参与任务、共同学习,共同讨论,从而形成平等、和谐的师生关系。同时,教师还可以及时了解学生完成

任务和对知识的掌握情况，并以此为依据，及时调整教学方式，从而促进任务的高效完成。

（三）任务后的实施步骤

经过任务前，中阶段之后，就进入到任务后阶段。这一阶段的实施主要包括对任务的汇报和评价。经过任务的实施后，小组内可以选取代表在课堂上进行发言，总结和汇报本组内任务完成的具体情况。在这一过程中，教师主要扮演着指导者的角色。

之后，教师应该对每个小组任务完成的情况进行评价。不仅要指出小组完成任务的长处，还要指出小组完成任务的不足，从而使小组明确自己的优点和不足。同时，教师应该给予优秀小组一定的奖励。另外，在任务评价过程中，教师不仅要科学、公平地评价对每个小组进行评价，还要鼓励学生之间的互评，这样有利于学生正确认识自己，客观评价他人。

二、大学英语任务型教学模式的实施路径

（一）严格遵循教学大纲

教学大纲在大学英语任务型教学模式实施中发挥着不可替代的作用。因此，教师在实施这一模式时，要以教学大纲为中心展开教学。下面对任务型教学大纲进行简要分析。

①教学过程需要具体明确。

②教学原则需要清晰明了。

③教学中任务的选择要有一定的倾向性。

④任务的设计和难度要具体分析。

⑤任务的结果要进行评估。

⑥教学中教师的语言要达到意义与形式的平衡。

⑦教学和学生在任务型教学中的角色要明确。

⑧学生在任务教学中要有交际的机会，从而促进学生认知方面的发展。

⑨任务型教材的编写与使用要和当地具体实际相结合。

⑩教学过程中交际策略的使用、任务设计的动机、任务的目标和任务处理要在教学大纲中具体明确。

在教学大纲中具体阐述上述内容，能够为英语教师指明方向，因此可以使任务的实施更具系统性，同时也增加了英语教学实施过程中的科学性和操作性。

（二）深入理解教学原则

在任务型教学实践中需要以教学原则为依托，教师不能随意根据心情进行教学。在任务设计时，教师需要遵循教学原则，同时为了提高任务实施的可行性和可操作性，还需要注意以下几点：

①任务在设计时应该注意其操作性，不能脱离具体的教学条件。

②教学活动要具有多样性，这样才能保证多种类型学生的需求，也能满足学生自主选择学习内容的需要。

③任务的设计要具有层次性，也就是说任务要有不同的难度梯度。这是为了满足不同学习层次的学生要求，进而提高学生的创造力和审美力以及相互间的协作能力。

④当学生完成相应的任务时，教师应从学生的完成情况看出学生的具体学习水平。

⑤任务型英语教学并不是将任务局限在课堂英语教学中，学生也可以在课内外对任务进行研究和学习。

总而言之，设计的任务活动要突出趣味性、可操作性，科学性、交际性、拓展性、真实性、整体性和层次性，这有利于培养学生的创造思维能力，有利于学生用外语解决实际问题，有利于提高学生综合运用语言的能力。

（三）了解学生的认知水平

学生主体性的原则要求教师在任务型英语教学实践中以学生的认知为标准。需要提及的一点是，以学生为中心，并不是将课堂时间完全交给学生处理，而是要合理分配课堂时间，对学生的学习特点进行关注，对学生的学习过程进行观察，对学生的学习心理进行分析，对学生的学习思维进行了解。

因此实施任务型英语教学法应该对学生进行关注，用个性化的教学方式指导英语语言教学。同时，教师在学生完成任务的过程中还需要对学生的学习模式和学习特点进行观察，找出学生学习上的不足，进而加以指导。

（四）掌握任务型教材

众所周知，教学理念的实现需要相应的教材作为依托，任务型英语教学法也是如此。任务型英语教学的教材应该具有以下几个特点。

1.教材的设计要以任务为核心

任务型英语教学就是在完成任务的过程中让学生自然地使用所学语言，使其在使用所学语言的过程中发展语言能力。因此，任务型英语教材不应该直接地呈现各种语言知识和素材，而应该设计各种不同的任务来提高学生的英语习得水平。

2.任务型教材中出现的语言材料应力求真实

所谓真实性的材料指的是生活中经常出现的语言素材，如报纸、杂志、广告、公告，通知，产品说明书、操作指令、书信等。需要注意的是，这些真实性的材料是用于公众交际的，并不是专门为了教材的编写而设计的。若是为了教材而专门设计的英语语言材料必然会丧失其真实性。

3.教材中要突出真实的交际目的

根据任务型英语教学思想编写的教材无论使用何种类型的任务，都要突出其交际的真实性。所谓交际的真实性，就是指学生完成的交际活动具有真实的交际需求，真实的交际语境和真实的交际对象。

（五）与课外教学相结合

在利用任务型教学法进行英语教学时，教师不能仅仅将课堂作为任务完成的场所，而应该开放思维，将教学任务延伸到课堂教学之外的生活中。这就是说，教师应该充分利用课外教学辅助任务教学。

需要注意的是，利用课外教学进行任务教学并不是将学生的学习时间延长，而是要教会学生在日常生活中运用英语知识，进而达到知识的巩固和进步。课外英语教学可以通过以下几种方式进行。

1.布置一些学生感兴趣的课外作业

学生的课外教学应该是丰富多彩、充满乐趣的,因此教师可以设计一些调动学生兴趣的课外活动和作业让学生在课下完成。通过课外英语教学,学生学习的主动性和积极性会得到提高,同时学生独立完成任务的能力也会得到锻炼。

2.开展多样的课外活动

在课外活动中,学生可以摆脱课堂上的束缚,从而产生无穷的乐趣。而且通过课外活动学生的学习热情也会被激发,课外活动中的任务能够对学生的英语知识进行巩固。学生的课外活动可以通过下列几种方式进行:

①英语比赛活动。在大学的不同阶段,教师可以组织学生展开丰富多彩的英语竞赛活动,如英语单词竞赛,英语作文竞赛等。

②英语表演活动。英语表演活动的开展对学生的语言表达,团队协作等都有着重要的影响。通过英语表演活动,学生可以在一种互帮互助的环境下进行语言的学习,这是一种广为学生喜爱的活动。

③开办英语角。英语角的开办能够为英语学习爱好者提供一个互相学习的基地,使学生乐于用英语表达和沟通。

第四节 中国本土化的英语任务型教学模式

把任务型教学的合理成分与中国本土英语教学法的优点进行整合,就构成了中国本土化的任务型英语教学模式。该教学模式由任务呈现、真实学习任务和真实任务活动构成。在该教学模式下,学生完成预定的学习任务并不是最终目的。

任务型英语教学中国本土化的模式是通过学生完成不同的任务,促进他们不断地学习英语,从而提高英语水平,在获得语言准确性的同时提高语言的流利性。该模式为学生提供了明确的学习目的和有利于学生活动开展的情境,教师根据学生的理解能力和学生已有的知识经验,设计和选择有目的的活动让学生参与,学生通过完成具体的任务,树立自信心,其语言综合能力会得到培养,交际水平也会有很大提高。

一、任务呈现

任务呈现阶段也可以称为任务型英语教学的预热阶段。在任务呈现阶段,教师将主题介绍给全班,介绍的目的就是激活学习者原有的与主题相关的词汇和短语,减轻学习者认知加工的负荷,同时让学习者理解任务目标和要求,帮助熟悉话题,预测内容,由此激发学习者的学习兴趣,强化学习者的学习动力,增强学生完成任务的自信心。由于这一阶段只是起热身的作用,教师在这一阶段不要花太多的时间。

大学英语教师要根据学生的具体情况和教学内容展开思路,设计有意义且适合交际的活动,为后面的真实学习任务做必要的铺垫,以便收到事半功倍的效果。

二、真实学习任务

真实学习任务是学生为了完成真实世界的任务而进行的各种内容和语言上的准备。任务可以分为交际性任务(也叫真实世界的任务)和学习性任务,那些以语言结构为主的活动是学习性任务(也叫教育性任务或语言性任务)。学习性任务的作用是给学生提供语言的工具以完成交际性任务。只有对英语句型进行反复记忆,模仿和操练,学习者才能形成新的语言习惯。

(一)新语言知识

新语言知识,顾名思义就是新的语言材料。在任务型教学中,教师应该采取各种手段激活学生的已有知识,创设真实的情境,使学生构建已有知识—新语言知识相结合的体系。

(二)语言实践

语言实践是任务型教学不可缺少的。英语课堂上可以经常采用不同的语言练习和活动开展教学。

(1)重复

教师组织学生以个人,小组或全班的形式对短语或句型进行重复性练习。

(2)匹配造句

教师可以要求学生将有关联的两部分配对在一起,然后用所学的语言知识造句。

(3)改写句子

教师给出几个句子,然后要求学生根据所学句型进行改写。例如:学习了"although"引导的让步状语从句后,为了进一步加深学生对这一语言知识的记忆,需要反复操练。比如"She is young, but she still goes to school."学生可以改写成所学句型:"Although she is young, she still goes to school."

(三)过渡性练习

过渡性练习介于预备性练习和交际性练习之间,起承上启下的作用,推动语言形式的练习转向语言意义的练习。教师可以通过各种形式的交际活动,如模仿对话、相互问答、看图说话,复述、读后感,角色扮演等,引起学生的兴趣,调动学生的积极性,把英语教学材料放在交际的情境中,为学生进入真实交际活动做好铺垫。

过渡性练习要求学生不仅要熟悉所学内容,而且还要了解场景中各个角色的特点。总之,完成这样的任务,要求学生必须全身心地投入到学习中,学生的学习动机和积极性会随着任务的完成得到进一步的激发。

三、真实任务活动

学生参与有意义有目的的交际,可以从根本上避免完全机械的学习,最终培养学习者运用英语进行交际的能力。在丰富、真实的英语语言环境中习得的语言,能使学习者毫无障碍地进行交流,把语言的形式与意义相结合,提高学习者的语言交际能力,使学习者真正地掌握英语。

真实任务活动阶段是学生接触和使用语言的阶段，即用语言来做事的阶段。在这一阶段中，学生虽然需要使用语言，但是语言只是获取信息和表达观点，意见的工具，学生所关注的重点不在语言，而在意义。在这一阶段，学生成为语言交际的主体，他们以配对的形式或以小组的形式获取信息，表达意见。

（一）任务实施

教师给出一些模拟真实生活的情境，让学生在变化的情境中练习。学生可以借助角色扮演、自由交谈，问卷调查等形式达到使用英语进行交际的目的，灵活运用所学语言知识，通过真实的情境产生真实的交际需要，从而实现知识的迁移。

学生应根据自己的身份或在任务中所充当的角色主动地进行交流与互动。为了使交流能够进行下去，他们需要学会如何与他人合作，需要学会一些必要的交际手段和策略，需要学会思考如何用英语表达自己的观点和看法。

在这一阶段里，学生可以自由地进行对话，大胆地使用语言，他们的目标只有一个，那就是完成学习任务，获得结果。英语教师在学生完成任务期间，不再担任教学工作，只需担当监控者的角色。教师应确保所有的学生都明确任务的要求，并让他们在老师的整体监控下独立执行并完成学习任务。

教师布置了任务以后，要与学生保持一段距离，不要让学生产生依赖感。教师不要担心学生没有自己就寸步难行，要相信学生有这个能力独立完成任务。如果教师干涉过多，将不利于学生的语言发展。除非有小组过多地使用母语交谈或由于别的原因无法继续交流下去，这时教师可以轻轻地走过去，轻声地提供适当帮助，然后很快地走开。

当教师观察到绝大多数学生已经基本结束计划任务时，就可以让学生准备进入下一阶段的任务学习。

（二）任务汇报

根据任务的类型和学生的水平，任务汇报时间可在1～3分钟不等。学生可以口头或笔头的形式向全班同学汇报学习结果。教师应对学生的汇报给出肯定的评价，尽管学生的汇报中可能有语法错误或用词错误，但教师必须意识到学生的努力，因此不要贬低学生的发言，相反要看到他们的进步。

总而言之，正面的反馈可以强化学生的自尊心和学习动机，使他们以后更加努力。在汇报的过程中，学生可以比较不同小组的口头或书面报告，了解其他人在处理同一问题时所采取的不同方法，途径和步骤，也可以比较他们是如何用不同的语言形式来表达同样的意义的。通过语言接触，学生可以学到很多东西。

在报告期间，英语教师的主要角色是主持人，介绍报告的安排、报告的目的，提示下一位报告人，最后对学生汇报的内容和形式予以反馈。

在学生展示学习成果的过程中，教师应做到以下几个方面：

①确认报告者有清楚的学习目的，让每个学生都知道目的是什么以及报告后他们应如何处理这些信息。

②在听的过程中要记住对总结有用的要点，如果要提供语言反馈，教师在记下需要改正

的短语和结构的同时,也要把好的表达方法记下来。

③面带微笑地注视着表演的学生,并给予鼓励的目光。

④报告期间不要进行过多的干扰或纠正学生的错误,这会打击他们的自尊心,并且影响交际活动的连贯性。

⑤控制好汇报时间,如果是小班化教学,尽可能使每组学生都有表现的机会;如果班级过大,可安排一些小组在下次任务之后进行报告。

总之,汇报能使学生注重语言流利性,同时也注重语言的准确性。学生在认真观看同伴汇报的过程中,能充分接触英语,在任务学习中提高英语水平。

(三)任务反审

任务反审阶段的目的是提供机会让学生重新审视完成任务的过程,应特别关注语言运用是否正确、得体。在这一阶段,教师应对学生完成任务的情况进行过程性评价,尽量发掘学生的优点,对完成任务过程中学生取得的进步给予积极的肯定性评价,让学生体验成功,多给学生正面的反馈,但同时也要指出学生在任务活动中的普遍性错误或其他需要改进的地方。教师要引导学生从所学语言材料中归纳总结出语言的规律,布置一些巩固性练习,帮助学生进一步熟悉,掌握、运用语言知识。

参考文献

[1]周保群.大学英语教学模式与课程建设研究[M].重庆:重庆大学出版社,2020.

[2]张献.大学英语教学理论及实践应用[M].武汉:中国地质大学出版社,2020.

[3]邝增乾.大学英语教学的情感因素研究[M].长春:吉林人民出版社,2020.

[4]朱飞.大学英语教学中的翻转课堂[M].长春:吉林大学出版社,2020.

[5]韩楠.大学英语教学体系构建与创新性研究[M].长春:吉林大学出版社,2020.

[6]潘英慧.基于微课的大学英语教学模式分析与研究[M].长春:吉林科学技术出版社,2020.

[7]许丽云,刘枫.大学英语教学的跨文化交际视角研究与创新发展[M].北京:中国商务出版社,2020.

[8]李爱华.认知隐喻视角下的大学英语教学研究[M].长春:吉林出版集团股份有限公司,2020.

[9]张波,胡小燕.跨文化交际视阈下大学英语教学理论构建与创新路径[M].长春:吉林大学出版社,2020.

[10]周奋.大学英语课堂教学研究[M].长春:吉林人民出版社,2020.

[11]丁煜.大学英语教学多维探究[M].武汉:华中科学技术大学出版社,2021.

[12]段茂超.大学英语教学创新与实践研究[M].长春:吉林出版集团股份有限公司,2021.

[13]成畅.大学英语教学与课程建设新探索[M].长春:吉林人民出版社,2021.

[14]王凤玲.信息化背景下大学英语教学的变革与探索[M].长春:吉林出版集团股份有限公司,2021.

[15]蒋春丽."互联网+"视域下大学英语教学新模式的研究[M].北京:中国书籍出版社,2021.

[16]刘丰振.多元视角下的大学英语教学与发展研究[M].北京:中国纺织出版社,2021.

[17]刘慧.突出自主学习的大学英语教学模式创新研究[M].北京:企业管理出版社,2021.

[18]李晓玲.大学英语教学方法研究[M].西安:陕西科学技术出版社,2020.

[19]孙琳.大学英语教学设计与有效教学[M].长春:吉林大学出版社,2020.

[20]冯建平.新时代大学英语教学研究[M].长春:吉林大学出版社,2020.

[21]宋立娜,杨初楠.新视野视域下的大学英语听说教学[M].长春:吉林大学出版社,2020.

[22]蔺蕴洲,史雨红.大学英语文化教学理论阐释及创新视角研究[M].长春:吉林大学出版社,2020.

[23]李晓娜. 大学英语教学[M]. 昆明:云南人民出版社,2020.
[24]刘燕. 文化与大学英语教学[M]. 北京:科学技术文献出版社,2019.
[25]佘玲. 文学翻译与大学英语教学[M]. 北京:原子能出版社,2019.
[26]周建萍. 大学英语教学行动研究[M]. 北京:旅游教育出版社,2019.
[27]丁睿. 大学英语教学发展研究[M]. 长春:吉林人民出版社,2019.
[28]刘蕊. 大学英语教学的发展思考与创新[M]. 北京:九州出版社,2019.
[29]王晓静. ESP 视角下大学英语教学研究[M]. 北京:中国原子能出版社,2019.
[30]张茂君. 当代大学英语教学与文学的融入探究[M]. 长春:吉林大学出版社,2019.
[31]姚永红. 新媒体时代英语多模态教学模式架构[M]. 长春:东北师范大学出版社,2018.
[32]李晓朋. "互联网+"时代英语自主学习与课堂教学的整合模式探究[M]. 成都:电子科技大学出版社,2018.
[33]黄燕鸥. "互联网+"背景下大学英语教学体系的反思与重建[M]. 成都:电子科技大学出版社,2018.